Estrategia = Ejecución

El método para mejorar, renovar e innovar en la era digital

Estrategia = Ejecución

El método para mejorar, renovar e innovar en la era digital

Jacques Pijl

Cuanto mayores sean las limitaciones que me imponga, mayor será mi libertad y más sentido tendrá. Todo lo que disminuye esas limitaciones disminuye la fuerza. Cuantas más limitaciones nos imponemos, más nos liberamos de las cadenas que esclavizan al espíritu.

IGOR STRAVINSKY

Colección: GESTIONA
Director: Adrià Gibernau

Título original:
Strategy = Execution. Improve, renew and innovate faster in the digital age
© 2017 Boom uitgevers Amsterdam & Jacques Pijl
https://www.boom.nl/ | https://www.turner.nl/en/profile/jacques-pijl/

Esta edición ha sido posible gracias a la mediación de la Agencia Santasado,
www.santasado.com/agency.

ESTRATEGIA = EJECUCIÓN.
EL MÉTODO PARA MEJORAR, RENOVAR E INNOVAR EN LA ERA DIGITAL
1.ª edición, septiembre 2023

© 2023, Jacques Pijl
© de esta edición, ICG Marge, SL

Edita: Marge Books
Brutau, 160 - 08203 Sabadell (Barcelona)
Tel. 931 429 486 – marge@margebooks.com
www.margebooks.com

Edición: Núria Gibert
Traducción: Javier Lorente-Puchades
Compaginación: Mercedes Lara
Impresión: Safekat, SL (Madrid)

ISBN edición impresa: 978-84-19109-72-9
ISBN edición digital: 978-84-19109-73-6
Depósito Legal: B 16734-2023

El papel empleado en este libro no ha sido blanqueado con cloro elemental (CI_2).

*Dedico este libro a mi familia —Colette, Nathan y Marah—,
mi fuente de apoyo, amor y conocimiento, así como a mis padres,
Wim e Irene, por transmitirme su amor por los libros y la
importancia que tienen la disciplina y la curiosidad.*

*Además, quisiera expresar mi gratitud a todos los colegas, socios,
colaboradores y antiguos alumnos que de un modo u otro han estado
en contacto con Turner Consultancy y mi más sincero agradecimiento
al equipo directivo y a nuestra extraordinaria* coach, *Mieke Bello.
Este libro no habría visto la luz sin su presencia.*

Índice

El autor

Jacques Pijl (1968) es una de las voces más autorizadas en Europa sobre estrategia e innovación. Durante más de veinte años, ha asesorado a un gran número de consejos de administración y equipos directivos de empresas líderes a la hora de abordar cuestiones críticas.

Es consultor sobre transformaciones a gran escala e intervenciones de precisión tanto en el sector privado como en el público y el semipúblico.

Asimismo, es propietario y director general de Turner Consultancy y autor de dos *best sellers* dedicados a la gestión. *Estrategia = Ejecución* fue uno de los títulos que aspiraron al galardón *Management Book of the Year* y la edición neerlandesa del *Financial Times* lo avaló como *CEOs' book of choice*.

jpijl@turner.nl
@JPijlTurner
https://nl.linkedin.com/in/jacquespijl
#strategyisexecution

Prólogo

Como señala en sus seminarios Henry Mintzberg, un brillante teórico sobre la gestión, la mayoría de las estrategias que diseñan las empresas nunca llegan a aplicarse. Y Mintzberg sabe por qué.

Durante un debate celebrado en los Países Bajos hace unos años, preguntó quién tiene la culpa cuando fracasa la aplicación de una estrategia. Su respuesta fue sencilla: «Quienes aplican la estrategia siempre se llevan la peor parte. Los líderes tienden a pensar: "nosotros ideamos excelentes estrategias desde nuestras oficinas centrales, pero los cerebros de chorlito del resto de la organización no son lo bastante listos para hacer que funcionen". Bien. Si usted es uno de esos cerebros de chorlito, tengo la respuesta perfecta. Dígale a la dirección: "si nosotros somos tan idiotas y ustedes tan listos, ¿por qué no idean estrategias que alguien tan idiota como nosotros pueda aplicar?"».

Es un argumento sólido. Pero ¿es justo? No del todo, como admitió el propio Mintzberg. A su juicio, casi todos los errores que se cometen en el momento de aplicar una estrategia se deben a una desconexión entre la formulación de la estrategia y el modo en que se lleva a cabo. Esto se debe a la creencia errónea de que puede formularse una estrategia en un lugar, la sede corporativa, y ponerla en práctica en otro, en el lugar de trabajo. Y precisamente este libro explora esa cuestión: la interfaz entre estrategia y ejecución. O, como Jacques Pijl expresa de manera más tajante, la identidad entre estrategia y ejecución. Hay cuatro puntos en particular que me han llamado la atención y que convierten esta obra en una lectura obligada.

1 Estrategia = Ejecución

Una estrategia que no llega a ejecutarse sirve de muy poco. De hecho, es como si no existiera. Cualquier plan debe contemplar el modo en que se llevará a cabo desde el mismo momento en que comienza a pensarse. No se puede separar la estrategia de su ejecución. Este libro lo demuestra con todo detalle a partir de cuatro *aceleradores,* cada uno constituido por cuatro elementos. Quizá suene muy esquemático, pero es cierto. La época de la improvisación y el desenfreno ha pasado a la historia. El éxito o el fracaso de una estrategia dependen, y ahora más que nunca, de la manera en que esta se hará realidad.

2 Innovación

Hoy en día, un negocio debe renovarse continuamente. Cualquier persona que dirija una empresa es consciente de ese problema. Siempre hay que prestar atención a cuanto ocurre para que la clientela esté siempre satisfecha y se mantenga el flujo de ingresos. Es el aquí y ahora. Pero también debe pensarse en cómo queremos que sea nuestro negocio mañana y más adelante. Al hablar de *innovación,* no siempre nos referimos a lo mismo. Este libro distingue tres tipos de cambio: mejora, renovación e innovación. Cada uno requiere un enfoque propio y distinto. No es fácil, pero los directivos más experimentados son conscientes de que no hay otro modo de prosperar.

3 El trabajo y las personas

El por qué, el qué y el cómo son importantes, afirma Pijl. Pero *¿quién* llevará a cabo la estrategia? Esa es, sin duda, la cuestión más importante. Al final, todo depende de las personas, de sus cualidades y de su compromiso. Suena muy bien, pero tiene profundas consecuencias. Por ejemplo, las personas que llevarán a cabo la ejecución tienen que hacerlo de manera consciente. En otras palabras, tienen que comprometerse realmente con la estrategia, las iniciativas y los objetivos fijados. Este libro profundiza en cómo garantizar ese compromiso.

4   Teoría y práctica

Un buen profesional debe mantenerse al día. Algunos autores de libros de gestión intentan que sus ideas pasen por nuevas sin que lo sean realmente. Y muchas veces se debe a un desconocimiento de los clásicos. En este caso, no hay de qué preocuparse: Pijl ha hecho los deberes. Domina la teoría, pero es muy consciente de la necesidad de ser práctico. Y su larga experiencia como consultor le aporta una buena dosis de realismo y muchos ejemplos útiles. Me encanta el trabajo basado en pruebas.

Me olvidaba: este libro es un tesoro; está repleto de ideas y consejos más que razonables. Pero su valor real solo quedará claro cuando sus lectores y lectoras los pongan en práctica en su propia organización. Solo entonces esas grandes ideas cobrarán vida y estas páginas repletas de palabras se transformarán en un trabajo que dará muy buenos resultados.

¡Feliz lectura y feliz aprendizaje!

BEN TIGGELAAR
Científico del comportamiento, autor de *best sellers,*
conferenciante y consultor

Estrategia = Ejecución

El método para mejorar, renovar e innovar en la era digital

1

Introducción
Eficacia, agilidad y rapidez, claves a la hora de poner en práctica una estrategia

El auge de Netflix / Watson se ha doctorado / La curva de la ballena ha muerto / Philips rechaza comprar Apple

1.1 El reto más importante: innovar con la mayor rapidez posible

Necesitamos aumentar la velocidad con la que mejoramos, renovamos e innovamos nuestros modelos empresariales. Esta es la cuestión clave a la hora de afrontar la gestión hoy en día. Las organizaciones se encuentran entre la espada y la pared. En esta era tan disruptiva, no hay otra opción: deben mejorar, renovarse e innovar constantemente. Y no siempre lo hacen de la manera adecuada. Dicho de otro modo: muchas empresas y organizaciones carecen de la habilidad que más necesitan para triunfar. Hay algo peor: esa situación no parece quitar el sueño ni a líderes ni a profesionales y mucho menos a empresarios, cuando debería ser todo lo contrario. No hará mucho, un director general llegó a comentarme: «Todos tenemos que mejorar en esto. ¡Claro! ¡Nos jugamos nuestra responsabilidad social! ¡Nuestra existencia depende de eso!». Y por esta razón escribí este libro. Evidentemente, hay problemas peores en el mundo –basta con echar un vistazo a las noticias–, pero la eficacia con que se lleva a cabo una estrategia no carece de importancia. Pasamos la mayor parte de nuestras vidas trabajando y más vale que sea en algo que merezca la pena. La gente quiere que su trabajo tenga sentido y un propósito, sobre todo en un momento en que las organizaciones reflejan unos valores sociales determinados. Hay algo más que el dividendo que cobra el accionariado: el valor también se mide en términos de responsabilidad social, diversidad y desarrollo regional y nacional, que constituyen unos de los principales objetivos estratégicos. La ejecución eficaz de la estrategia aporta valor y permite formular esos objetivos de una manera más clara y significativa.

1.2   Las organizaciones fracasan en la ejecución de estrategias

La investigación ha demostrado repetidamente que las organizaciones no son buenas al ejecutar estrategias. No es nada nuevo. Lo sabemos desde hace décadas y las cifras son escandalosas. Los índices de fracaso oscilan entre el 60 % y el 90 %. Se me objetará que todo depende de qué se considere un fracaso. Es cierto. Por eso he decidido analizar este concepto con más detalle en el capítulo 9. No obstante, y aun cuando adoptemos una visión muy crítica de los porcentajes presentados en la mayoría de los estudios, las cifras nunca son inferiores al 50 %.[1] Todos conocemos ejemplos: grandes proyectos gubernamentales basados en las tecnologías de la información que se quedan empantanados, fusiones del sector privado que nunca producen las sinergias previstas, grandes reestructuraciones que descarrilan, programas de cambio cultural que se evaporan en el aire... Las organizaciones están llenas de buenas intenciones, pero no es raro que acaben allanando el camino hasta el mismísimo infierno. Y ahí precisamente, en ese fracaso, podríamos obtener una ventaja competitiva. Por eso es imprescindible que toda organización mejore el modo en que lleva a cabo sus estrategias.

1.3   La nueva normalidad

El mundo nunca volverá a ser como antes de la crisis financiera de 2008. Ha habido demasiadas transformaciones económicas, sociales, culturales y tecnológicas, y además deben tenerse en cuenta otros factores no menos importantes, como la globalización y los cambios en el comportamiento de los consumidores. Todas estas influencias están aumentando las exigencias sobre nuestros modelos de negocio a una velocidad alucinante. Al mismo tiempo, el ritmo se acelera. Como afirma Jan Rotmans, catedrático de Estudios de Transición y Sostenibilidad, ya no vivimos en una era de cambio, sino en un cambio de era.[2]

A modo de ejemplo, citaré algunos fenómenos que recogí tiempo atrás en un libro dedicado a esta cuestión, *Het nieuwe normaal (La nueva normalidad)*.[3]

Los modelos empresariales se desmoronan ante nuestros ojos. Y no es para menos. Se hallan sometidos a una gran presión en muchos sectores –el inmobiliario, el turístico o el financiero, por citar algunos– a los que se conoce como «industrias glaciar» porque se están derritiendo a causa del cambio que se está dando en el *clima* del mundo de los negocios. Es solo cuestión de tiempo que otras industrias sufran el mismo destino. Los estudios muestran que la disrupción digital está afectando a todos los sectores, por lo que no será raro que, en un plazo relativamente breve, el proceso se extienda por toda la actividad económica.[4]

Los medios de comunicación tradicionales son otra industria «glaciar». En algunos segmentos, los beneficios se están «derritiendo» a razón de un 10 % anual. El director de Netflix trajo a colación el problema en un discurso de apertura del Festival de Publicidad de Cannes. Se preguntó cuánto tiempo más seguirán acudiendo los compradores de medios a ese festival para decidir en nombre de su audiencia qué puede verse y cuándo. No hay más extraño que un *late show:* ¡se emite cuando la mayoría de la gente ya se ha ido a la cama! Pasamos mucho tiempo viendo la televisión y, sin embargo, es uno de los pocos medios que no nos permite elegir qué productos queremos consumir y cuándo. Por eso Netflix ha crecido con tanta rapidez. En los Países Bajos, por ejemplo, la plataforma atrajo a 600.000 abonados en sus primeros seis meses. Esto demuestra que la televisión tradicional está librando una batalla perdida. En Estados Unidos, el 75 % de los programas nocturnos ya no se ven en directo, sino a la carta. Pero incluso Netflix tiene que adaptarse a los nuevos tiempos.

Las industrias convergen. El modelo de innovación de triple hélice que entrelaza la Administración, la educación y las empresas ofrece probablemente tantas oportunidades como cada uno de estos sectores por separado.[5] Las partes implicadas comprenden el valor de la cooperación y abordan cada vez más retos de forma conjunta para fomentar el crecimiento económico y el desarrollo regional. Un ejemplo de éxito es Brainport Eindhoven, una alianza entre el gobierno neerlandés, diversos institutos y *think tanks,* y empresas como Philips Medical y la empresa de semiconductores ASML. Otra, Yes Delft, ofrece programas y viveros para empresas de alta tecnología que operan en la órbita de los centros de investigación de la Universidad Técnica de Delft, de fama mundial.[6] En Estados Unidos las empresas tecnológicas trabajan codo con codo con instituciones de enseñanza superior en el Research Triangle Park de Carolina del Norte, en Silicon Valley y en el MIT, por citar solo algunos ejemplos.

Las instituciones estatales y semipúblicas tampoco se mantienen al margen de esta tendencia. Los altos directivos saben que, en esta nueva normalidad, este tipo de organizaciones son tan vulnerables como las empresas privadas. La creciente presión de las redes sociales, así como del poder político y la ciudadanía en general, les exige más transparencia, menos costos, mejores servicios y mayor eficacia. Y muchas no están preparadas para afrontar este reto, sobre todo por lo que respecta a la transparencia. No hay más que ver los escándalos que han sacudido al gobierno neerlandés durante los últimos años: el Ministerio de Defensa se vio obligado a indemnizar a la plantilla que, durante años, estuvo expuesta al cromo hexavalente, muy tóxico; la empresa de viviendas Vestia se encontró al borde de la bancarrota por culpa del fraude de varios de sus directivos; e incluso se descubrió que el Comité Central de Empresa de la Policía Nacional había incurrido en prácticas corruptas.

Y qué decir de un sector como el sanitario. El meteórico ascenso de la sanidad electrónica revela cómo el gobierno, las organizaciones y la ciudadanía son incapaces de seguir el ritmo frenético que imponen las nuevas tecnologías. Watson, el superordenador de IBM, ya se ha doctorado y pronto podrá realizar el trabajo que hace un médico residente.

La nueva normalidad ha llegado para quedarse. Según VINT, un *think tank* especializado en las nuevas tecnologías radicado en los Países Bajos y dirigido por la empresa Sogeti, en 2033, la vida media de las empresas será de tan solo cinco años.[7] En 1950, la esperanza de vida de las empresas de la lista Fortune 500 era de 75 años. En 2001, Richard Foster y Sarah Kaplan publicaron *Creative destruction.*[8] En sus páginas incluyeron un Índice de cambio, o *Shift index,* en el que se preveía una vida media de 15 años en 2012. Otros indicadores cuentan una historia similar. Las cifras del Standard & Poor's (S&P) muestran que la vida media de una empresa era de 61 años en 1958, de 25 en 1980 y de 18 en 2011.[9] De acuerdo con esas cifras, puede extrapolarse que el 75 % de las empresas que cotizaban en el S&P 500 en 2014 habrán desaparecido en 2027.[10] El índice de cambio, o *topple rate,* mide la rapidez con la que se sustituye a los

Figura 1. La nueva normalidad ha llegado para quedarse. Sus efectos están a la vista de todos. La innovación es un juego especialmente duro, pero lleno de oportunidades para quienes saben detectarlas.

Fuentes: 1. En *Creative destruction* (2001), Richard Foster, de McKinsey, calculó que la vida útil de las empresas de Fortune 500, que era de 75 años en 1950, se reduciría a menos de 15 en 2012. 2. Standard & Poor's confirma esta tendencia. 3. Verkenningsinstituut Nieuwe Technologie (VINT), Sogeti IT-Services. 4. Serie *Shift Index* de Deloitte.

líderes del mercado en cada sector. Se ha más que duplicado desde 2010. La lealtad es cosa del pasado. Ahora los clientes reevalúan continuamente quién satisface mejor sus necesidades. La competitividad ha aumentado un cien por cien y las posiciones de mercado ya no pueden darse por sentadas. No cabe duda de que la nueva normalidad ha dado lugar a una realidad completamente distinta.

La figura 1 resume los hechos que demuestran por qué la nueva normalidad es tan diferente. La tendencia es obvia: la continuidad ya no puede darse por sentada. Y la digitalización tiene mucho que ver al respecto.

Las organizaciones han experimentado más cambios en la primera década del siglo XXI que en las últimas cinco décadas del siglo XX. En los últimos años se ha visto de todo: optimización de procesos, innovación radical, externalización, contratación de derechos, uniones temporales de empresas, fusiones y adquisiciones completas... En resumidas cuentas: una transformación incesante. Un líder con el que hablé mientras investigaba para este libro llegó a decir: «Los últimos cinco años han traído más cambios que los cincuenta años anteriores». Y se atisban muchos más en el horizonte. La digitalización de la sociedad y la presión por seguir el ritmo de las innovaciones disruptivas no cesarán.

1.4   La digitalización impulsa la innovación

En el siglo xx, las organizaciones crecieron gracias a las economías de escala y la fidelización de su clientela. Al principio lo consiguieron mediante un aumento gigantesco de las cifras de producción —tal fue el caso de General Motors— y más tarde pasaron a controlar las cadenas de suministro e información, como han hecho Walmart y Amazon, respectivamente. Pero en el siglo xxi, quien compra lleva la voz cantante. Leen las opiniones antes de cada compra y cambian de parecer en cuestión de segundos. La única manera de ganarse a la clientela y mantener una ventaja competitiva es tener una estrategia basada en conocerla y comprometerse.

Las empresas que saben jugar a este nuevo juego competitivo son lo que James McQuivey, de Forrester Research, denomina *disruptores*. Los mejores disruptores hacen dos cosas: satisfacen una necesidad básica que las personas usuarias finales entienden y controlan el mundo físico de las plantas de fabricación y las redes de distribución, en el internet de las cosas. La cuestión clave radica en buscar siempre las mejores formas de satisfacer las necesidades fundamentales y latentes del público.[11]

Hace un par de décadas, un proceso de disrupción se alargaba durante varios años y requería enormes inversiones, como escribió el profesor de la Harvard Business School Clayton Christensen en *The innovator's dilemma*.[12] Pero la revolución digital lo ha cambiado por completo. En la actualidad, los disruptores pueden transformar radicalmente cualquier producto o servicio de una forma mucho más rápida y barata. Influyen de manera muy decisiva en todos los aspectos de las operaciones empresariales, desde la gestión de datos a la fijación de precios, pasando por la mano de obra y el capital. No pasará mucho tiempo antes de que todas las industrias noten esta influencia, incluso aquellas que todavía no se han digitalizado.[13] Según las estimaciones de James McQuivey, las herramientas y las plataformas actuales han multiplicado por diez el número de personas que pueden llevar ideas innovadoras al mercado. Y es una estimación conservadora. El costo medio que implica el desarrollo y la prueba de estas ideas equivale a solo el 10 % del precio que tenía ayer. Dicho de otro modo: nuestro poder de innovación se ha multiplicado por cien. Y eso significa que cada empresa se enfrenta ahora a una competencia cien veces mayor.

La disrupción digital acelera la competencia y facilita la aparición de un número de ideas inimaginable hasta hace bien poco. El efecto acumulativo es devastador para cualquier organización que opere a la vieja usanza.

La innovación digital lo cambia todo. Las cifras de crecimiento de Airbnb demuestran que las clásicas curvas de ballena (rentabilidad) de los ciclos de vida de las empresas han pasado a la historia: las han sustituido gráficos que se asemejan más al Empire State Building. Seamos realistas: ¡la curva de ballena ha muerto! Todo se acelera. Aparecen nuevos modelos empresariales a una velocidad vertiginosa, mientras los antiguos desaparecen con la misma rapidez. Nadie puede predecir lo que ocurrirá, pero siempre cabe la posibilidad de extrapolar una tendencia que no ha hecho más que empezar. Cuanto más se espere para incorporarse, más difícil será hacerlo, porque la competencia es un factor clave. Marc Andreessen, innovador, emprendedor e inversor lo resumió muy bien en una columna que apareció en 2011 en el *Wall Street Journal* titulada «Why software is eating the world» («Por qué el *software* se está comiendo el mundo»).[14] Si elaborásemos una lista de organizaciones que ni siquiera existían hace doce años, pero que ahora representan un nuevo gran mercado o han conquistado una gran parte de un mercado existente, veríamos algunos nombres notablemente familiares, como Facebook, Twitter, YouTube, Uber, Airbnb, Snapchat, Instagram, Fitbit, Spotify, Dropbox, WhatsApp o Quora.[15]

Líderes, directivos y profesionales se enfrentan a dilemas sobre la digitalización. ¿Debemos digitalizarnos o no? ¿Cuándo? ¿Con quién? ¿Cómo? Menno Lanting, experto en los efectos que la tecnología digital tiene en el liderazgo, describió lo que realmente significan la innovación y la competencia digitales cuando afirmó: «Todos los bienes y servicios se digitalizarán por sí mismos o estarán rodeados por una cáscara digital de servicios». Esto también se aplica a los servicios que nadie imaginaría que también pueden digitalizarse. Lanting menciona los servicios de recogida de basuras de la ciudad de Filadelfia, donde los microchips de los cubos de basura recogen datos que ayudan a la empresa municipal a idear rutas más inteligentes que requieran un 40 % menos de personal. Debemos aprender a vivir con una nueva realidad en la que nuestras vidas y nuestro trabajo están inextricablemente ligados a la tecnología.[16] Cada organización debe decidir cómo situar la innovación digital en su cartera global de iniciativas de ejecución de estrategias.

1.5   La gran incertidumbre

Todos sabemos que nuestra forma tradicional de crear, gestionar y cambiar organizaciones ya no funciona. Pensar en planos, diseños y gráficos de flujo ya no sirve de mucho. El ascenso de la imprevisibilidad se expresa mejor con las siglas VUCA: volatilidad, incertidumbre, complejidad y ambigüedad. Aunque el término procede de la jerga militar, ahora lo utilizamos para explicar cuánto se ha complicado la situación para empresas e instituciones públicas y semipúblicas. La *volatilidad* se refiere a la naturaleza, la velocidad y la dinámica del cambio; la *incertidumbre,* a la falta de previsibilidad combinada con el temor y la mayor probabilidad de que se produzcan grandes acontecimientos y perturbaciones imprevisibles. Piénsese, por ejemplo, en los cambios que han traído consigo Uber o los acontecimientos macroeconómicos como el 11-S. Más que cambios o disrupciones, podrían considerarse «cisnes negros», por emplear la expresión de Nassim Nicholas Taleb.

Pero hay más: la *complejidad* se refiere a la demanda, el mercado, la clientela, la gestión y la legislación que, combinados, complican cada vez más los procesos y los sistemas; y la *ambigüedad,* a la naturaleza no matemática de las actividades empresariales,es decir, al hecho de que los acontecimientos pueden conducir a diferentes resultados y nadie sabe cuál se hará realidad.

Los hechos pueden explicarse de diferentes maneras. He visto organizaciones que se obstinaban en seguir operando sobre suposiciones incorrectas porque consideraban que la perseverancia era una característica clave del éxito en la ejecución. Y he visto también muchas organizaciones que dieron por zanjado antes de tiempo algún experimento muy prometedor. Philips Consumer Electronics dejó pasar la oportunidad de adquirir Apple en la década de 1990. En su autobiografía, el antiguo CEO de la multinacional neerlandesa, Cor Boonstra, afirmó que no se arrepentía de esta decisión: de haberlo hecho, Apple nunca se habría convertido en lo que es hoy.

Las exigencias que conlleva el concepto VUCA también son interesantes. Se han escrito muchos artículos al respecto, pero en esencia se reducen a afirmar que la alta volatilidad requiere una cierta flexibilidad y algo que amortigüe sus efectos; que el manejo de la incertidumbre exige la recopilación, el análisis, la interpretación y la extrapolación sistemáticos de datos; que el único modo de afrontar un enorme grado de complejidad estriba en simplificar este cuanto sea posible; y que la ambigüedad nos obliga a experimentar con innovaciones, a aprender mediante procedimientos mediante ensayo y error, y a centrarse en aquello que funciona.

Pero nos haríamos un flaco favor si pensamos que esos procesos a los que denominamos VUCA hacen inútil cualquier planificación estratégica. Tenemos que prestar atención a la falibilidad humana, cuyo funcionamiento estamos desentrañando poco a poco. Pensemos en la tendencia humana a evitar aquello que se ignora y apartarlo de cualquier toma de decisiones, «lo conocido desconocido» *(the known unknown),* como lo llama Daniel Kahneman. Más que incitarnos a predecir el futuro, el hecho de conocer nuestras limitaciones debería incitarnos a mejorar nuestra capacidad de resiliencia. Solo así podemos afrontar lo desconocido.

Las exigencias que nos plantea la nueva normalidad se reducen a la necesidad de acelerar, de ser ágiles y de aplicar una estrategia con la mayor eficacia posible.

1.6   La última ventaja competitiva

La nueva normalidad deja menos margen para el ensayo y el error. Los productos tienen ciclos de vida cada vez más cortos, la innovación entraña riesgos cada vez mayores y el público es cada vez más crítico e inconstante. En tales circunstancias, cada vez es más difícil y arriesgado llevar a cabo una estrategia. Muchos líderes y profesionales han pasado de limitarse al diseño de una estrategia a abordar también el diseño de su aplicación. La supervivencia de una empresa no depende solo de su capacidad de análisis y desarrollo de estrategias: también depende de su capacidad de llevar esos análisis y esas estrategias hasta sus últimas consecuencias. La diferencia que hay entre los beneficios y las pérdidas depende precisamente de esa capacidad de ejecución. Las organizaciones que destacan por su actuación eficaz a la hora de implementar estrategias e innovaciones en su quehacer diario obtienen beneficios, mejoran su productividad y alcanzan logros significativamente mayores.

En realidad, estas afirmaciones tienen muy poco de original: ninguna estrategia se diseña por sí misma, sino para convertirla en algo real. En la nueva normalidad, esa característica se ha convertido en un imperativo. Lo dejan claro algunas obras como *Good strategy/Bad strategy,* de Richard P. Rumelt; *Your strategy needs a strategy,* de Martin Reeves, Knut Haanæs y Janmejaya Sinha; o *Strategy that works,* de Paul Leinwand y Cesare Mainardi.[17]

Cualquier líder considera que su prioridad más importante es, precisamente, la ejecución de esa estrategia. Y también lo es para quienes estén leyendo este libro. El investigador Donald Sull, de la Sloan School of Management del MIT, citó un estudio reciente en el que 400 directivos de Asia, América y Europa calificaron la ejecución como su principal prioridad de las ochenta cuestiones por las que se les preguntó, entre las que figuraban asuntos como la inestabilidad política, la innovación y el crecimiento.[18] Y otro tanto ocurrió en otra investigación reciente sobre las principales preocupaciones de los líderes.[19]

1.7   Metodología

La ejecución de la estrategia es esencial, pero ¿qué da pie a este fenómeno de innovación?, ¿qué puede interrumpirlo? En Turner dedicamos tres años a investigar esta cuestión. Entrevistamos a unos sesenta líderes, altos directivos y directores de programas responsables de transformaciones de diversa envergadura en las organizaciones para las que trabajan. Seleccionamos una muestra representativa de todos los niveles, tanto del sector privado, como del semipúblico y el público. Se tuvieron en cuenta además organizaciones digitales consolidadas y otras novedosas. Y no solo hubo un estudio de campo: consultamos más de 300 libros y artículos entre los más relevantes en la materia. Nuestros criterios de selección fueron muy estrictos para que no se repitiesen viejas respuestas a viejas preguntas. También revisamos unos setenta casos prácticos. E hicimos todo esto con una sola pregunta en mente: ¿qué lleva a que una estrategia, a que un proceso de innovación se lleve a cabo o se frustre?

Como podrá verse, las ideas que se postulan en este libro están profundamente arraigadas en la práctica real. Y no es para menos: tanto mis colegas de Turner como yo acumulamos muchos años de experiencia en nuestras tareas de asesoramiento y consultoría.

Este libro está organizado como sigue:

- En el capítulo 2, defiendo una visión moderna de la ejecución eficaz de la estrategia.

- En el capítulo 3, esbozo el concepto y el marco del modelo Estrategia = Ejecución. El desplegable de la página 90 facilita su consulta mientras se leen los capítulos siguientes.
- En los capítulos 4 a 7, explico los cuatro acicates que sirven para acelerar la aplicación de este modelo: *elegir, iniciar, cosechar y asegurar*. Cada uno de estos «aceleradores» consta de cuatro componentes prácticos, dos relacionados con las capacidades materiales y dos con las capacidades inmateriales. Unidos, constituyen el mejor método para completar con éxito la ejecución de la estrategia y reducir drásticamente las posibilidades de fracaso.
- El capítulo 8 habla de la gestión de proyectos y programas, ambos indispensables para la ejecución de la estrategia durante los cuatro aceleradores.
- El capítulo 9 analiza por qué fracasa tan a menudo la ejecución de la estrategia y sopesa el precio del fracaso.

El principal objetivo de este libro es convencer a quien lo lea de que la ejecución de una estrategia es un asunto prioritario para cualquier organización. Sin embargo, no basta con estar de acuerdo con esta afirmación: su aceptación implica una reorganización profunda del tiempo de las personas y la búsqueda de un equilibrio real entre las capacidades duras y las blandas. Este libro está repleto de procedimientos para conseguirlo, que suponen un 80 % de los contenidos.

A diferencia de otras obras dedicadas a la estrategia, la innovación y la gestión del cambio, he optado por dejar para el final mis análisis de los factores más frecuentes que conducen al fracaso. Es fruto de una decisión deliberada, ya que este libro se centra en la aplicación de un planteamiento estratégico.

Concluyo con un epílogo, un resumen de todos los trabajos que han contribuido a este estudio, una exposición del método de investigación empleado y unos cuantos consejos prácticos adicionales. Algunos, como las fichas descriptivas y las plantillas de planificación, pueden descargarse utilizando los códigos QR del apéndice. Hemos optado por dejarlos en formato digital para que puedan actualizarse de manera periódica y dotar a la obra de un valor añadido y duradero.

¿Por qué es un libro tan voluminoso? Quería escribir una visión global de las diversas maneras de llevar a cabo una estrategia en nuestros días. Hay varias obras que tratan algunos aspectos, pero ninguna que lo aborde de manera exclusiva y analice cómo se organiza la innovación, y mucho menos cómo esta interactúa con los modos de ejecución. Si alguien no me cree, puede hacer una búsqueda con Google.

Un éxito tanto para las organizaciones ya establecidas como para las nuevas. Por las reacciones iniciales a nuestros hallazgos, puedo afirmar con seguridad que la investigación ha dado en el clavo. Hay otro aspecto que hace de este libro algo único: su combinación de análisis exhaustivos con estudios de casos y decenas de entrevistas a personas relacionadas con la práctica empresarial. Sin duda, su lectura resultará muy útil para cualquiera que deba asumir grandes responsabilidades en la ejecución de estrategias y el desarrollo de procesos de innovación.

Llegados a este punto, puede afirmarse con certeza que cada vez es más complicado realizar una predicción precisa. La próxima década probablemente traerá aún más cambios que la anterior. Y, sin embargo, confío en que los principios de este libro seguirán siendo válidos. Lo creo porque son principios nuevos para una nueva era de crecimiento exponencial que está lejos de terminar. Mi principal objetivo es ofrecer a quienes lo lean un montón de consejos y referencias que puedan ponerse en práctica de inmediato.

A lo largo de estas páginas, se muestra:

- Cómo tener una visión de conjunto mediante seis factores de éxito y el modelo Estrategia = Ejecución, que consta de cuatro aceleradores y 16 componentes.
- Cómo encontrar inspiración y aplicarla mediante 16 casos prácticos y más de 50 innovaciones y nuevos modelos de negocio.
- Cómo ponerse manos a la obra mediante cinco enfoques elaborados y una evaluación digital gratuita con la que valorar la capacidad de ejecución de una organización.

Sé que a los directivos les gustan los consejos sencillos y prácticos, y que son personas que andan justas de tiempo. Por eso, cada capítulo de este libro puede leerse y utilizarse por separado. En ese sentido, es una guía y un manual.

Pero hay algo más: es un libro para líderes, profesionales y empresarios que han aprendido los trucos del oficio a base de experiencia. De ahí que haya recurrido a un estilo y a un vocabulario muy particulares. En el mundo de los negocios suele emplearse una jerga peculiar, a veces en exceso. En principio, no tiene nada de malo: en medicina, aeronáutica y abogacía también se hace y lo consideramos totalmente normal. Y lo mismo debería ocurrir con los MBA y las consultorías. Me gusta usar un lenguaje tan preciso como específico, pero sin exagerar. Necesitamos menos jerga y más terminología. Como tuiteó una vez Eric Ries, experto en *startups* y empresario de Silicon Valley: «Sé que se critica la jerga que usamos en gestión. Y a menudo con razón. Pero como en todo ámbito profesional, necesitamos una terminología especializada con significados precisos». En el caso de que algún término resulte algo oscuro, puede consultarse el glosario al final del libro.

He dejado lo más importante para el final: mi agradecimiento a los numerosos patrocinadores, colaboradores, colegas, socios y antiguos alumnos de Turner Consultancy que han contribuido a que este libro proporcione una experiencia tan enriquecedora. Durante mi investigación, me he dado cuenta una vez más de que un equipo es mucho más que las partes que lo componen.

2

Aplicar una estrategia, hoy: seis factores de éxito

No se líe / Platos sucios en el Titanic / Se acabaron los plazos /
Con amigos así, ¿quién necesita enemigos? / Vale la pena decir «no»

¿Cómo puede aplicarse una estrategia con éxito? Turner ha identificado seis factores que se hallan presentes en todos los casos que se saldaron con buenos resultados. Analizados en conjunto, esos factores aportan una visión completamente nueva de los modos en que puede llevarse a cabo una estrategia, sobre todo por lo que respecta a la innovación y la gestión del cambio. Esos seis factores constituyen la base de los cuatro *aceleradores* que se analizan en los capítulos 4 a 7.

2.1 Factor de éxito 1: identificar y aplicar tres tipos de cambio

Comencemos con una visión de conjunto. Veamos en qué consiste la ejecución de una estrategia. ¿Qué tipologías ayudan a que el cambio sea manejable?

2.1.1   La aplicación de una estrategia depende siempre de cómo se dirija y se afronte el cambio en una empresa

En nuestras investigaciones, líderes y directivos consideran prioritaria la aplicación de una estrategia. Sin embargo, no siempre tienen claro el concepto. Términos como *aplicación* o *ejecución* les resultan demasiado amplios e imprecisos. Ante todo, conviene distinguir entre la innovación y la puesta en práctica de una estrategia.

En primer lugar, el éxito en esa puesta en práctica se refiere a la manera en que una organización, con la configuración que tiene en ese momento, alcanza unos objetivos. En tales casos, cabe hablar de una buena *gestión,* una buena *gestión ejecutiva* o una buena *dirección de la empresa.* Su valoración dependerá del modelo empresarial, tal como puede verse en la figura 2. Este modelo refleja nuestro enfoque desde fuera hacia dentro: se distinguen las entradas *(inputs),* la producción y los rendimientos *(throughputs),* y las salidas *(outputs),* así como las partes interesadas (socios, accionistas, etc.) y las funciones que se desarrollan

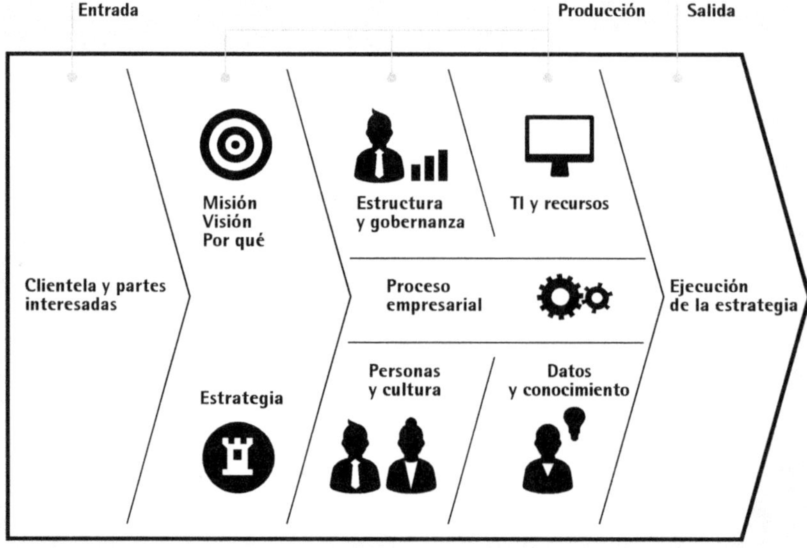

Figura 2. La forma en que vemos las organizaciones viene determinada por su modelo empresarial.

Fuente: Turner, 2016.

en esa empresa. Como puede verse, se trata de un modelo elemental con el que organizamos nuestras ideas y nuestras acciones.

En segundo lugar, la excelencia en la ejecución de una estrategia tiene que ver con el grado en que la organización alcanza sus objetivos de cambio. Estos pueden adoptar muchas formas, como proyectos, programas, adquisiciones o intervenciones en sus procesos empresariales primarios. Esto también se conoce como *gestión del cambio,* o como se hará en este libro, *cambio en la empresa.*

Conviene distinguir entre la *gestión de* la empresa y el *cambio en* la empresa: simplifica y agiliza las cosas. Si no se hiciera tal distinción, los resultados en ambos frentes no serían tan buenos como se espera. En mis años como consultor me he encontrado en muchas ocasiones con empresas que consideraron esos retos como una tarea más y los delegaron a sus departamentos correspondientes, sin caer en la cuenta de que la mayoría de esos problemas requieren un enfoque y una atención especiales. ¿El resultado? El caos. Hay que separar los objetivos del proceso de cambio de los objetivos inherentes a la marcha de la empresa. Solo de esa manera se garantizará la gestión y el control adecuados tanto de la ejecución como del cambio en la empresa. La figura 3 da buena muestra de ello. En mi estudio, muchos líderes admitieron que se dieron cuenta demasiado tarde de la importancia

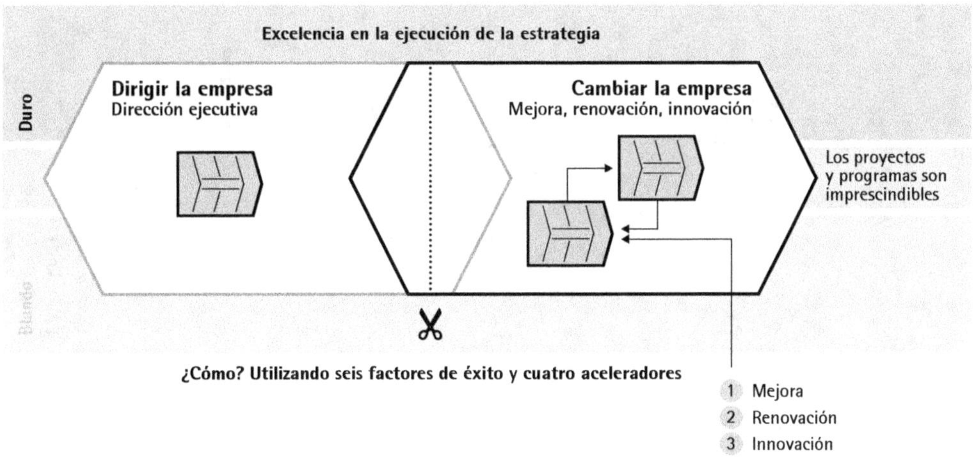

Figura 3. Distinción entre dirigir y cambiar la empresa, y los tres tipos de cambio (mejora, renovación e innovación).

Fuente: Turner, 2016.

que tiene esa distinción. Como me comentó un profesional, «a decir verdad, hay que ser muy hábil en ambas cosas, que son muy distintas».

En este libro se utilizan los términos *dirigir* la empresa y *cambiar* la empresa. El único modo de aumentar estructuralmente la capacidad de ejecución consiste en seleccionar un enfoque y una orientación concretos para cada iniciativa y ejecutarlos de la manera más plena y concreta posible. No hay nada que pueda superar eso. La figura 4 ilustra las diferencias entre los tres tipos de cambio.

Por cierto: que nadie piense que una organización puede salir adelante y mantenerse a flote centrándose simplemente en la gestión de la empresa. Es un grave error. Toda organización debe cambiar. Pero sigo oyendo a toda clase de organizaciones prometer a sus empleados que, tras una reestructuración, todo volverá a la normalidad. Que nadie se haga ilusiones: el cambio es una constante. La frase está tan manida que provoca bostezos. Como me dijo un alto directivo, su mente divaga cada vez que un candidato a un puesto de trabajo insiste en que lo suyo no es «ocuparse de la tienda». ¡Claro que no! ¡¿Quién contrataría a alguien para eso en los tiempos que corren?!

Para saber más: Infórmese en «La organización ambidiestra» sobre la necesidad, la complejidad y el arte de distinguir la dirección ejecutiva de la gestión del cambio.

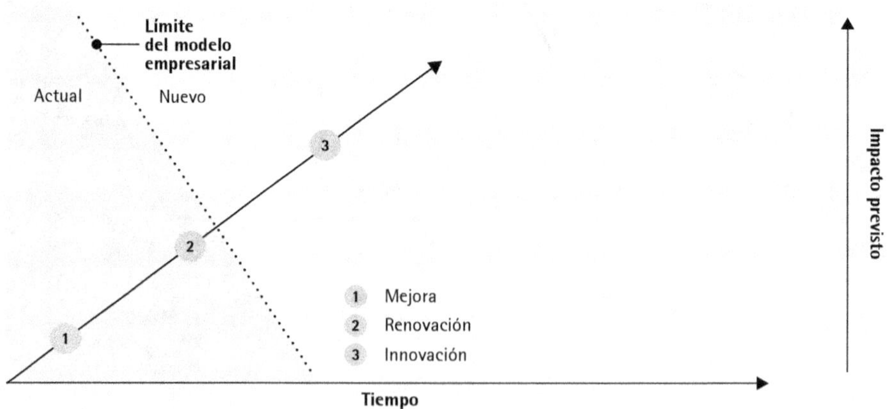

Figura 4. Tres tipos de ejecución de la estrategia: mejora, renovación e innovación.
Fuente: Turner, 2016.

2.1.2 Desmitificar el cambio y diferenciar tres tipos

No solo debemos desentrañar el funcionamiento y el cambio de la empresa. También debemos distinguir entre distintos tipos de cambio: la *mejora,* la *renovación* y la *innovación.* Sin esta distinción, caeremos de nuevo en la confusión. Obviamente, toda organización necesita los tres tipos de cambio, pero también necesita encontrar la forma de ofrecer una propuesta única. Toda *startup* atractiva que triunfa acaba por convertirse en una empresa consolidada. E incluso tras alcanzar ese estado, necesita seguir innovando para seguir teniendo éxito (es el tipo 3 que se describe más adelante). Al mismo tiempo, debe seguir mejorando los procesos básicos (tipo 1) y renovando sus modelos existentes (tipo 2). Amazon empezó siendo una joven y hambrienta *startup* con un modelo empresarial innovador. Pero ahora mejora y se renueva rigurosamente cada día. Google y Apple hacen lo mismo: aparecen en los titulares con sus nuevas ideas, pero mantienen la estabilidad de sus líneas de productos, ingresos y modelos de negocio mejorando y renovándose continuamente. Toda organización necesita los tres tipos de cambio.

Tipo 1. Mejora. Incremento cuantitativo y cualitativo continuo de los modelos de negocio y de ingresos existentes

La mejora es la búsqueda de la *excelencia operativa.* O dicho de otro modo: hacer las cosas mejor cada día. Así me describió un alto directivo qué entendía por mejora. Aunque en el mundo occidental disfrutamos de un alto nivel de vida, es prácticamente imposible programar una reparación o una entrega cuando más nos conviene (por ejemplo, de la noche o los fines de semana). Por lo tanto, hay un amplio margen de mejora. Mejorar genera credibilidad entre los clientes y fomenta una cultura de ejecución dentro de la organización: *el cambio engendra cambio.* Y la mejora, a su vez, impulsa la ejecución de la estrategia en los tipos 2 y 3.

Tipo 2. Renovación. Revisar continuamente los modelos de negocio y de ingresos existentes

Los modelos de negocio existentes deben renovarse. Este segundo tipo de cambio se hace aún más necesario cuando hay que transformar los ingresos y el modelo de negocio para que la empresa siga funcionando. Esto puede implicar la adopción de medidas drásticas para recortar costos o aumentar la productividad, o aprovechar la sinergia lograda mediante adquisiciones, o revisar de manera rigurosa un servicio y una propuesta de valor que se brindan al cliente. Este tipo de cambio casi siempre requiere un avance fundamental en uno de los indicadores clave de rendimiento (KPI) de la empresa.

Tipo 3. Innovación: Innovación digital radical, modelos de negocio y de ingresos totalmente nuevos. ¿Ha oído hablar de los *game changers?*

Definamos qué es la innovación. A menudo se habla de este concepto sin tener una idea demasiado precisa. Y no es para menos: cada vez cuesta más deslindar entre la innovación de un producto y la innovación de un proceso. Los clientes consideran que la atención que se les presta forma parte de cualquier producto o servicio que compren. Y la innovación también puede significar una revisión completa del modelo de negocio y de ingresos, así como de la estructura organizativa que lo acompaña. Por lo tanto, antes de hablar de innovación, conviene aclarar de qué se está hablando porque esa definición influirá en el enfoque que se le dé. Y puede que incluso la supervivencia de la empresa dependa de esa definición. Después de todo, ¿cómo asegurar sus ganancias en un mercado en contracción cuando su negocio actual depende en gran medida del efecto de los productos básicos y la rentabilidad se reduce año tras año? Nadie puede sobrevivir sin innovación, pero la innovación solo puede tener éxito si es gestionable. Lee Iacocca dijo una vez: «Los líderes con más éxito se aferran a lo viejo el tiempo que sea necesario y dan el salto a lo nuevo en cuanto este es el mejor movimiento». Y pasan página de verdad, sin miramientos.

En su blog, el empresario de Silicon Valley Steve Blank describía el escollo al que se enfrentan Microsoft y Apple.[21] Sostiene que los sucesores de Bill Gates de Microsoft y Steve Jobs de Apple (Steve Ballmer y Tim Cook, respectivamente) son más ejecutores que visionarios. En su opinión, Ballmer y Cook hacen algo más que ejecutar, mejorar y renovar sus actuales modelos de negocio. También experimentan con nuevos modelos empresariales. Si no logran este equilibrio, la caída de sus empresas será solo cuestión de tiempo. Mantener ese equilibrio es el reto al que se enfrentan todas las organizaciones.

Los tres tipos de cambio difieren en cuanto a su impacto. Cada uno requiere un planteamiento distinto, como puede verse en la figura 5. La mejora y la renovación se refieren a los modelos de negocio e ingresos existentes en una empresa. La innovación consiste en encontrar nuevos modelos de negocio e ingresos mediante la innovación radical y digital.

	Tipo 1 – Mejora	Tipo 2 – Renovación	Tipo 3 – Innovación
Objetivo	Hacer las cosas mejor cada día	Avances y aumento de la rentabilidad resultantes de intervenciones en las operaciones actuales	Garantizar la continuidad mediante ganancias y beneficios oportunos de un modelo de ingresos y negocio completamente nuevo
Nivel de ambición	Pequeñas diferencias de un solo dígito en los KPI de los procesos individuales	Sustancial	Sustancial a largo plazo, con suficiente tracción a corto plazo para justificar la dirección
Ejemplos de resultados	Índice de fallos un 5 % menor, satisfacción del cliente un 10 % mayor con el servicio posventa	Un 10 % más de ventas cruzadas, reducción de costos del 15 % en procesos secundarios aprovechando la sinergia tras la fusión	Crecimiento de las ventas del 5-10 % con nuevos servicios derivados del nuevo modelo de negocio
Horizonte temporal	< 1 año, evaluación trimestral	1-2 años	2-5 años
Enfoque	Análisis breves, soluciones prácticas ejecutadas inmediatamente	Análisis y soluciones fundamentales, troceados en piezas manejables para su ejecución. Ágil	Conjunto manejable de experimentos estratégicos, prueba y error, ampliación de lo que funciona
Número realista por división/unidad de negocio	Máximo 7 en paralelo	Máximo 5	Definir de 5 a 15. No seleccionar más de 5 para la ejecución
Fuera de los ingresos y el modelo de negocio actuales	No	Posiblemente en parte	Sí
Ejemplos de métodos	Lean	BPR, PMI, BPM, BPO	Modelo *canvas*

Figura 5. Los tres tipos de ejecución de la estrategia son muy distintos en cuanto a su finalidad y naturaleza.

Fuente: Turner, 2016.

Esta distinción no es absoluta. La empresa no es una ciencia. He visto iniciativas de renovación que eran tan radicales que podían considerarse como innovaciones de pleno derecho. Y he visto otras presentadas descaradamente como innovaciones radicales que yo habría clasificado como meras renovaciones. Del mismo modo, una iniciativa puede comenzar como un proyecto de renovación y evolucionar gradualmente hasta dar pie a una innovación sin que nadie haya tenido la intención de que eso ocurriera, es decir, de forma fortuita.

Esta distinción, lejos de ser gratuita, nos permite centrarnos y lograr que toda la organización hable el mismo idioma. Solo de este modo podrá adoptarse un conjunto de iniciativas lo bastante claro y concreto como para marcar una estrategia tan ambiciosa como realista.

El tipo 3, la innovación, es crucial, ya que descubre o crea un nuevo campo de juego. Debería asegurarse de que un tercio de las iniciativas estratégicas que adopte perturban el propio funcionamiento de la empresa así como el mercado en el que esta opera. La innovación obedece a un instinto empresarial más profundo. En *El cisne negro y Antifrágil,* Nassim Nicholas Taleb describe lo que denomina *cisnes negros:* acontecimientos grandes e impredecibles que pueden poner de rodillas a las organizaciones.[22] La solución a ese problema no reside en tratar de predecir los cisnes negros, sino en intentar hacerse más resistente, porque todo lo que quiere sobrevivir debe hacerse más fuerte. Esa es la idea que subyace al concepto de antifragilidad. Según Taleb, este principio es aplicable a prácticamente todos los ámbitos de la vida y, desde luego, a las organizaciones. Lo esencial es que todo lo que no nos mata nos hace más fuertes. De ahí que deberíamos perder el miedo al riesgo. Todo estriba en colocarse en la posición adecuada para hacer frente al cisne negro. El día de Acción de Gracias puede ser un cisne negro para los pavos, pero no lo es para el carnicero. En otras palabras: hay que evitar como sea la posición más débil. Y para conseguirlo hay que descubrir o crear un nuevo campo de juego… y hacerlo a tiempo. Solo de ese modo se tendrán nuevas oportunidades y se evitará el final aciago que tiene un pavo. En eso consiste también la *teoría del océano azul:* el campo de juego existente es como un océano teñido de rojo por la sangre. Así que, adelante, encuentra un mercado no disputado, un prístino océano azul.

El cambio de tipo 3, o innovación, consiste en que las organizaciones se alteren a sí mismas. Taleb preferiría desechar la mejora y la renovación, que solo contribuyen a hacer más sólida la organización existente, lo que no contribuye en nada a resolver la vulnerabilidad de la empresa a largo plazo. Argumenta en contra de los expertos académicos sin experiencia que describen cómo las organizaciones frágiles pueden hacerse robustas en el mejor de los casos, pero acabarán quebrando. Me gusta recordar a John M. Keynes, que una vez dijo: «A largo plazo, todos estaremos muertos». A corto y medio plazo, necesitamos mejoras y renovaciones. Sin ellas, no podremos pensar a largo plazo, ni siquiera en estos tiempos de la nueva normalidad, en los que las perturbaciones ocasionadas por la innovación se suceden con rapidez. Ben Verwaayen, antiguo CEO de Alcatel-Lucent y British Telecom, dijo: «Una parte de la empresa debe estar en un constante estado de disrupción». En el capítulo 4, en el apartado dedicado al acelerador 1, veremos cómo una buena ejecución debe tener una parte considerable –por lo menos, un tercio– de innovación. Es un porcentaje enorme, pero necesario. Algunas personas leen *Antifrágil* de Taleb y se paralizan. Piensan que la mejora y la renovación carecen de sentido. Si las grandes innovaciones de otras empresas pueden arrasar –unicornios como Uber o el cisne negro de Taleb–, entonces no tiene sentido. Pero eso es tan absurdo como rechazar la innovación de plano.

Es extremadamente importante mantener el equilibrio entre los tres tipos de cambio. Algunas organizaciones se afanan por implementar mejoras mientras su sector se contrae un 10 % cada año. Es como preocuparse por los platos sucios del Titanic. Y si estalla una gran crisis financiera como la de 2008, esas organizaciones están irremediablemente mal preparadas. Si se quiere mantener el dominio en un mercado en contracción, es mucho mejor centrarse en la renovación. Tenga en cuenta que es el tipo de cambio más difícil, como demuestran los ejemplos de Kodak y Nokia.[23] Afortunadamente, también hay ejemplos de empresas que lo consiguieron, como DSM,[24] General Electric[25] y Toyota.[26] Pueden encontrarse ejemplos de este tipo de cambio tanto en organizaciones nuevas como en las ya establecidas. De hecho, empresas como General Electric y Toyota podrían ser más interesantes en este sentido que Uber o Airbnb. En el capítulo 4 trataré con más detalle la necesidad de equilibrio entre los distintos tipos de cambio.

Hemos establecido suficientemente la importancia de la innovación, el cambio de tipo 3. Pero como neerlandés prudente, no creo que deban tirarse unos zapatos viejos hasta tener un par nuevo. Por eso hay que implementar medidas de mejora y de renovación (tipos 1 y 2). Permiten aprovechar al máximo el modelo empresarial actual y financiar las innovaciones que darán lugar a un nuevo modelo.

Los cuatro aceleradores de los capítulos 4 a 7 tratan de los principios universales que se aplican a los tres tipos de cambio, aunque deben aplicarse con sentido común y en distintos grados para cada tipo.

Para saber más: Visite el mejor sitio web del mundo sobre el mejor periódico del mundo y descubra lo difícil que es innovar en el periodismo periodístico.

2.2 Factor de éxito 2: resistirse a la unilateralidad

¿Qué hace o deshace una visión moderna de la gestión del cambio? ¿Qué garantiza que la eficacia y la agilidad vayan de la mano y sirvan tanto a los objetivos a corto como a largo plazo? ¿Por qué las capacidades blandas son tan importantes como las duras? ¿Y qué importancia tiene un enfoque metódico?

2.2.1 Eficacia y agilidad antes que perfeccionismo

Deje de reelaborar interminable e inútilmente los documentos de visión y estrategia. La eficacia y la agilidad son mucho más importantes que la perfección.

La ejecución moderna de la estrategia en la nueva normalidad requiere una forma de trabajar fundamentalmente diferente. Hoy en día, la ecuación que funciona es estrategia = ejecución. Esto no significa que la estrategia se haya vuelto irrelevante. Pero toda estrategia requiere otra estrategia: una estrategia de ejecución. En un artículo publicado en el periódico económico neerlandés *Het Financieele Dagblad,* la profesora del INSEAD Annet Aris escribía: «Una estrategia clásica analiza la evolución del mercado, examina los puntos fuertes y débiles de una empresa, señala las ventajas competitivas que pueden explotarse y, basándose en estos pasos, diseña planes sobre dónde y cómo puede crecer esa empresa. El resultado es una serie de proyecciones calculadas con gran precisión para los próximos tres a cinco años. Cada vez más académicos e incluso consultores y empresas digitales están desechando este enfoque clásico. Están sustituyendo la estrategia por una búsqueda sistemática de un objetivo superior, con muchas pruebas y errores y resultados inesperados, como la expedición de Colón a Asia».[27]

Las organizaciones necesitan una estrategia concisa que pueda ejecutarse con eficacia y rapidez. El enfoque clásico ya no funciona; dedicar meses a masticar una estrategia, analizar el contexto, establecer la organización y preparar la ejecución lleva demasiado tiempo. Elegir ese camino solo conducirá a un mal resultado. En la nueva normalidad, las organizaciones necesitan una estrategia sólida y concisa que se ejecute en ciclos cortos.[28] Comenzar la aplicación de esta estrategia —es decir, la ejecución— muestra de inmediato cuánta agilidad se precisa para alcanzar los objetivos estratégicos. A la hora de aprovechar al máximo unos recursos siempre limitados, una organización debe tomar decisiones muy deliberadas y equilibrar sus objetivos estratégicos y su capacidad de ejecución. Y, sobre esta base, debe reducir el conjunto de iniciativas cada año. La estrategia tal y como la conocíamos ya no existe. Hoy, estrategia es igual a ejecución.

No se puede prescindir de una visión clara, de un por qué bien definido, y lo mismo ocurre con la estrategia. Para mí, fijar objetivos vagos a largo plazo es pura pereza. Y aunque los planos rígidos hayan perdido su relevancia, la planificación sigue siendo clave. El experto en desarrollo del liderazgo Harry Starren lo llama la paradoja de la planificación: hay que planificar y mirar hacia delante, pero también estar preparado para cambiar de rumbo en cualquier momento. Todo es cuestión de equilibrio. Las visiones y estrategias corporativas lúcidas siguen siendo escasas, pero cada vez más empresas se esfuerzan por desarrollar una misión coherente y una visión y una estrategia a largo plazo que sean concretas e inspiradoras a la vez. El experto en estrategia Richard Rumelt da en el clavo en su obra *Good Strategy/Bad Strategy* cuando escribe que muchas organizaciones carecen de estrategia, aunque estén convencidas de que la tienen.[29] Lo que entienden por estrategia suele ser una lista de indicadores de rendimiento o, peor aún, una vaga lista de deseos. Estrategia significa abordar los retos de frente. Una buena estrategia esboza el reto y proporciona una hoja de ruta. A partir de ahí, puede diseñarse un plan de acción concreto y coherente.[30] Pensadores como Jim Collins y Hans van der Loo han demostrado en repetidas ocasiones que la rentabilidad depende de una visión clara.[31] Las organizaciones con una visión sólida y ampliamente respaldada son más de un 25 % más rentables que las que carecen de ella.[32]

Es fácil ver por qué la ejecución de la estrategia ha cambiado radicalmente. La figura 6 muestra por qué la ejecución moderna de la estrategia y la gestión del cambio se basan más en la eficacia y la agilidad que en el perfeccionismo.

La agilidad debe incrementarse y gestionarse desde una visión de helicóptero. La agilidad es un concepto popular e importante en la ejecución de estrategias modernas.[33] Los profesores de la Universidad de Cornell Lee Dyer y Richard A. Shafer ofrecen una definición clara de agilidad: «Las organizaciones ágiles llevan incorporada la capacidad de cambiar, flexibilizarse y ajustarse a las condiciones cambiantes».[34] Existe una correlación entre agilidad y crecimiento rentable. Las investigaciones del Instituto Tecnológico de Massachusetts (MIT) demuestran que las empresas ágiles aumentan sus ingresos un 37 % más rápido y generan un 30 % más de beneficios que las empresas no ágiles. The Economist Intelligence Unit (EIU) ha informado de que el 90 % de los líderes entrevistados consideran que la agilidad estratégica es fundamental para el éxito de su organización.[35] No obstante, debe darse cuenta de que existe una diferencia entre la capacidad de ser ágil y serlo realmente. Es esencial adoptar una visión

	Acción	Desde		Hasta
1	Alcance estratégico	Combinaciones de mercado de producto único (PMC) en el nivel de la unidad de negocio	➡➡	Cambio a nivel de sector, cartera de PMC, incluidas las consecuencias a todos los niveles del modelo de negocio
2	Naturaleza de los bienes y servicios	Bienes y servicios físicos o independientes, transacciones únicas y puntuales	➡➡	Híbrido de servicios físicos y digitales, los servicios tienen precio (fragmentación significativa y ruptura de la cadena de valor), multicanal
3	Naturaleza de la innovación	Planificada, de bucle cerrado	➡➡	De código abierto, proyectos abiertos, ensamblaje de subconjuntos en la tubería hacia las propuestas, toma de decisiones y ajuste continuos
4	Naturaleza de los modelos de negocio (procesos, mecanismos, personas, TIC, etc.)	Sin ambigüedades, la máxima complejidad es la matriz híbrida	➡➡	Ágiles, abiertos, flexibles, exigencias más allá de la matriz (aunque esta también debe seguir funcionando con normalidad)
5	Estructuras de la industria	Cambio lineal (sobre todo erosión, glaciar)	➡➡	Pequeñas y grandes evoluciones y revoluciones, ondas de choque, dos pasos adelante, uno atrás
6	Naturaleza de los procesos de ventas y *marketing*	Eficacia de las ventas, principalmente técnicas genéricas de mejora de las ventas (oro, plata, bronce, diferenciación ligera, *coaching*)	➡➡	Segmentación inteligente de la clientela y diferenciación nítida entre los conceptos de ventas y servicios, de empujar a tirar, la distribución es solo una fracción de la gestión de ventas, el *marketing* apoya estrictamente a las ventas
7	Naturaleza y horizonte temporal de la ejecución	Estrategia única cada 3-5 años, utilizando planes de negocio anuales como bloques de construcción, secuenciales	➡➡	Recalibrado de la misión, visión y estrategia cada 2-3 años si es necesario. Cartera anual de iniciativas estructuradas individualmente (Nota: vivir la paradoja)
8	Espacio para el aprendizaje en la ejecución	Suficiente	➡➡	Debe producirse en paralelo, no hay tiempo para las curvas de aprendizaje clásicas
9	Naturaleza de la gestión de la ejecución	Presupuesto anual y fijación de objetivos en un ciclo de planificación y control fijo	➡➡	Plazos y ciclos de vida cada vez más cortos, creación de presupuestos flexibles y de modelos de planificación y previsión continuos (Nota: aún se necesita un enfoque muy estructurado)
10	Método	Análisis – diseño general (anteproyecto) – diseño detallado – preparación de la ejecución – ejecución	➡➡	Anteproyecto conciso pero sólido (¡sin objetivos vagos!), ejecutado en ciclos/paquetes de trabajo cortos, cada uno de los cuales consta de análisis/diseño/ejecución/caso empresarial

Figura 6. Ejecución moderna de la estrategia y gestión del cambio: eficacia y agilidad, sin nada de perfeccionismo.

Fuente: Turner y Hans Strikwerda, 2016.

de helicóptero en la reunión mensual de la sala de juntas, para poder elevarse por encima de la contienda y ver dónde se necesita agilidad.

Tenemos que empezar a conceptualizar la gestión del cambio de una manera nueva. En el capítulo 6, que aborda la cuestión de cómo escalar la ejecución de la estrategia, hablaré de la idea de tocar como primer o segundo violín de una orquesta. En pocas palabras, a veces se lidera un proyecto de ejecución de la estrategia, es decir, se es el primer violín, por lo que el trabajo consiste en poner en marcha el cambio para los demás; otras veces se pasa a un segundo plano, es decir, se es el segundo violín, y se deja que los demás pongan en marcha el cambio. A veces lideras, a veces sigues. En la nueva normalidad, se aprovecha la capacidad de renovación y ejecución de todos, se beneficia del trabajo de los demás y se pone el listón alto. Nadie tiene que ser el motor de todas las iniciativas. Y menos en la nueva normalidad. Cuando la eficacia, la agilidad y la rapidez son cruciales, no siempre se puede ser el primero.

Para saber más: El profesor de estrategia Richard Rumelt habla de la diferencia entre buena y mala estrategia.

2.2.2   Lo blando es duro y lo duro es blando: el equilibrio lo es todo

Las capacidades blandas determinan en última instancia si el cambio tiene éxito. Las grandes multinacionales como Shell preparan muy bien todas sus nuevas empresas y adquisiciones y las evalúan minuciosamente después. Resulta que muy pocas de sus transacciones son un éxito. Y las razones son siempre las mismas: no se ha dedicado suficiente tiempo y atención a las llamadas capacidades blandas. Nos referimos a incompatibilidades culturales, incapacidad para ponerse de acuerdo y luchar por un objetivo común, incapacidad para hacer fructificar las sinergias potenciales y choques en los estilos de liderazgo y gestión.

En *Más allá del desempeño*, Colin Price y Scott Keller demuestran que las empresas sanas superan al mercado.[36] Los factores de salud que identifican coinciden en gran medida con lo que yo llamo las capacidades blandas. Estos elementos hacen o deshacen su capacidad para alcanzar objetivos. Por suerte, ahora disponemos de una base cuantitativa para este argumento. Price y Keller no solo demuestran que las empresas sanas superan al mercado, sino que tienen 2,2 veces más probabilidades de superar a la mediana.

Trabaje con el mismo ahínco en el análisis sistemático y la influencia sobre las capacidades blandas de su organización que sobre las duras. Hable explícitamente de ambos tipos de capacidades. Las capacidades blandas incluyen la cultura, el comportamiento, el estilo de liderazgo y la cooperación. Las capacidades duras comprenden los procesos, la estructura y las TIC. La herramienta de investigación en línea SECA.NU de Turner Consultancy, desarrollada para ayudar a determinar la capacidad de ejecución de una organización, es un instrumento excelente para medir sistemáticamente sus capacidades duras y blandas.[37]

Mucha gente considera que este lado blando de la empresa son los intangibles. La cultura, el clima, los valores, el comportamiento y el liderazgo parecen ser dominio de unos pocos expertos que creen poder decir a los demás cómo desarrollar y perfeccionar el «lado blando» de una organización. No es de extrañar que el lado blando siga siendo una especie de caja negra para la mayoría de la plantilla.

Por ello, a menudo se confunde el lado blando con el concepto de cultura organizativa. Es cierto que la cultura se considera la columna vertebral de las capacidades blandas, pero los intentos de cambiar la cultura por cambiar la cultura son inútiles. Un enfoque mucho mejor consiste en identificar cinco cuestiones de comportamiento cruciales, definir qué comportamiento se espera con respecto a ellas y asegurarse de que no haya lugar para excusas para no adoptar este comportamiento. Volveré sobre ello cuando describa el acelerador 2, bloque 6.

El acelerador del cambio y la ejecución de estrategias SECA.NU

Turner Consultancy ha desarrollado un acelerador del cambio y la ejecución de estrategias llamado SECA.NU. Se trata de una herramienta de investigación que proporciona a los participantes información en línea y en tiempo real sobre la capacidad de ejecución de su organización en comparación con los puntos de referencia. Esta información puede mejorar y acelerar la ejecución de la estrategia.

SECA.NU consta de 25 preguntas que generan un análisis muy preciso de la madurez de una organización en la ejecución de estrategias. Puede desglosarse en cuatro parámetros principales: la madurez de la gestión ejecutiva *(dirigir la empresa)*, la madurez de la gestión del cambio *(cambiar la empresa)*, la calidad de las condiciones duras *(procesos y sistemas)* y la calidad de las condiciones blandas *(liderazgo, cooperación)*. Estas son las cuatro dimensiones principales de una ejecución eficaz de la estrategia.

No me canso de repetirlo: nunca debe invertirse en un programa de cambio de cultura. La cultura es un resultado, no una cuestión independiente. No se puede cambiar el clima corporativo de forma independiente. Las organizaciones son estructuras complejas en las que cada cambio tiene un efecto dominó. Cuando el personal recibe nuevas responsabilidades, ve su contribución bajo una nueva luz y ajusta su comportamiento y valores en consecuencia. Basta con centrarse en objetivos, tareas e iniciativas reales de forma que los elementos duros y blandos se mantengan en equilibrio, y la cultura cambiará a su paso. Cualquier programa dirigido exclusivamente a alterar la cultura organizativa es una pérdida de dinero.[38]

En otras palabras: ¿hay que centrar toda la atención en las capacidades blandas? No. El equilibrio lo es todo.

El equilibrio entre lo duro y lo blando es lo que realmente marca la diferencia. A menudo se dice que el éxito de un proyecto depende de cómo empieza. Todo el mundo está de acuerdo en que tiene que haber una hoja de ruta sólida y sustancial y un objetivo claro. El elemento blando que resulta crucial al principio es el compromiso del ejecutivo que elabora el plan y consigue que los demás se comprometan con el proyecto. A eso lo llamo *comprobación psicológica,* un aspecto crucial pero generalmente olvidado o ignorado de todo proyecto. Con demasiada frecuencia, responsables de alta dirección se limitan a hacer una rápida llamada telefónica el día antes de la puesta en marcha. Cada minuto invertido en un debate exhaustivo sobre las funciones y responsabilidades compensa exponencialmente en los resultados finales. Pero tiene que haber un compromiso real, no fingido.

En la nueva normalidad, la elección entre gestión del cambio descendente o ascendente es un falso dilema. Como todos sabemos, no se trata de una cosa o de la otra, sino de ambas. La idea de que el cambio descendente no funciona es una idea vieja y desacreditada que algunos intentan hacer pasar por nueva. Del mismo modo, debemos prescindir rápidamente del dogma de que el cambio ascendente es el único camino. Cuando las grandes organizaciones ponen en marcha proyectos complejos y multidisciplinarios para ejecutar una verdadera innovación, es arriesgado suponer que cada persona implicada es capaz de analizar y decidir cómo deben mejorarse las cosas (cambio ascendente). No se puede prescindir de un marco claro de arriba abajo. Y es inaceptable que los departamentos o las personas rechacen las mejores prácticas solo porque se le han ocurrido a otro. El síndrome de «no se inventó aquí» es una característica improductiva e indeseable para la plantilla del mañana.[39] El liderazgo debe adoptar una actitud moderna ante la gestión del cambio. Las nuevas generaciones de profesionales esperan esa actitud y se sienten incómodos teniendo que buscar el consenso en cada decisión. Quieren hacer un trabajo de calidad cuando son los primeros en una iniciativa. Y cuando son el segundo violín, esperan que quien tome la iniciativa tenga la misma actitud. El tabú sobre los marcos y las implantaciones descendentes es injustificado. Muchas organizaciones cometen el error de no delinear marcos claros porque creen que «los empleados deben aportar las ideas por sí mismos». La solución es encontrar el equilibrio adecuado entre *bottom-up* y *top-down*.[40] Hay otras dicotomías falsas, como corto plazo frente a largo plazo, gestión orientada a los resultados frente a gestión orientada a las personas, y el dilema de la tortuga y la liebre. Una pista: nunca es lo uno o lo otro. Hay que navegar entre dos aguas.

2.2.3   La ejecución de la estrategia es un proceso como cualquier otro

No hay nada mejor que un buen modelo de proceso empresarial. Los métodos modernos de ejecución de estrategias también necesitan un modelo de procesos empresariales. Todo el mundo está entrenado para pensar en procesos empresariales: ventas, logística, entrega, servicio, administración, gestión y procesos de recursos humanos. Pero cuando se trata de la ejecución de la estrategia, este pensamiento de repente parece no aplicarse, como si la ejecución de la estrategia pudiera darse por sentada. Sin embargo, la ejecución de la estrategia no es más que otro proceso empresarial, que debe describirse y aplicarse como todos los demás.

Al fin y al cabo, todo el mundo se beneficia de un modelo práctico. Ayuda a todos a hablar el mismo idioma. Y un modelo o marco de proceso también proporciona una clavija de la que colgar las mejores prácticas, para que podamos convertir los pasos genéricos en acciones concretas.

Ejecutamos la estrategia en un mundo cada vez más complejo y volátil. Utilizar un único método y un único lenguaje para la ejecución de la estrategia crea el tiempo y la flexibilidad necesarios para hacer frente a nuestro mundo en rápida evolución. Adoptar un enfoque sistemático y asegurarse de saber en qué fase se encuentra una iniciativa ayuda a completar con éxito esa fase y toda la iniciativa. Esto es cierto no solo durante el análisis, sino también durante la ejecución.

En una ocasión, ayudé a un alto directivo de una gran compañía de seguros a crear un método y un lenguaje únicos para la ejecución de la estrategia. Hablando del uso de un modelo por fases o paso a paso, dijo: «En un momento dado, cada iniciativa estará en una fase distinta de todas las demás. Pero cada una de ellas tiene que pasar por todas las fases. En el calor del momento, a menudo no sabemos en qué fase se encuentra una iniciativa concreta. Y cuando se atasca o no consigue resultados, nos sorprendemos. Pero eso se debe a que seguimos cayendo en el clásico error de abordar nuestras iniciativas de forma sistemática solo mientras las estamos definiendo. Cuando más necesitamos ser sistemáticos, durante la ejecución, nuestra mente tiende a estar en otra parte». Pensar en aceleradores, etapas, fases o pasos –tanto da como se los llame– ayuda a darse cuenta de lo que aún queda por hacer.

2.3   Factor de éxito 3: provocar una disrupción o padecerla

Hay muchas grandes tendencias en el mundo empresarial, pero la más importante es la innovación digital.[41] Las necesidades fundamentales de los clientes exigen una innovación digital radical por parte de todas las organizaciones. El tipo de innovación que necesitamos ahora es la transformación digital. Ya no podemos ver la innovación y la digitalización como fenómenos separados. El 99 % de todas las organizaciones del mundo no son ni *startups* ni innovadoras digitales de éxito bien establecidas como Apple, Google o Amazon. Sin embargo, si quiere sobrevivir, tendrá que idear una estrategia de innovación digital.

En 2015, las organizaciones esperaban obtener entre un 5 % y un 10 % de crecimiento y aumento de la eficiencia en los próximos cinco años a través de la experimentación digital.[42] Hasta ahora, sin embargo, los resultados han estado muy por debajo de las expectativas. Los objetivos digitales no son en absoluto más fáciles de alcanzar que los objetivos de la estrategia tradicional. Por eso tenemos que analizar a fondo y redefinir nuestra estrategia, propuestas de valor, procesos de atención al cliente y estructura organizativa. Nueve de cada diez veces, estas cuestiones están interconectadas y son multidisciplinarias.

En esencia, la innovación digital son pequeños experimentos, fracasos rápidos, escalada rápida. «Primero dispara perdigones, luego balas de cañón», decía Jim Collins. Y sin miedo a fracasar. Cualquiera que haya construido una gran empresa ha sido ridiculizado en algún momento del camino. Dejar espacio para el fracaso también deja espacio para lo que se conoce como «serendipia táctica».[43] Las grandes ideas surgen de lo imprevisto.

La innovación digital requiere métodos de desarrollo y ejecución iterativos y ágiles. También es esencial trabajar por proyectos para coordinar los procesos empresariales, la tecnología y las personas. La capacidad de una organización para cambiar a marchas forzadas se denomina cociente digital y de innovación (IDQ, de *innovation and digital quotient).*[44] Este es el ADN digital de las *startups* y las empresas de *software* del que carecen muchos otros tipos de empresas y que necesitan adquirir. El IDQ no es ningún misterio, pero como se aplica a todos los aspectos de una organización, puede ser difícil de precisar.

Permítame exponer las cinco áreas en las que debe destacar para sobrevivir y ser competitivo en la era digital:

1. Estrategia digital y propuestas de valor.
2. Identificación de las necesidades del cliente.
3. Estructuras digitales y gestión ágil.
4. Nuevas capacidades y alta energía.
5. Tecnología de doble vía.

2.3.1   Definir la estrategia digital y las propuestas de valor

Asegúrese de desarrollar una estrategia digital clara y ampliamente respaldada. Esto se reduce a una visión digital transformadora que proporcione una nueva conceptualización de la clientela y sus necesidades fundamentales, así como de la forma en que la innovación digital puede satisfacer estas necesidades. Su estrategia de innovación digital debe ser un nuevo capítulo de su estrategia global. Arrastrará a los demás capítulos a su paso. Defina en qué consistirá la innovación digital en los próximos años, partiendo de la premisa de que los bienes y servicios innovadores contribuirán más a sus beneficios cada año. Deje claro que ese es su objetivo y que todos son responsables de trabajar para conseguirlo.

Su visión y estrategia digitales deben agitar las cosas. Su visión digital proporciona un análisis imparcial de su experiencia ideal del cliente, sus procesos empresariales y su modelo de negocio. Esta transformación digital debe inspirarse en una mentalidad disruptiva: su objetivo es perturbar el mercado y, por tanto, también su propia organización. La estrategia debe agitar las cosas, inspirar a la gente y espolearla a la acción. En definitiva, no existe una estrategia digital. Solo existe la estrategia en la era digital.

2.3.2   Abandonar prejuicios y tópicos sobre los clientes

La clave está en mirar a la clientela con otros ojos. Si no comprende las necesidades fundamentales de sus clientes, no podrá entender cómo utilizar la innovación digital para satisfacer esas necesidades mejor, de forma más inteligente y rápida. Los clientes han sido los reyes durante tanto tiempo que nuestras ideas sobre cómo satisfacer sus necesidades se han quedado anticuadas. La digitalización desafía estas ideas fosilizadas. Ofrece tantas posibilidades que vuelve a priorizar esas necesidades de una manera muy refrescante. Tomemos como ejemplo la aplicación SNKRS que Nike lanzó en 2015. La gente de Nike vio que los fans de las zapatillas seguían sitios especializados y comunidades en línea para saber cuándo se lanzarían nuevos productos. Así que Nike lanzó SNKRS, una plataforma que ofrecía a estos fans acceso exclusivo previo al lanzamiento de los últimos modelos, así como un canal para comprarlos directamente al fabricante. La aplicación ofrece contenidos personalizados en función de las preferencias de los compradores, ya sean Air Max o zapatillas de fútbol.

La cocreación es una propuesta de valor en sí misma. No dude en colaborar con otras empresas. No hay tiempo para desarrollarlo todo uno mismo. ¿Por qué no establecer una asociación inteligente con un competidor que esté muy por delante de usted en algún ámbito, ya sea el contenido, la distribución o el *marketing*? Es una idea contraintuitiva que las empresas temen poner en marcha. Pero como he dicho antes, a los clientes les importa cada vez menos qué empresa está detrás de los productos y servicios que utilizan. Si quiere ofrecer valor, ¿por qué perder el tiempo en luchas territoriales con la competencia? Cuando se hace, pierde clientes. Las empresas estadounidenses ya han adoptado esta idea. En Digital Disruption, James McQuivey cita el ejemplo de Amazon, cuyo Kindle funciona con Android.[45] Pero si se desea leer libros electrónicos de Amazon en un iPad, basta con descargar la aplicación gratuita Kindle. Del mismo modo, las películas en Xbox One no se limitan a la plataforma Zune de Microsoft. También puede utilizarse Hulu o Netflix. Se trata de un nuevo modelo de negocio. Puede que los márgenes de beneficio sean menores, pero al final todos ganan, tanto las empresas como quienes les compran.[46]

La digitalización equivale a la automatización de los procesos empresariales. La digitalización tiene que ver con la necesidad y la utilidad de automatizar los procesos empresariales. Sin embargo, también funciona a la inversa: cuando se aplica bien, la automatización favorece una rápida ampliación y eficiencia. Basta con pensar en lo mucho que mejora la eficiencia mediante la deduplicación, la recopilación de información al principio de cada proceso clave, la eliminación de errores y la reducción de los tiempos de producción mediante el «procesamiento directo».

2.3.3   Navegar mediante una estructura digital y una gestión ágil

Como escribió Menno Lanting, convertir un petrolero en una lancha rápida –o en una flota de lanchas rápidas– no es fácil.[47] La agilidad es un cambio radical: se pasa de la planificación, el desarrollo y la puesta en marcha a la experimentación, el fracaso y el volver a empezar. Esto también exige una cultura diferente. Pero, como ya he dicho, el cambio cultural es el resultado del cambio de los procesos empresariales.

La innovación digital requiere un fuerte liderazgo descendente. Asegúrese de que la digitalización se gestiona de forma explícita. Cree una filosofía de gobernanza digital que sirva de marco sustancial, reconocible y ampliamente respaldado. Para que la innovación digital sea eficaz, deben definirse, asignarse y ponerse en marcha las funciones y responsabilidades necesarias antes de que comience la ejecución. Las organizaciones deben nombrar a un ejecutivo de nivel C, una persona que sea responsable de la digitalización, *chief digital officer* (CDO) por así decirlo. Esa es la principal función de liderazgo digital, pero la responsabilidad de la digitalización no recae únicamente en esa persona. Cada líder de cartera debe saber cuáles son sus responsabilidades digitales. Por eso es importante asegurarse de que los líderes y los actores digitales clave están en la misma onda. Deben compartir la misma visión digital, conocerla como la palma de su mano y promoverla tanto dentro como fuera de su propia disciplina.

El liderazgo digital de éxito rara vez se trabaja de abajo arriba. Dejar que florezcan mil flores no garantiza el éxito. Los líderes digitales tienen que gestionar las transformaciones proporcionando dirección y perseverando. Esto requiere una gran coordinación y un fuerte liderazgo de arriba abajo, aunque vaya en contra del dogma popular de la gestión del cambio.

La innovación digital debe ser una prioridad para todo el equipo directivo. No es algo que pueda hacer un innovador radical o un único equipo dedicado a ello, por mucho que se esfuercen. Los altos directivos tienen que liderar. Eso es lo esencial.

Los mayores obstáculos a la disrupción digital son los silos. Cuanto mayor es la organización, más difícil es romper estos silos. Identifique los silos de su organización y piense en cómo rodearlos o atravesarlos. En otras palabras, observar el organigrama, identificar los obstáculos y eliminarlos. Eso es liderazgo del cambio. Normalmente, esto se reduce a cosas como acelerar las aprobaciones legales y financieras, atravesar las estructuras regionales de ventas y cerrar las brechas entre ingeniería y *marketing*.

2.3.4 Desarrollar nuevas capacidades y una cultura de alta energía

Todos los empleados deben tener las capacidades digitales básicas. También se necesitan algunos actores digitales clave que estén muy por delante del resto y tengan excelentes competencias. En resumen, se necesita un pelotón de soldados capaces, pero también una vanguardia.

Las capacidades digitales son la actividad principal de la gestión de recursos humanos. Por lo tanto, todos los procesos de recursos humanos –selección, contratación, formación, capacitación, evaluación y remuneración– deben incluir un enfoque en las capacidades de innovación digital.

La dirección de tecnología (CTO) y la dirección financiera (CFO) son funciones de liderazgo cruciales. En las nuevas organizaciones basadas en datos, el CTO opera básicamente al mismo nivel que el CEO. Los CFO son igual de esenciales, porque su trabajo abarca mucho más que el control financiero. Pero en el corazón de todo modelo de negocio digital están los propietarios de los productos y los ingenieros, los técnicos. Son la columna vertebral de su actividad. Los vendedores son fáciles de sustituir, pero los ingenieros técnicos y de producto no.

Las *startups* ven los recursos humanos desde una nueva perspectiva. «Cuando pienso en lo que pueden querer mis empleados, me pongo en la piel de alguien que deja el trabajo para hacerse autónomo», dice uno de los emprendedores de internet que entrevisté. «¿Qué es lo primero que hace un autónomo? Se compra un ordenador Apple. Así que compré un ordenador Apple a toda la plantilla.» Y ese es solo un pequeño ejemplo de cómo mantener vivo el espíritu emprendedor en una organización, subrayó. Este mismo empresario me aseguró que da la máxima prioridad a las capacidades blandas –educación, propósito, satisfacción laboral y aprecio– para cualquiera que trabaje en su organización de viajes.

La capacidad analítica es, con diferencia, la más importante para los nuevos modelos de negocio basados en datos. La comprensión de las métricas y la capacidad de pensar y actuar de forma bien estructurada son cruciales. Una segunda competencia que no se debería subestimar es la capacidad de gestión de proyectos. Alguien que destaca en la gestión de proyectos hace la vida más fácil a todos los demás. «Como empresario, te encanta cuando tu gente tiene talento para la gestión de proyectos y quiere desarrollar esa habilidad», me dijo otro emprendedor de éxito en internet. Estas capacidades son incluso más importantes que las creativas, aunque decirlo parezca tabú. Las organizaciones digitales gastan tanto dinero en *marketing* cada mes que hay que saber adónde va, por qué y cómo gestionar ese presupuesto.

Las empresas digitales necesitan especialistas. No gestores. Como dijo un empresario de internet: «Cuando un especialista quiere convertirse en gestor, a veces le digo: Tu valor añadido es tu especialización. Entonces, ¿por qué quieres convertirte en directivo?».

Obviamente, los especialistas y los cerebritos tienen que ser capaces de cooperar. Toda organización tiene sus bichos raros y sus inconformistas de alto rendimiento. Eso no va a cambiar, ni siquiera en las organizaciones de alta tecnología. La vieja regla de oro sigue siendo válida: si se tiene menos de uno de cada diez bichos raros, se tiene un problema. Pero si se tiene más, se tiene otro problema.

La innovación digital forma parte de su cultura corporativa. Trabaje para crear una cultura de innovación digital sólida y dinámica en la que el personal esté comprometido y motivado para ayudar a hacer realidad la transformación digital. Con demasiada frecuencia, la estrategia digital de una empresa no es más que otro documento político. Las investigaciones han demostrado que, por lo general, dos tercios de la plantilla ni siquiera saben que existe.[48]

2.3.5 Tecnología de doble vía

Las TIC funcionan a dos velocidades diferentes. Tanto si su organización es pequeña como grande, tanto si trabaja con sistemas heredados como si no, la innovación digital siempre requiere un enfoque de TIC de dos vías. La vía 1 se ocupa de la digitalización básica, mientras que la vía 2 está dedicada a la transformación digital. Solo se puede avanzar realmente cuando estas vías se han separado y facilitado adecuadamente. La vía 2 se caracteriza por equipos de TIC pequeños y autónomos que utilizan métodos modernos como DevOps y Scrum. Cooperan con *marketing,* ventas y la base de clientes para diseñar, construir, probar, cambiar y escalar prototipos.

Las plataformas digitales se utilizan para las economías de escala. Las plataformas digitales permiten introducir rápidamente nuevos productos y crear y mantener relaciones con la clientela. Hoy en día, esta infraestructura es tan indispensable para su empresa como lo fueron los ferrocarriles, las autopistas y la aviación en el siglo pasado. Una plataforma digital le permite analizar cómo puede aumentar sus beneficios exponencialmente sin incrementar sus costos y sin la carga de tener que presentar sus ideas a los inversores o crear un departamento de gestión de recursos humanos. Una plataforma digital le permite llegar a sus clientes. Un gran ejemplo es HBO, que James McQuivey cita en *Digital Disruption.* En Estados Unidos, 28 millones de espectadores ven HBO por satélite o cable, lo que los convierte en clientes indirectos. Imagínese tener 28 millones de clientes potenciales. La empresa utilizó la aplicación HBO Go para conectar y establecer relaciones directas con ellos. Esto les permitió acceder a un tesoro de información sobre las personas usuarias. Las plataformas digitales dan prioridad a las relaciones con los clientes y reducen la fricción: una combinación ideal para la innovación.

Hay multitud de ejemplos de empresas que utilizaron una plataforma digital para convertirse en el mayor disruptor de su sector: Uber, una plataforma de transporte sin flota propia; Facebook, una plataforma de redes sociales sin contenidos propios, y Airbnb, una plataforma de alojamiento sin inmuebles propios. Del mismo modo, ninguno de los grandes minoristas en línea –Amazon, Alibaba/Aliexpress, Cdiscount– tiene ya su propio inventario.

Definir una estrategia de plataforma es el mayor reto empresarial actual y el principal rompecabezas estratégico para las organizaciones con nuevos modelos de ingresos. El rompecabezas suele ser multidimensional: ¿qué estrategia elegir para sus actividades B2B, B2C y B2B2C? Su estrategia de plataforma lo define todo. Querrá maximizar la estandarización y la digitalización para hacer y mantener sus actividades escalables. La escalabilidad es clave.

La gestión de datos es clave en la ejecución. La gestión de datos es el cerebro de las operaciones digitales. Las métricas hacen posibles los análisis estratégicos, tácticos y operativos. Y es clave en la innovación digital y la iteración de prototipos. El término *big data* puede tener un efecto paralizante. Así que desmitifiquemos el análisis de *big data*. Todas las organizaciones disponen de una enorme cantidad de datos que están pidiendo a gritos que se les dé un uso para mejorar, renovar e innovar sus procesos empresariales. El reto está en decidir a qué pregunta se quiere dar respuesta. Tomemos el ejemplo de Cattle Care. La tecnología de esta empresa proporciona a los ganaderos toneladas de datos sobre sus vacas. Pero solo cuando estos ganaderos formulan una pregunta bien definida (por ejemplo, «¿qué números predicen que una vaca va a enfermar?») pueden realmente explotar los datos.

2.3.6   Las *startups* no están tan adelantadas como se cree
Las organizaciones establecidas tienden a sobrestimar la conveniencia de los nuevos modelos de negocio. Suponen que todo está ya estandarizado y digitalizado. Como nos contó el CEO y fundador de un modelo de negocio digital en el sector de los viajes, hay algunas ideas erróneas sobre su empresa. Una de ellas es que su empresa es un éxito porque su modelo está muy estandarizado y digitalizado. En realidad, todo lo que tenía era una gran idea de negocio: ofrecer paquetes de viajes nuevos y originales cada día. De hecho, muchos de los procesos necesarios para ofrecer esos paquetes distan mucho de estar estandarizados y digitalizados, porque dependen mucho de las empresas proveedoras. Puede que el sector de los viajes sea uno de los más prometedores para introducir nuevos modelos de negocio, pero también es uno de los más difíciles porque depende en gran medida de la disponibilidad, rapidez y fiabilidad de proveedores inmaduros. Por ejemplo, los *agriturismi,* casas de huéspedes de lujo en granjas italianas, son muy populares entre los europeos, pero obtener datos fiables sobre disponibilidad es una pesadilla. Integrar esto de forma ordenada en los procesos es un monstruo de muchas cabezas.

Los nuevos modelos de negocio se enfrentan a muchos retos, igual que las organizaciones normales y corrientes. Pero las nuevas organizaciones con modelos de negocio en gran parte digitales también se enfrentan a nuevos retos. A menudo duplican su tamaño y sus ventas cada dos o tres años. Esto significa que sus procesos y su organización tienen que seguir el ritmo; de lo contrario, corren un gran riesgo, porque son las personas las que hacen o deshacen su éxito digital. Como muestra nuestro estudio, las nuevas organizaciones también tienen que enfrentarse a otros retos además del crecimiento. En primer lugar, está la personalización: utilizar el análisis de datos para adaptar los productos o servicios a las necesidades existentes o incluso latentes de la clientela. El contenido, el mensaje, el mensajero y el momento tienen que combinarse de forma hermética a gran escala. En segundo lugar, está la necesidad de diferenciación. Ofrecer un nivel de servicio superior es cada vez más difícil. Dado que FedEx y DHL permiten a todas las minoristas en línea realizar entregas al día siguiente, esta opción ya no es un argumento de venta único. Las empresas digitales intentan ahora ofrecer contenidos inspiradores con su producto o servicio, o encontrar otras formas que les hagan destacar entre la multitud. En tercer lugar, está el principio del inventario fresco. Todos los nuevos modelos de negocio intentan imitar el «efecto Zara». La sofisticada logística de esta exitosa cadena minorista española le permite renovar constantemente su colección y ofrecer rápidamente artículos nuevos y sorprendentes que se adaptan muy bien a las necesidades de su clientela, al tiempo que mantiene un inventario muy reducido. Este principio puede trasladarse a muchos otros mercados: encontrar la manera de entusiasmar a la gente con nuevos lanzamientos para fidelizar. El cuarto reto es atraer y retener a los especialistas digitales adecuados. El quinto es poner en orden la gestión de datos y la elaboración de informes. El sexto reto mencionado con frecuencia es la garantía de calidad. Por último, pero no por ello menos importante, la normalización y digitalización de la cadena de suministro es el séptimo reto.

Siempre con el objetivo de sacar sobresalientes, pero sin conseguirlo nunca. El director general y fundador de un nuevo modelo de negocio digital en el comercio minorista nos dijo que es evidente que la intimidad con el cliente, la excelencia operativa y el liderazgo del producto tienen que obtener un sobresaliente en la nueva economía actual. Pero nunca se llega al sobresaliente; hay que esforzarse por satisfacer exigencias cada vez mayores y buscar continuamente la iniciativa que tenga el mayor impacto. Esforzarse por obtener sobresalientes, por alcanzar la excelencia, debe convertirse en algo natural. Siempre. Cada día hay que hacerlo mejor que el anterior.

Crear nuevos modelos de negocio y de ingresos no es fácil. El listón está increíblemente alto. En la economía de internet, se aplica la ley de los números 1, 2 y 3. Las posiciones más bajas del mercado simplemente no sobreviven. La mayoría de los modelos de negocio digitales mejoran continuamente sus procesos de atención al cliente mediante pruebas A/B, pero ahora se encuentran con que también tienen que mejorar continuamente sus procesos internos. Bienvenido a la realidad.

¿Interrupción digital? Una nota crítica. La transformación digital radical acelera la innovación. Sin innovación digital, no hay supervivencia. Hay quien afirma que la era de los grandes inventos que cambian el mundo ha terminado. Dicen que hemos pasado de la revolución a la evolución y que los últimos cincuenta años se han limitado a mejorar las tecnologías existentes. Sí, es impresionante lo que pueden hacer los aviones, los teléfonos y los ordenadores de hoy, pero son solo mejoras, no innovaciones. El economista Robert Gordon es uno de los principales defensores de este punto de vista. En *The rise and fall of American growth,* Gordon sostiene que Internet fue responsable de un gran aumento de la prosperidad entre 1994 y 2004, pero que el efecto del progreso tecnológico en la economía ha desaparecido desde entonces. Señala que el crecimiento de la productividad entre 1920 y 1970 nunca ha sido igualado.[49]

El problema con el argumento de Gordon es que vincula el progreso tecnológico inexorablemente al crecimiento económico. Hay dos razones para rebatir este punto de vista. En primer lugar, la robotización, la libre disponibilidad de información y la digitalización de las empresas reducen el empleo en lugar de aumentarlo. En segundo, no todo se puede cuantificar. La rapidez y facilidad con la que ahora podemos comunicarnos con nuestros clientes, compañeros de trabajo y empleadores ha cambiado fundamentalmente nuestra forma de hacer negocios. Pero intente cuantificarlo.

2.4   Factor de éxito 4: enfatizar quién sobre el por qué, el cómo y el qué

Este factor de éxito se centra en la importancia de las personas y en cómo garantizar su participación en la ejecución de la estrategia.

2.4.1   La persona adecuada para el trabajo adecuado
El factor de éxito más importante con diferencia es la persona adecuada para el trabajo adecuado. Jim Collins señala este factor de éxito como uno de los principales parámetros que hacen que las organizaciones sean grandes y no solo buenas: «En primer lugar, sube al autobús a las personas adecuadas».[50] El *quién* es más importante que el *qué*. Al fin y al cabo, sus empleados son sus clientes más importantes. Las buenas personas diseñan buenas estrategias y crean clientes satisfechos.[51] Trabajan duro. Todos sabemos que la fuerza de voluntad y la resistencia predicen mucho mejor el éxito de alguien que el talento. Creo firmemente en la teoría de las 10.000 horas propuesta por el psicólogo

Anders Ericsson y popularizada por Malcolm Gladwell. Según ellos, hay que dedicar al menos 10.000 horas para llegar a ser realmente bueno en algo, independientemente del talento o la inspiración que se tengan. En última instancia, el éxito es el resultado del trabajo duro, sobre todo en la ejecución de estrategias. Sin embargo, muchas organizaciones cuentan con muchas personas con talento y muy trabajadoras en los niveles superiores. Ahí es donde la inteligencia emocional separa el grano de la paja. La inteligencia emocional es la capacidad de autorreflexión y la habilidad para empatizar y conectar con las personas, independientemente de que nos caigan bien o mal.

La ejecución de la estrategia es un oficio y debe considerarse una competencia básica. Pondré un ejemplo: una de las razones por las que Nestlé obtiene mejores resultados que muchos de sus competidoras es que no tiene predilección por el análisis interminable. Hay un sesgo hacia la acción. La excelencia en la ejecución de la estrategia es un tema más importante que el análisis estratégico en la sala de juntas de Nestlé.[52] Solo así se fomenta la agilidad y la eficacia donde más cuenta: en las personas.

Hay que ser duro e inteligente a la hora de contratar, porque encontrar a las personas adecuadas para el puesto adecuado es clave en la ejecución de la estrategia. Algunos altos directivos no tienen reparos en retrasar tres meses un programa estratégico mientras buscan a las mejores personas para cubrir los puestos clave. Al fin y al cabo, su personal es su palanca más importante. A medida que cambian los modelos de negocio, también hay que cambiar las prácticas de contratación. Por ejemplo, el CEO de AFAS, una empresa de *software* de rápido crecimiento, desarrolló personalmente lo que él llama audición de contratación: cambiar el enfoque de cómo alguien habla sobre el trabajo a cómo alguien actúa en el trabajo.[53] Del mismo modo, hay que redefinir el trabajo en equipo y tomar a los autónomos tan en serio como a los empleados fijos. Pronto, el número de trabajadores temporales y autónomos superará con creces al de fijos.[54]

Dedique tiempo a la incorporación. Integre toda la marca y la experiencia del cliente en el proceso de incorporación y ponga a los nuevos empleados en rotación por toda la organización. Anime a los profesionales a hacer crecer sus carreras convirtiéndose en súper especialistas en lugar de directivos. Muchos profesionales están más interesados en crecer y desarrollar sus habilidades en su campo que en seguir el camino clásico y ascender a un puesto directivo. Otro consejo importante: despida del mismo modo que contrata, con decisión y honestidad. En el mundo actual, los empleados son responsables de su desarrollo continuo y cada organización es responsable de permitirles hacerlo. Esto garantiza la empleabilidad. Si una organización y un empleado sienten que ya no tienen nada que ofrecerse mutuamente, hay que abordarlo de inmediato. Si es necesario, los directivos o los miembros del consejo de administración deben despedir a las personas, de forma decidida y concienzuda. Cada exempleado es un embajador potencial de su organización, así que todo el mundo saldrá ganando si se van en buenos términos. Insisto: despida del mismo modo que contrata, con decisión y honestidad.

Para saber más: Jim Collins acuñó el concepto *First who:* las personas primero, la dirección después.

2.4.2 Argumentos empresariales sólidos para el compromiso

El compromiso es combustible. Los empleados comprometidos contribuyen significativamente a todos los objetivos estratégicos de una organización: rentabilidad, satisfacción de clientes y empleados, productividad, retención del talento y menor absentismo. El compromiso afecta a sus clientes y a sus resultados. En una encuesta de 2015, Gallup descubrió que el 68 % de los empleados no está comprometido.[55] Algo más del 50 % no estaba comprometido pasivamente: ni hostiles ni disruptivos. Estos empleados llegan al trabajo a tiempo, pero hacen lo mínimo que se espera de ellos. No están comprometidos con los objetivos y ambiciones de la organización. Otro 17,2 % estaba activamente desvinculados: eran hostiles y conflictivos.

El comportamiento de una plantilla desmotivada no solo genera despilfarro y desmotivación, sino que también reduce la productividad. Afortunadamente, es relativamente fácil invertir la tendencia. Lo que se paga por retener a un empleado es una fracción del costo de contratar, formar e incorporar a uno nuevo.

El compromiso aumenta la rentabilidad. Las organizaciones con una excelente relación entre personal comprometido y no comprometido aumentan su rentabilidad. Su beneficio por acción (BPA) es casi cuatro veces mayor que el de las organizaciones con menor compromiso de los empleados.[56] El compromiso también conduce a una satisfacción del cliente significativamente mayor. En estas organizaciones, más del 60 % de la plantilla está activamente comprometida. Esto demuestra que ese compromiso beneficia a todos.[57] Pero, ¿cómo motivan estas organizaciones a su personal? El estudio presenta algunos buenos ejemplos:

- En primer lugar, tenga en cuenta que su organización será «atractiva» si sus productos, su trabajo diario, su liderazgo, sus compañeros y su clientela también lo son. Asegúrese de que su visión de futuro es inspiradora, explique a su gente por qué su trabajo tiene sentido y por qué son necesarias las distintas iniciativas. En resumen, explique el porqué real y básico.[58]
- El buen liderazgo es más servicial que carismático. Es predecible, generoso, atento y desafiante. Sea tan compasivo como duro. Reclute con rigor, gestione con ligereza. Y lo más importante, atrévase a ser personal.
- Convierta la dotación de personal en una de las cuestiones principales a la hora de poner en marcha proyectos y programas. Encuentre a las personas adecuadas para ayudar a poner en marcha nuevas iniciativas y asígneles responsabilidades personales. Esto les motiva y compromete.
- Sea social y positivo. Algunos capitalistas dudan en abrazar el positivismo anglosajón y estadounidense, pero usted debe aprender a enfatizar lo positivo. Nunca subestime el poder de la atención real y de un cumplido sincero.
- Dedique tiempo y esfuerzo a mantener las relaciones. Pocas cosas dañan más su credibilidad que buscar el compromiso, esforzarse una vez y luego descuidar a la persona a la que ha dado un papel clave en la ejecución.
- Desarrolle el papel de los recursos humanos en la contratación, la remuneración, el desarrollo organizativo y, sobre todo, en la gestión del talento. Pida hoy mismo a su departamento una sola hoja de papel con la lista de las personas más importantes a retener, y pídale que incluya también opciones de desarrollo personal.
- Cuando evalúe y recompense a sus equipos, no se limite a lo cuantitativo y financiero. El dinero es la forma más cara de motivar a la gente. Obviamente, la remuneración debe corresponderse con el rendimiento, pero las oportunidades de desarrollo personal, la atención personalizada, el *coaching,* el *feedback,* el respeto, la igualdad, la inspiración y los cumplidos marcan mucho más la diferencia. Asegúrese de que los objetivos y pasiones de sus empleados están al servicio de la ambición colectiva de su organización, porque el compromiso sin alineación no tiene sentido.

¿He mencionado la importancia que tiene capacitar a las personas? Creo que es evidente que debe dar a sus equipos la máxima libertad dentro del marco adecuado. El número de libros publicados en la última década sobre el tema de los equipos autoorganizados y autodirigidos y la importancia de la autonomía de las personas en las organizaciones podría llenar media biblioteca. Considero que la necesidad de autonomía es simplemente buena higiene, o señalar lo obvio. Esto no quiere decir que todas las organizaciones acierten siempre. Buurtzorg acertó cuando introdujo con éxito un nuevo modelo empresarial en el que los profesionales autónomos de la atención sanitaria se organizan a nivel comunitario sin ninguna capa de gestión por encima. Pero no es un modelo que pueda copiarse en cualquier situación. Si se adopta con demasiada precipitación, se esperará que los equipos empiecen a funcionar de forma autónoma sin haber recibido la formación adecuada para realizar ese cambio.

No subestime la importancia del comportamiento en relación con el compromiso; no todo el alto compromiso es funcional. Se trata de una cuestión delicada. En primer lugar, siempre debe fomentar las aportaciones de las bases, pero no tiene por qué aceptar y poner en práctica todas las sugerencias de cambio estratégico de las bases. Como líder, debe establecer, explicar y respetar un marco estratégico claro. Sin embargo, dentro de este marco, debe dejar el máximo margen posible a la interpretación y la libertad de las bases. Da la impresión de que establecer límites claros es casi un tabú.

También existe un dogma que dicta que cualquier tipo de compromiso del personal es bueno. Eso no tiene sentido. Se gasta mucho dinero en aumentar la motivación y el compromiso. Yo digo que dediquemos más tiempo a menos iniciativas pero de mejor calidad en este ámbito. Por ejemplo, deje que los empleados escriban una declaración de compromiso personal. Esta popular y muy eficaz herramienta de recursos humanos es una forma estupenda de evitar excesos burocráticos y, al mismo tiempo, estimular un diálogo más realista sobre lo que impulsa y motiva a los profesionales.

Para evitar el tipo equivocado de compromiso, tenemos que dejar de utilizar la satisfacción de los empleados como única métrica del compromiso. Fijémonos también en el comportamiento de las personas. Alguien puede afirmar que está muy satisfecho, pero ¿se corresponde lo que dice con lo que hace? Sean Graber, CEO de la empresa de formación Virtuali, identifica las percepciones negativas, indiferentes y positivas de la plantilla y las compara con comportamientos destructivos, neutros y constructivos.[59] La matriz resultante muestra al empleado estrella diametralmente opuesto al saboteador, al mocoso al mártir y al vagabundo, al de bajo rendimiento, al cínico, al delincuente y al caballo de batalla entre ambos. Todas esas personas pueden estar igualmente comprometidas, pero ese compromiso no se traduce necesariamente en una contribución positiva a la organización. Evidentemente, hay que evitar el compromiso destructivo. Cada tipo de persona requiere un tipo diferente de liderazgo y *coaching,* tanto para fomentar su desarrollo como para dejar ir a la gente.

Para saber más: ¿Quiere ver cómo es un alto nivel de compromiso? Observe a un director de estudio en los últimos minutos de una emisión en directo.

2.5 Factor de éxito 5: haga de la ejecución de la estrategia su prioridad número 1

¿Qué importancia tiene la ejecución de la estrategia y por qué? En este apartado se explica que todo directivo tiene un único deber fundamental: la ejecución. Por eso la E de CEO significa *ejecutivo.*

2.5.1 La ejecución de la estrategia es una disciplina en sí misma
La ejecución de la estrategia requiere algo más que soltar ideas sobre el liderazgo. Hay que predicar con el ejemplo, porque los hechos hablan más que las palabras. Escribir los objetivos estratégicos no equivale a alcanzarlos. La prueba del postre está al comerlo y la prueba de su estrategia está en su ejecución. Hay una gran anécdota sobre Conrad Hilton, fundador de la cadena hotelera del mismo nombre, que a mediados de sus ochenta años se jubiló por fin y recibió un homenaje por parte de una docena de capitanes de la industria. Al final de la velada, Hilton subió al estrado para responder a la previsible pregunta del presentador: «Señor Hilton, ¿cuál es el secreto de su éxito empresarial?». Su respuesta fue tan sucinta como brillante: «Recuerde que la cortina de la ducha va por dentro de la bañera». Y con eso se dio la vuelta y salió del escenario.[60]

Obviamente, se trata de una simplificación excesiva. El liderazgo en la ejecución de estrategias requiere más. Requiere todo tipo de competencias y buen *timing:* hacer las cosas correctas en el momento adecuado. Un líder del cambio que demostró su eficacia una y otra vez fue Eberhard van der Laan, alcalde de Ámsterdam entre 2010 y 2017. No temía tomar decisiones difíciles ni arriesgar su futuro político. Muchos altos directivos de empresas públicas insisten en la importancia de esto. Si no se asume la responsabilidad personal, no se lograrán avances. El alcalde Van der Laan tampoco se privó de decir lo que pensaba. Mientras se prolongaba el debate público en el ayuntamiento y los medios de comunicación sobre cómo los cacheos preventivos constituían una violación de la intimidad, él se atrevió a expresar la impopular opinión de que «una pistola en la cabeza es una violación de la intimidad mucho peor que un cacheo preventivo».[61]

La intensidad operativa debería ser una competencia obligatoria para todo dirigente. Un amigo mío forma parte del consejo de administración de Unilever. Está orgulloso de las políticas de responsabilidad social de la empresa y de la creciente predisposición a la acción que observa entre sus colegas. Este cambio va de la mano de conceptos y lenguaje bien elegidos. La noción de intensidad operativa representa un sesgo hacia la ejecución a todos los niveles, desde la sala de juntas hasta la de la mensajería. Como ejemplo, mi amigo me contó un problema en Asia que obligó a trasladar la producción a otra planta. La empresa tenía que tomar una serie de decisiones importantes con implicaciones logísticas, de gestión e incluso culturales de gran alcance. Todos sus productos halal, que habían sido producidos en una fábrica con certificación halal en un país musulmán, tendrían que ser fabricados en una fábrica que era capaz de hacer los mismos productos, pero que no tenía certificación Halal. Gracias a un grupo de WhatsApp, la empresa pudo tomar todas las decisiones en menos de 48 horas. No importaba en qué parte del globo estuvieran los responsables de la toma de decisiones.

El papa Francisco es otro buen ejemplo. El pontífice no implica a la curia, el máximo órgano administrativo del Vaticano, en todas sus decisiones. Como resultado, los invitados aparecen regularmente en la puerta del Vaticano para una audiencia con el papa, cogiendo a la curia desprevenida y con la guardia baja.

Como se ha demostrado una y otra vez, el liderazgo constructivo y con vocación de servicio es el mejor liderazgo. Los líderes más eficaces no tienen grandes egos. El *coach* ejecutivo, psicoanalista y profesor del INSEAD Manfred Kets de Vries ha explorado los aspectos más perversos de las personalidades de los líderes carismáticos.[62] Todos tenemos suficiente experiencia de primera mano para saber que las organizaciones están llenas de egos y política a todos los niveles. Así que seamos realistas y pongamos las cosas sobre la mesa en la medida de lo posible. Respetemos las sensibilidades y creencias de los demás. Recordemos el dicho atribuido al general y político israelí Isaac Rabin: «Deja siempre espacio a tus enemigos para que den marcha atrás sin perder la cara».[63]

Para saber más: Larry Hrebiniak, profesor de la Escuela de Negocios Wharton en la Universidad de Pensilvania y autor de *Making strategy work*, habla del alarmante porcentaje de estrategias que fracasan y de lo que puede hacerse para que una estrategia tenga éxito.

2.5.2 Magia y desmitificación en el liderazgo del cambio

La necesidad, la sencillez y la concentración tienen cierta magia. En *Must-win battles*, Peter Killing, Thomas Malnight y Tracey Keys describen la importancia de no librar todas las batallas, sino elegir un conjunto limitado de batallas que hay que ganar.[64] No lo apueste todo a dos grandes batallas, pero reparta el riesgo un poco más. No se rompa la cabeza pensando si debe elegir sus batallas en función de la urgencia o la emoción. Hoy en día, suele ser una mezcla. Las batallas que hay que ganar son el terreno en el que hay que forzar el verdadero avance.[65] Los líderes de las grandes empresas siempre hacen hincapié en la necesidad, la concentración y la sencillez. Redactan sus objetivos estratégicos de forma clara y concisa, a menudo en tres o cinco puntos principales. Esta simplicidad es poderosa.

Los líderes con éxito en la ejecución de estrategias destacan en la creación sistemática de enfoques. Esto significa que también saben cuándo decir no. Tras el colapso de la empresa europea de ingeniería electrónica Imtech en 2015, uno de los altos directivos de una gran empresa comercial internacional admitió que se había ganado más a su accionariado diciendo no a las peticiones de nuevas iniciativas.[66]

Un liderazgo de éxito en la ejecución de estrategias supone saber lidiar con los miedos y las tentaciones. Por ejemplo, el miedo a tener un enfoque equivocado y quedarse aún más atrás respecto a la competencia; o el miedo a perderse nuevas oportunidades. Una cosa está clara: los líderes sin enfoque se vuelven locos a sí mismos y a todos los que les rodean. Si ni siquiera saben hacia dónde se dirigen y por qué, ¿por qué querría alguien seguirles? La supuesta agilidad y flexibilidad proyecta al principio una sensación de vigor y frescura. Pero muy pronto, la realidad subyacente de una organización vacilante sin un verdadero norte comenzará a brillar.[67]

La verdadera ejecución de la estrategia requiere perseverancia. Se trata, por definición, de aplazar la gratificación. Los líderes que practican esto encuentran mucha resistencia. Los momentos más difíciles son aquellos en los que alguien ofrece excelentes argumentos que refuerzan las propias dudas. Al fin y al cabo, cada opción tiene sus pros y sus contras.

El liderazgo moderno necesita nuevas competencias para garantizar el éxito en la ejecución de la estrategia. Cómo liderar es el tema más popular de los libros de gestión, por lo que encontrar recursos es sencillo. Lo que no es sencillo, sin embargo, es identificar qué cualidades de liderazgo determinan el éxito en la ejecución de la estrategia. Pero eso es exactamente en lo que nos hemos centrado en nuestra investigación y estudios de casos. El resultado es una lista de competencias que distinguen a un excelente líder del siglo XXI de uno mediocre.[68] Un liderazgo moderno y las personas que lo desempeñan se caracterizan por:

- Ser estratégica y analíticamente competentes.
- Comunicar el por qué, el qué y el cómo de forma atractiva.
- Tener mentalidad de fundador.[69]
- Poder simplificar y eliminar obstáculos.
- Trabajar sistemáticamente para ampliar la ejecución.
- Crear y forzar decisiones y avances.
- Fomentar la inteligencia colectiva y así objetivizar la toma de decisiones.
- Generar confianza.[70]
- Tener autoridad y el nivel de paranoia justo.
- Trabajar siempre sobre sí mismos.
- Tener curiosidad y más preguntas que respuestas.
- Mostrar resistencia a la tiranía de la gestión del cambio de la vieja escuela.

En el recurso 2 del apéndice figura una versión completa de esta lista. (En la pág. 335 se indica cómo acceder a todos los recursos web de este libro.)

Si los líderes no se desarrollan, lo más probable es que la organización tampoco lo haga. Más de la mitad de las competencias de esta lista se conocen como *soft skills* o «habilidades blandas». Esto plantea grandes exigencias al desarrollo personal de los líderes. Y eso es un mundo en sí mismo, con sesiones de formación, libros, cursos, gurús y entrenadores. Todos ellos están orientados a ayudarle a ser mejor persona, padre o madre, amigo, colega de trabajo y jefe. Pero la oferta es muy variada, ya que hay tantos métodos de baja calidad como de alta calidad para desarrollarse. Para cursos de alta calidad, puedo recomendar al profesor del IMD George Kohlrieser, autor de *Hostage at the table* (2006) y al profesor de la London Business School Brent Smith. Imparten programas excelentes para desarrollar las competencias de liderazgo y de equipo de una forma académicamente sólida, a la vez que práctica y personal. Además de enseñar habilidades y ofrecer herramientas, también nos obligan a profundizar y examinarnos a nosotros mismos. Pero por muy buenos que sean estos programas, aprenderemos mucho más sobre nosotros mismos en la dura realidad cotidiana de los negocios. Y de eso trata este libro.

Esta nueva descripción de funciones puede parecerle una demanda del proverbial unicornio. Pero un análisis más detallado revela algunos cambios sorprendentes en la percepción de lo que son los buenos líderes. Antes, el liderazgo tendía a definirse en términos de carisma y liderazgo fuerte. Pensemos en Jan Timmer, que dirigió Philips a través de la Operación Centurión en la década de 1990. Hoy en día, la palabra de moda es autenticidad. Es una cualidad de la que nunca se puede presumir, pero que se utiliza como criterio de todos modos.

El liderazgo moderno se centra en la colaboración abierta. Así es como la nueva generación de directores generales dirige sus organizaciones, por ejemplo Ralph Hamers en ING Bank y Ton Büchner en AkzoNobel. Tienen que hacerlo, porque sus organizaciones y su propio rendimiento están mucho más a la vista del público hoy en día. Así que buscan personas que compartan la visión y la misión de su organización y, a continuación, dan a los líderes y a los equipos espacio para crecer.[71] Un estudio de PwC de 2015 entre 6.000 líderes mostró que solo el 8 % de ellos tenía las competencias adecuadas para lograr grandes transformaciones.[72] La mayoría eran mujeres. El mismo estudio se había realizado en 2005, con resultados similares. Las ruedas del cambio giran lentamente.

Las neuronas espejo funcionan como por arte de magia. Las nuevas investigaciones en la interfaz de la neurobiología y la psicología organizativa —incluido el trabajo realizado por Daniel Goleman y Richard Boyatzis— están teniendo un gran impacto en nuestra forma de pensar sobre el liderazgo.[73] Se ha demostrado que un liderazgo constructivo, servicial y positivo hace que los empleados sigan su ejemplo, debido a la influencia de las neuronas espejo. Esto es pura biología.

Las neuronas espejo se activan cuando observamos lo que hace otra persona. Curiosamente, esta acción estimula el mismo punto del cerebro tanto en el observador como en la persona que realiza la tarea.[74] Sabiendo esto, los líderes tienen que observar más de cerca su propio comportamiento y el impacto que tiene en los demás, y dar un uso positivo a este autoconocimiento. Este nuevo conocimiento tiene incluso una dimensión ética: puede ayudar a corregir uno de los comportamientos más destructivos que pueden mostrar los líderes, a saber, las tendencias manipuladoras que surgen de la combinación de una elevada inteligencia emocional y un gran ego.[75]

Para saber más: Rosabeth Moss Kanter dio una excelente charla TEDx sobre seis formas de liderar el cambio positivo.

2.5.3   Alineación continua

Procurar la alineación dentro de la cadena de mando de la organización de línea es fácil. La alineación es algo más que asegurarse de que la cadena de mando está bien engrasada y de que las personas que trabajan en el mismo nivel de la cadena vertical cumplen sus objetivos de KPI. Gracias a Peter Drucker y a los Balanced Business Scorecards (BBSC) digitales de Kaplan y Norton, muchas organizaciones utilizan hoy en día sistemas de gestión del rendimiento sencillos y transparentes.

El reto es alinear horizontalmente, fuera de la cadena de mando. Al menos el 80 % del trabajo dedicado a la ejecución de la estrategia debe realizarse en la estructura principal en la que trabajan las personas. No importa si la iniciativa se delega en la organización de línea, el departamento o el equipo en el que trabajan las personas, o si se ha organizado en un proyecto. Si el 80 % no se lleva a cabo en la estructura principal a la que se asignó, probablemente fue una mala decisión elegir esa estructura principal. Además, quienes ejecutan la estrategia también necesitan tiempo para coordinar y gestionar otras iniciativas y disciplinas (lo que supone entre un 10 y un 20 % del tiempo dedicado a la ejecución de la estrategia). Además, se requiere tiempo para informar sobre los avances, gestionar las escaladas y mantener colaboraciones, ya sea en proyectos o programas o en su trabajo diario. Este tipo de alineación, o coordinación a la antigua usanza, es precisamente lo que contribuye al éxito.

La alineación es un proceso traicionero, porque muchas cosas pueden salir mal. Cuanto más arriba en la organización, mayor es el riesgo de aislamiento ejecutivo.[76] Otro problema es la «pérdida de niveles» entre la alta dirección y los mandos intermedios. También hay que tener cuidado con la desalineación bajo la apariencia de autonomía y autoorganización. Esto puede ocurrir a cualquier nivel. También puede haber desalineación o incluso desdén entre los procesos primarios y secundarios. La organización de línea puede mostrar desprecio por los trabajos de *back office,* los que no están cara al público: «Nosotros hacemos el verdadero trabajo mientras que el resto solo cuesta dinero y no hace nada por aliviar nuestros problemas». Pero también puede haber rivalidad entre los distintos departamentos de apoyo, por ejemplo, TIC frente a finanzas y este frente a recursos humanos.

Y también puede haber desalineación entre distintos departamentos de línea. Las rivalidades clásicas incluyen «hemos creado una línea superior excelente, pero la entrega nos ha fallado» (dicen en ventas) frente a «no están vendiendo lo nuestro y prometen demasiado» (operaciones). También son legendarias las acusaciones mutuas entre gestión de productos, gestión de categorías y compras. Y, por último, existe la desalineación más tóxica, entre la organización de línea y los proyectos y programas. Estos problemas siempre giran en torno a la comunicación: cómo se coordina el grupo de dirección con el comité de trabajo, cómo se coordina la organización de línea con el programa y viceversa, y cómo se comunica la alta dirección con los rangos inferiores.

Para medir el grado de alineación de su organización, puede utilizar la herramienta SECA.NU de Turner Consultancy. Esta herramienta de capacidad de ejecución en línea le ayuda no solo a evaluar la madurez de su empresa en la ejecución de la estrategia, sino también su capacidad de alineación.

Obviamente, los líderes animan a las distintas disciplinas a cooperar. Harían bien en hacer referencia a la necesidad de alineación en todos y cada uno de los mensajes de liderazgo. Cada ciclo de planificación empresarial debe incluir un bucle de intercambio infinito entre las distintas disciplinas y niveles, tanto horizontal como verticalmente. Es importante pensar y trabajar principalmente en cadenas de procesos empresariales. La colaboración interfuncional debe ser la norma, y debe fomentarse la colaboración interdisciplinaria. Es la mejor manera de romper los silos.

Incluya KPI de colaboración en la gestión ejecutiva, y comunique los resultados y la información sobre la calidad de la organización a un público amplio.

No contribuya a los silos. Defina las necesidades de información de gestión en función de la colaboración y no de la unidad organizativa, y compruebe si todo el mundo interpreta la alineación como debe, es decir, como un deber de intercambiar información. Predique con el ejemplo en materia de alineación.

¿Cómo hacerlo? Es bastante sencillo. Ponga los pies en el suelo al menos dos veces por semana.[77] Suba y baje el yoyó unas cuantas veces al mes para determinar qué canales hay que desatascar. La alineación real requiere un contacto real a un ritmo fijo. «Puestos de escucha» es como Jack Welch llamaba a esos temas de conversación y reuniones periódicas y fijas. Esto es lo que permite mantenerse conectado con las operaciones.[78]

Los mandos intermedios son un nivel crucial en este tráfico. Este nivel tiene tres roles que desempeñar: ejecutor, creador de redes y significador.[79] Pero los mandos intermedios solo pueden ser eficaces en su papel si la alta dirección invierte tiempo y energía en ellos. Necesitan la información y las condiciones adecuadas para tener éxito, incluido el tiempo suficiente para formarse en la ejecución de la estrategia.

Para saber más: El famoso vídeo *Desconectar para conectar* muestra lo útil que es apagar el teléfono durante un rato para conectar de verdad con la gente.

2.6 Factor de éxito 6: apostar por un 20 % de estrategia y un 80 % de ejecución

El tiempo empleado va a ser nuestro nuevo KPI. ¿Qué requiere el nuevo uso del tiempo de cada líder? ¿Cómo pueden la estandarización y la disciplina ayudar a poner a las personas y los resultados en el centro del escenario?

2.6.1 Invertir la forma de gastar el tiempo y el dinero

En última instancia, la asignación de tiempo es el principal factor decisivo en la ejecución de la estrategia. La estrategia empieza con palabras; la ejecución con éxito empieza con acciones. Por eso debería dedicar el 80 % de sus recursos y tiempo a la ejecución –y presupuestar su tiempo– en lugar de al diseño y análisis de la estrategia. Ese es realmente el tiempo y el dinero mejor invertidos (véase la figura 7). Pero, al parecer, esto es muy difícil para los direc-

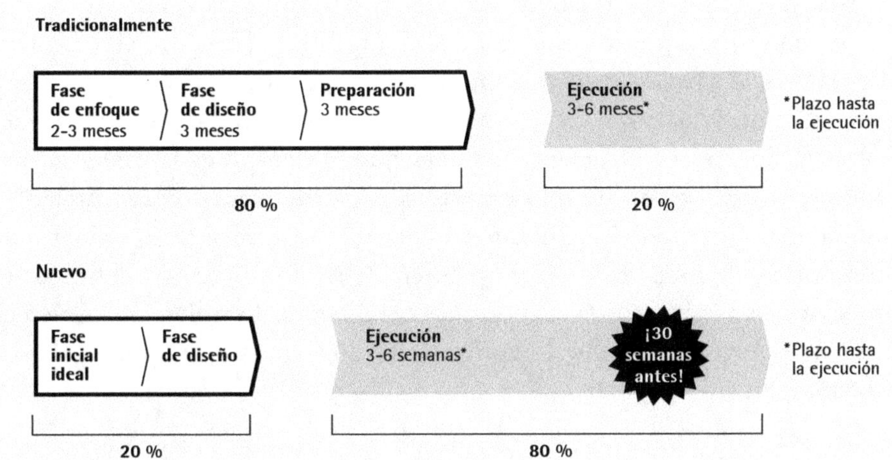

Figura 7. Dedique el 80 % de sus recursos (tiempo, dinero, energía, motivación) a la ejecución.

Fuente: Turner, 2015.

tivos y profesionales. El análisis conceptual es un acto reflejo. La gestión de la ejecución requiere más esfuerzo. Convertir la ejecución en un hábito es un reto enorme, pero es posible. He aquí algunos consejos prácticos:

- Reduzca a la mitad sus planes de negocio anuales, tanto en tiempo empleado como en tamaño de los planes.
- Permita presentaciones de una sola página para cada iniciativa seleccionada.
- Gestione el desarrollo y la ejecución de forma iterativa.
- Haga de esto un principio rector en la planificación y el control y en cada plan de acción.

Realice un seguimiento de tres proyectos durante un año y compare los resultados con los del año anterior. Desde luego, no estoy a favor de añadir más KPI, pero este no hace daño.

Conozca y cultive el valor del tiempo. «El tiempo es el mayor lujo», afirma Privium, el servicio *premium* del aeropuerto Schiphol de Ámsterdam. Un eslogan acertado para un programa prioritario que permite a los viajeros saltarse las colas. En la ejecución de estrategias, estamos acostumbrados a centrarnos exclusivamente en el presupuesto, nunca en el tiempo. Es un error. Peter Drucker, en el clásico *The effective executive,* publicado en 1966, escribe que el tiempo es un recurso no renovable. El tiempo vuela y el tiempo pasado nunca puede recuperarse. Por tanto, Drucker considera que el tiempo es la materia prima del liderazgo. El uso productivo de este recurso determina su eficacia.[80] La economía distingue tradicionalmente tres grandes insumos: recursos naturales, mano de obra y capital. El tiempo también debería tenerse en cuenta. Puede que sea el recurso más escaso e importante del planeta. También es el único que se distribuye por igual, lo que lo convierte en un recurso que podría dar una ventaja competitiva.

La ejecución de la estrategia es como correr una maratón. Uno solo sabe a lo que se enfrenta en el kilómetro 20. Es entonces cuando se pone realmente difícil. Los patrocinadores y copatrocinadores solo demuestran ser verdaderos líderes del cambio si abren camino, eliminan obstáculos y motivan a la gente. Tienen que mantenerse en ello y no empezar a ir por libre una vez que ven la línea de meta. Más vale que no derrochen energía ni recursos, porque no solo necesitarán un segundo aliento, hoy en día necesitarán un tercero y un cuarto. El mayor riesgo es que la sección de animación de la sala de juntas con la que contaba decida de repente que es hora de devolver la iniciativa a la organización de la línea. Es entonces cuando hay que estar en alerta máxima. Incluso en las implantaciones estratégicas más exitosas que hemos estudiado, los líderes del equipo directivo sintieron la necesidad de soltar las riendas al menos tres veces. El magnate holandés de los medios de comunicación y productor de televisión John de Mol es un excelente ejemplo de liderazgo moderno. Todo el mundo sabe que estará allí, incluso durante la grabación del último episodio de *La voz,* y que no le importará hacer un trabajo servil como ajustar las luces. Se esfuerza por mantener el ánimo de todos en lugar de poner pies en polvorosa ahora que el formato se ha vendido en todo el mundo.[81]

2.6.2 Normalización, disciplina, ritmo y excelencia
La normalización crea libertad, tiempo y flexibilidad. Soy consciente de que mucha gente se opondrá a la idea de una mayor estandarización en los trabajos, o al menos la mirará con escepticismo. Pero es una de las formas más brillantes de ahorrar tiempo, que podemos dedicar a temas que realmente añaden valor. Ikea es un gran ejemplo.[82] La dirección insiste en la estandarización de absolu-

tamente todos los procesos repetitivos. No es negociable. Esto ha permitido a la alta dirección ganar mucho tiempo para dedicarlo a la innovación, el desarrollo personal y el diálogo profesional.[83]

Aparte de la normalización, necesitamos estructura. Los objetivos claros y las hojas de ruta garantizan que la gente no tenga que comprobar y coordinar todo el tiempo, sino que pueda dedicarse a lo que realmente importa. El truco está en empezar despacio y acelerar poco a poco: ir despacio para ir rápido.[84] Las personas que trabajan en proyectos y programas suelen quejarse de que no hay suficiente tiempo de inactividad, reflexión y calidad para coordinar las cuestiones más importantes con las personas de los grupos de trabajo o flujos de trabajo. Están constantemente apagando fuegos. Los equipos carecen a menudo de la estructura y claridad mínimas necesarias en forma de una hoja de ruta sólida, lo que les obliga a idear algo sobre la marcha. Los profesionales tienden a ser bastante dogmáticos en su insistencia en la libertad individual, pero eso es absolutamente inviable en la nueva normalidad. La colaboración es una necesidad, la gente debe estar en la misma página y hablar el mismo idioma, para que haya tiempo de sobra para discutir las cosas verdaderamente interesantes.

La disciplina crea libertad, tiempo y flexibilidad, como sostiene el columnista Verne Harnish. La investigación ha demostrado que la disciplina es un importante factor de éxito. La disciplina que practicamos –priorización, métricas, reuniones periódicas– conduce a más libertad, más rendimiento y más tiempo.[85]

Elegir la velocidad y el ritmo adecuados. La velocidad es tan importante como la agilidad. Es más, no se puede ser ágil si se va demasiado despacio. La velocidad también conduce a resultados mejores y más sostenibles, como ha demostrado la investigación (véase la figura 8).[86]

Debe aspirar a la velocidad, pero no sin conocer el ritmo básico de cambio de su organización. Cada organización tiene su propio ritmo de cambio, ya sea para programas de cambio a gran escala, lanzamientos de productos, actualizaciones de TIC o programas de fusión e integración. Este ritmo de cambio no es un número aleatorio impreciso, sino que puede determinarse objetivamente analizando, por ejemplo, los tres últimos programas de cambio. ¿Cuándo empezamos un programa de tres meses y acabamos en nueve? ¿Cuándo fue al revés, y por qué? Este conocimiento permite reducir la incertidumbre y la subjetividad

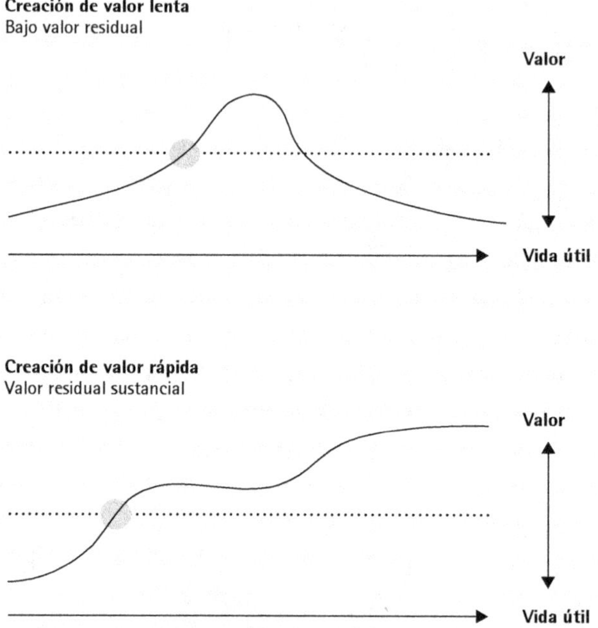

Figura 8. La ejecución de la estrategia tiene que ver con la creación de valor. La creación de valor funciona mejor a una velocidad suficiente.

Fuente: Ed Boswell, *Strategic Speed: Mobilize People, Accelerate Execution.*

en la planificación estratégica, algo increíblemente valioso en estos tiempos de incertidumbre.

Centrarse en los momentos clave. Es importante y bastante obvio. Incorporar a un nuevo compañero de trabajo, terminar un primer borrador, conseguir un contrato, organizar una reunión inicial, terminar un primer producto mínimo viable o completar el primer tramo de un plan de ejecución son momentos clave que pueden aprovecharse. Pregunte sobre los avances y comente las deficiencias, los fracasos y los éxitos, y las posibles mejoras para el siguiente tramo.[87] Utilice formas eficaces de consulta con un orden del día normalizado para marcar estos momentos clave.

La excelencia es clave. Es indispensable para sobrevivir. Hay que cultivar y fomentar una mentalidad en la que todo el mundo esté motivado para hacer un esfuerzo adicional, para asegurarse de que todo se hace a conciencia y con responsabilidad. Al menos nunca hay atascos en esa milla extra. Mi antiguo colega Patrick Davidson tenía una forma estupenda de motivar a su gente. Al final de cada reunión, hacía la misma pregunta: «Bueno… Y sobre esa milla extra... Mañana, en ese taller en la sede del cliente, ¿cuál va a ser nuestra milla extra, nuestro plus 1?». Esa actitud vale oro puro, sobre todo cuando se convierte en una segunda naturaleza. No hay que limitarse a hacer lo que se espera de uno, sino esforzarse más y darse cuenta de que se hace sobre todo en beneficio propio.

Poner el listón alto es intrínsecamente satisfactorio. Obviamente, muchas organizaciones tienen que cumplir requisitos reglamentarios o normas del sector, pero resulta mucho más convincente cuando cumple sus propias normas positivas y autoimpuestas de nivel de producto y servicio. Como dijo el seleccionador holandés de fútbol, Louis van Gaal, inmediatamente después de que Países Bajos vencieran a España por 5 a 1 en el Mundial de 2014: «Todavía no tenemos nada».[88]

La excelencia solo puede cultivarse en el corazón del proceso primario de su organización, en el trabajo, modelando la excelencia en la ejecución diaria de productos y servicios, en reuniones cara a cara. No se puede fomentar la excelencia escribiendo un memorándum.

Para saber más: Ed Boswell, director general de Forum Corporation, explica en *Executing with strategic speed* por qué hay que ir más despacio para ganar velocidad.

En pocas palabras

Factor de éxito 1: identificar y ejecutar 3 tipos de cambio.

Factor de éxito 2: resistirse a la unilateralidad.

Factor de éxito 3: perturbar o ser perturbado.

Factor de éxito 4: dar más importancia al quién que al por qué, al cómo y al qué.

Factor de éxito 5: hacer de la ejecución de la estrategia su prioridad número 1.

Factor de éxito 6: apostar por un 20 % de estrategia y un 80 % de ejecución.

Estos son los seis factores de éxito que siguieron apareciendo en nuestra investigación. En su conjunto, y conjuntamente, son muy importantes. Aunque los he formulado como imperativos o recomendaciones firmes, no pretendo ser arrogante ni presuntuoso. Soy muy consciente de la cantidad y complejidad del trabajo al que se enfrenta alguien en la dirección de una organización. Sé que está muy ocupado. Así que, a todas las personas, directivos, profesionales y empresariado, les ruego que lean estos factores de éxito como indicaciones, destinadas a ayudarles a afrontar con mayor eficacia la complejidad de la ejecución de la estrategia.

3
El modelo Estrategia = Ejecución
En qué consiste

Disfrute de su comida desde este salvamanteles / Un buen chef se basa en principios más que en recetas

Los seis factores de éxito analizados en el capítulo anterior son la base de la excelencia en la ejecución de la estrategia. Pero también se necesita un marco para alcanzar la excelencia: el modelo Estrategia = Ejecución.

3.1   El marco de los cuatro aceleradores: elegir, iniciar, cosechar, asegurar

A partir de los resultados de mi investigación, pude establecer cuatro elementos que aceleran la puesta en práctica de la estrategia. La figura 9 muestra estos elementos clave y ofrece una rápida visión general del modelo Estrategia = Ejecución.

El acelerador 1 se aplica al proceso de establecimiento de la estrategia general en toda la organización, mientras que los otros tres están pensados para la ejecución de iniciativas estratégicas como programas y proyectos. Cada acelerador consta de cuatro módulos o bloques, dos referidos a las capacidades materiales y otros dos, a las capacidades inmateriales.

La fila superior de *bloques duros* se centra en los objetivos y beneficios, o el *porqué.* La siguiente fila se refiere al contenido de la estrategia y el conjunto de iniciativas. El *qué,* para que nos entendamos.

La fila superior de *bloques blandos* trata de la ejecución y las estrategias de cambio, o el *cómo.* La segunda fila se refiere a la apropiación de la iniciativa y los beneficios deseados, o el quién. En conjunto, los aceleradores y esos módulos o bloques prefiguran el «cómo» del futuro. En ese sentido, son «prácticas futuras» más que mejores prácticas.

Una condición previa necesaria para utilizar correctamente estos componentes básicos es la capacidad de trabajar en proyectos y programas. De este modo, pueden integrarse todas las capacidades duras, basadas en el contenido, con los aspectos blandos, orientados al cambio, de la ejecución de la estrategia. Verá que este método integrado constituye la columna vertebral de todo el modelo Estrategia = Ejecución.

Este es el marco que explicaré en los próximos capítulos. Recorreré el proceso, acelerador por acelerador, para construir un método y un proceso completos de ejecución de la estrategia. Cada uno de los 16 componentes básicos va seguido de un conciso estudio de caso en el que se aplicó con éxito. Empecemos con un breve resumen de los aceleradores y los 16 componentes básicos.

3.2   Cuatro aceleradores y 16 componentes prácticos

Para toda la organización:

Acelerador 1: elegir
El acelerador 1 describe el proceso de desarrollo de una estrategia ampliamente respaldada.

- **Bloque 1: ambición.** Su objetivo es formular una estrategia sin diluir, puramente centrada en los contenidos. Asegúrese de hacerlo bien, pero dedique mucho menos tiempo del que le gustaría. Por mucho tiempo que dedique a decidir su dirección estratégica, dedique otro tanto a decidir si su estrategia es eficaz, ágil y rápida.

- **Bloque 2: selección.** Aquí es donde traduce la estrategia en un conjunto de iniciativas. Sea muy selectivo, de modo que pueda establecer asignaciones claras y requisitos inequívocos en cuanto a su ejecución.

- **Bloque 3: apelación.** Antes de empezar, pida opiniones sobre su estrategia y luego enriquézcala para asegurarse de que se convierte en un plan vivo que respira. Esto requiere algo más que una comunicación unidireccional. La justificación de la estrategia, o el porqué, debe quedar perfectamente claro. Y la mejor manera de transmitir el propósito es contar una historia atractiva.

- **Bloque 4: activación.** Su objetivo es fomentar una verdadera apropiación de la iniciativa. Los líderes desempeñan un papel clave en este sentido. Todos deben leer el mismo guion. Asegúrese de que todas las personas asignadas y actores clave asumen de buen grado la propiedad. Sin compromiso, no hay nada que hacer.

Para cada iniciativa, proyecto o programa:

Acelerador 2: iniciar

El acelerador 2 describe el proceso de análisis, diseño y puesta en marcha de una iniciativa.

- **Bloque 5: obligaciones.** ¿Cuáles son los requisitos básicos de toda iniciativa? Un mandato claro, una sensación de entusiasmo y urgencia por llevarla a cabo, una respuesta al «pequeño porqué», un argumento empresarial y un análisis orientado a hipótesis.

- **Bloque 6: destrezas.** Por qué importa el contenido: es la columna vertebral de cualquier iniciativa. El producto mínimo viable (PMV) que desarrolle debe basarse en al menos un avance innovador.

- **Bloque 7: inicio excelente.** Utilizando el ciclo de ejecución, que consiste en una serie de pasos en un orden fijo, el PMV es ejecutado por un grupo inicial de la plantilla. En esta primera oleada de ejecución, sus prioridades son el fracaso rápido y el éxito.

- **Bloque 8: implicación psicológica.** El líder de ejecución (la persona que dirija el proyecto o programa) y los demás actores clave de la coalición de ejecución se familiarizan psicológicamente con la iniciativa y sus objetivos.

Acelerador 3: cosechar

El acelerador 3 describe el proceso de cosecha de beneficios, desarrollo continuo y ampliación.

- **Bloque 9: beneficios.** Ahora que el PMV está en su primer ciclo de ejecución, puede empezar a supervisar y cosechar beneficios. Desarrolle algunas métricas e introduzca un sistema de seguimiento de los beneficios. Déjese llevar por los números.

- **Bloque 10: desarrollo continuo.** Desarrolle sus recursos hasta el nivel de implantación y establezca un sistema de seguimiento de los beneficios. Alinearse constantemente con otras iniciativas y disciplinas debería convertirse en algo natural. Continúe desarrollando el PMV en función de las necesidades y respuestas de los clientes.

- **Bloque 11: escalado.** Aquí es donde se seleccionan, concretan y ponen en práctica los métodos de ampliación y despliegue. Es posible que en esta fase tenga que pasar de 15 a 1.500 empleados. Agradezca que no todos los 1.500 hayan participado en el análisis y el diseño iniciales.

- **Bloque 12: creación de puentes.** La alta dirección y la coalición de ejecución eliminan los obstáculos y se aseguran de celebrar los éxitos. Se trata de añadir valor y ejercer una influencia positiva. Cualquier profesional que tenga algo que decir se convierte ahora en un ávido embajador, ayudando a que el cambio sea irreversible.

Acelerador 4: asegurar

El acelerador 4 describe el proceso que lleva a asegurar los beneficios y aprender del proceso de ejecución.

- **Bloque 13: ajuste.** Los profesionales necesitan margen para establecer sus propias prioridades. El autocontrol es más eficaz que la supervisión. El método de seguimiento de casos empresariales que haya elegido les ayudará a hacerlo. Utilice la gestión visual siempre que sea posible.

- **Bloque 14: arquitectura abierta.** El desarrollo continuo se ve facilitado por una arquitectura sencilla y abierta para la descripción de procesos, tecnología, conocimientos, competencias y conductas. Así de evidentes y fáciles deben ser el mantenimiento y el desarrollo del PMV. El nuevo método, el diseño, se asegura, se supervisa y se ajusta cuando es necesario.

- **Bloque 15: aprendizaje.** Las organizaciones rara vez se toman el tiempo necesario para aprender de las iniciativas completadas. Esto tiene que cambiar, porque el aprendizaje aumenta la capacidad de ejecución. Las organizaciones que sí se molestan en aprender de cada iniciativa mejoran en la ejecución de la estrategia al aplicar las lecciones aprendidas.

- **Bloque 16: la milla extra.** En última instancia, cada iniciativa se entrega a los gestores de realización de beneficios de la organización de línea. Se convierten en los propietarios de los objetivos y del nuevo modelo de negocio. Su éxito depende de su integración en los procesos principales de la organización. La mejor manera de garantizarlo es hacer un esfuerzo adicional.

Trabajar en proyectos y programas es imprescindible. Es una habilidad indispensable y una competencia básica para la mayoría de las iniciativas de ejecución de estrategias. Véase en la figura 9 el modelo de ejecución de la estrategia.

3.3 Cada bloque se puede utilizar de forma independiente

En este libro sostengo que la ejecución de la estrategia es un proceso. Para que cualquier proceso sea eficaz, debe constar de pasos lógicos con una coherencia general. La idea es eliminar cualquier paso redundante. Nuestra investigación ha demostrado que las estrategias ejecutadas con éxito presentan las cuatro fases (aceleradores) y los 16 bloques resumidos anteriormente. Estos aceleradores, bloques y el equilibrio entre capacidades duras y blandas fueron constantes, lo que nos llevó a concluir que son universales. Si no hubieran sido constantes, no habrían entrado en este modelo.

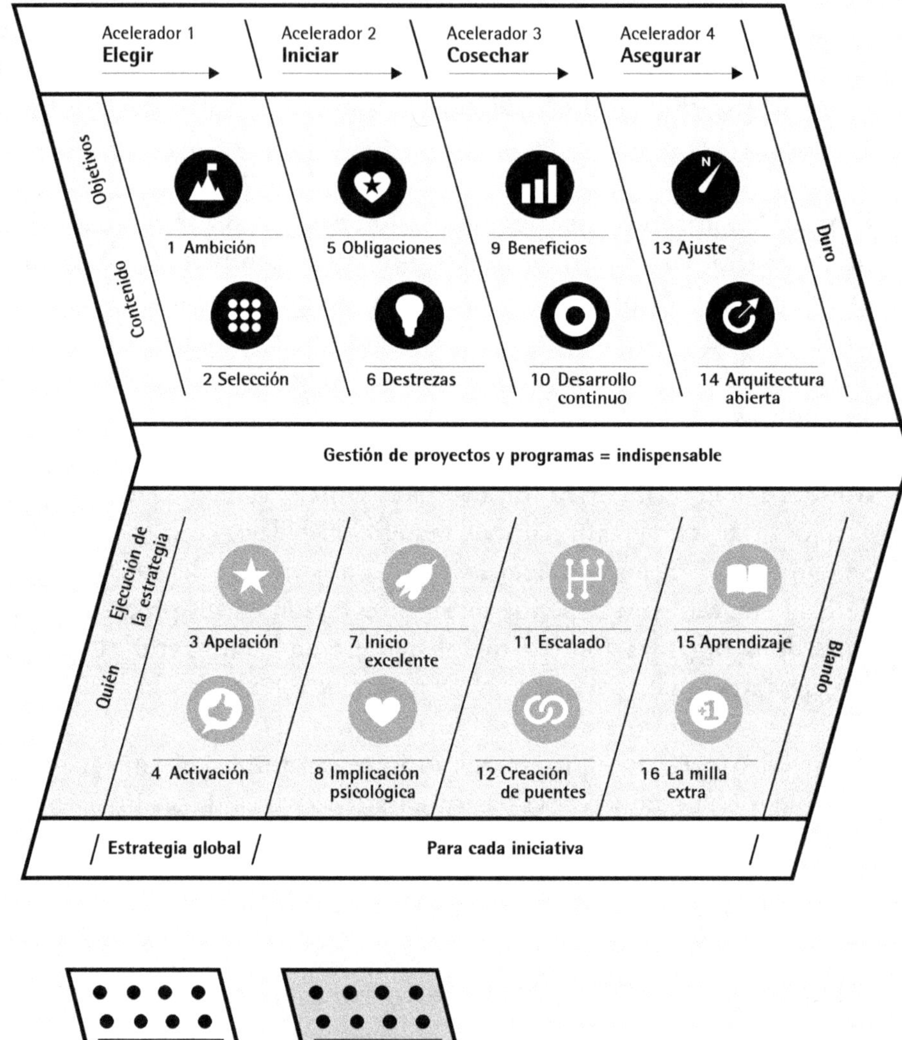

Figura 9. El modelo Estrategia = Ejecución. La ejecución de la estrategia es un proceso como cualquier otro. Cuatro aceleradores para un proceso moderno.

Fuente: Turner, 2016.

Su carácter indispensable significa que no se pueden elegir a voluntad. En el contexto de cada elemento, hay margen para adaptarlo a las necesidades específicas del proyecto. Y en algunos casos, puede saltarse uno o dos. Por ejemplo, un proyecto pequeño destinado a introducir un cambio normativo no requiere una narración atractiva.

En la vida real, sin embargo, las cosas suelen ser complicadas y rara vez se empieza un proyecto con una pizarra en blanco. No se construye desde cero. Por eso, le aconsejo que no utilice el marco paso a paso, en cascada, sino que trabaje de derecha a izquierda y de abajo arriba. Cada elemento puede utilizarse de forma independiente. Para utilizarlo con sensatez, tendrá que tener en cuenta, por definición, en qué sector trabaja, en qué tipo de organización, qué problema aborda y las ambiciones, capacidades y madurez de su organización. Un buen chef se basa en principios culinarios, no en recetas estándar.

3.4 Utilización dinámica del modelo Estrategia = Ejecución

La figura 10 muestra la dinámica del modelo Estrategia = Ejecución y resume las instrucciones de uso más importantes. La columna de la izquierda muestra las dos comprobaciones más cruciales, que le indican si lo duro y lo blando están equilibrados y si está dedicando el 20 % de sus recursos a la estrategia y el 80 % a la ejecución. La segunda columna muestra los patrones más frecuentes en la ejecución de estrategias que conviene evitar. Y la tercera columna muestra cómo utilizar el modelo correctamente, es decir, de manera dinámica.

El desplegable

Si abre el desplegable («el salvamanteles») de la figura 9, podrá saber en qué punto del modelo Estrategia = Ejecución se encuentra a medida que avanza por los capítulos siguientes.

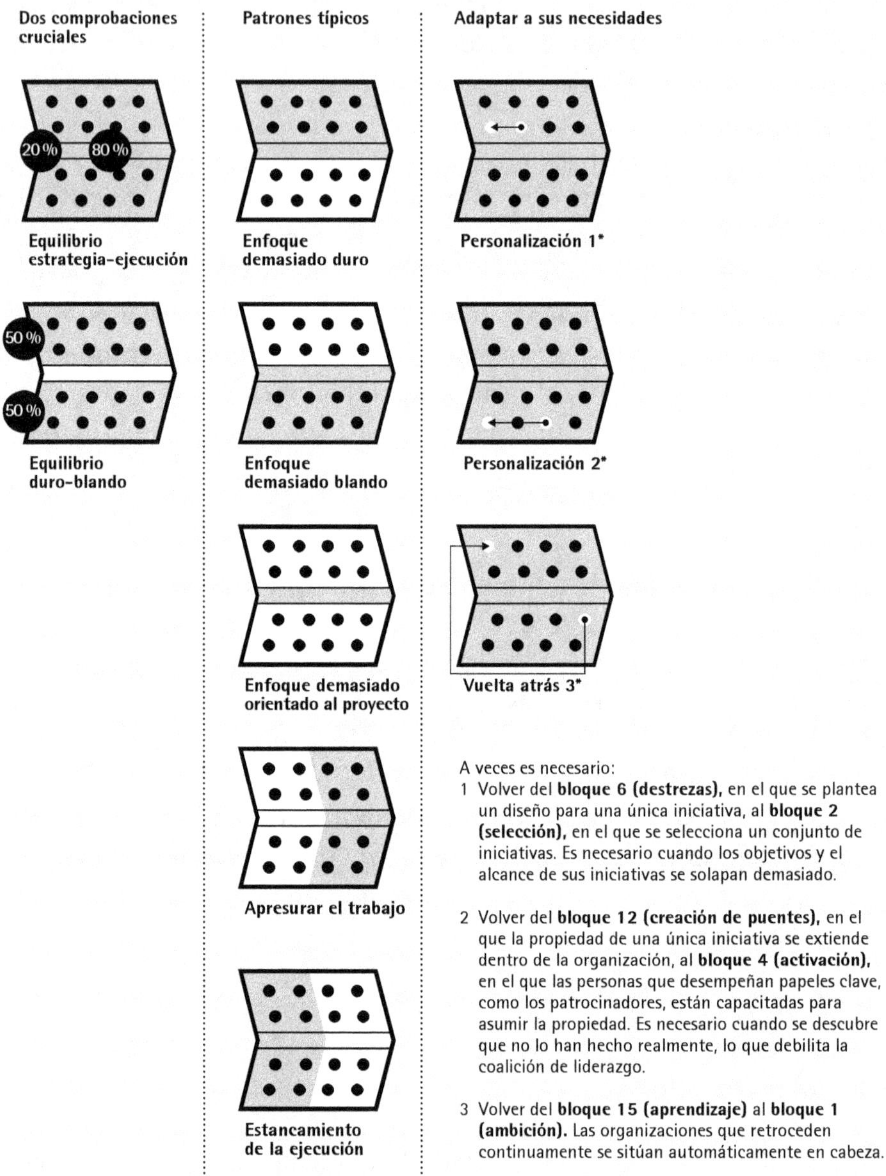

Figura 10. Utilice el modelo Estrategia = Ejecución de forma dinámica. No está pensado como un modelo en cascada. De hecho, el pensamiento en cascada es muy arriesgado.

Fuente: Turner, 2016.

3.5   Distinción entre estrategia y ejecución

No puede haber estrategia sin ejecución, pero hay que saber distinguirlas. En el transcurso de nuestra investigación, los líderes más inclinados filosóficamente que entrevistamos plantearon la cuestión de si había alguna diferencia entre estrategia y ejecución. ¿Acaso no eran la misma cosa? En la década de 1990, el catedrático de Estudios de Gestión Henry Mintzberg señaló la importancia de la interacción estrategia-ejecución.[89] Se trata de una dicotomía clave a tener en cuenta, especialmente en la nueva normalidad. La estrategia y la ejecución se influyen mutuamente y las iteraciones entre ambas deben ser posibles. Sin embargo, es necesario distinguirlas. De lo contrario, se produce el mismo problema que con la responsabilidad: si todos son responsables, nadie asume la responsabilidad. Hay pasos esenciales en la planificación estratégica y la ejecución de la estrategia que no pueden agruparse. Cada una requiere un enfoque y una atención especiales. Al igual que existe una diferencia entre hacer una lista de la compra e ir a comprar. Si no tiene en cuenta esta diferencia, no acertará ni con la estrategia ni con la ejecución. Por eso hay cuatro aceleradores distintos en nuestro modelo: el acelerador 1 trata de la definición de la estrategia, mientras que los aceleradores 2, 3 y 4 tratan de la ejecución. (Aunque se podría argumentar que el acelerador 2 es principalmente una cuestión de análisis y, por lo tanto, tampoco tiene que ver realmente con la ejecución.)

El principio fundamental que hay que tener en cuenta es que estrategia equivale a ejecución. No titulé así este libro por capricho. Si la estrategia se define como decidir por qué se quiere alcanzar un objetivo concreto, cómo hacerlo y con quién, entonces el acto de concebir una estrategia con los co-diseñadores ya influye e inicia un proceso. Y si la ejecución se define como llevar a cabo lo que se ha ideado, esto no significa que la ejecución tenga que ser un trabajo pasivo y sin sentido. De hecho, espera que los profesionales de su organización sigan adaptando los planes estratégicos tantas veces como sea necesario, en función de lo que funciona y lo que no, especialmente en la nueva normalidad.

Abierto o cerrado, destino fijo o mochilero imprevisto… ¿A quién le importa? A nadie debería importarle si se trata de una visión de cambio abierta o cerrada, planificada o evolutiva, verde o púrpura. ¿A quién le importa si se trata de un destino fijo o de un modelo de mochilero aventurero? Los expertos en gestión del cambio se empeñan demasiado en encasillar todos los enfoques. Esto genera mucha polarización innecesaria. El modelo Estrategia = Ejecución describe elementos universales, o bloques. Cada uno de ellos ha demostrado su utilidad en la ejecución de la estrategia. Al mismo tiempo, el modelo permite una adaptación a medida y un uso situacional. Por eso en este capítulo hago hincapié en el uso dinámico del modelo.

No obstante, un enfoque abierto o «basado en el viaje» de la gestión del cambio puede ser una excelente forma de iniciar el proceso e incluso puede conducir a un resultado medible y tangible de la ejecución de la estrategia. Este enfoque abierto se irá cerrando gradualmente a medida que el proceso evolucione y avance hacia un objetivo y un conjunto de soluciones cada vez más claros. Esto es cierto incluso en la innovación radical, en la que el único enfoque posible es la experimentación selectiva, que se planifica lo mejor posible para acabar con la mayor cantidad de información posible. Así pues, no perdamos el tiempo en debates inútiles sobre el cambio planificado frente al emergente.

En lugar de eso, centrémonos en adoptar el enfoque más directo posible: tomar iniciativas concretas y llevarlas a cabo de principio a fin para lograr el éxito. Si alguien quiere caracterizar gran parte de mi argumentación como un llamamiento a un plan o «visión estructurada» de la ejecución de la estrategia, que así sea. Si así quieren llamarlo, adelante. Creo que la ejecución estructurada de la estrategia es una de las mejores formas de liberar tiempo para la personalización, la flexibilidad y la tan necesaria interacción humana durante un proceso de cambio.

4

Acelerador 1: elegir

¿Cuándo y dónde es relevante este acelerador?
Según nuestros estudios, cambiar radicalmente la forma de asignar el tiempo y
los recursos limitados de que dispone es uno de los principales factores de éxito
en la ejecución de una estrategia excelente. En esencia, el 80 % de su tiempo
y recursos debe dedicarse a la ejecución en lugar de al análisis y la definición
de estrategias. Eso no significa que la planificación estratégica sea menos importante que la ejecución. Nada es tan inútil como ejecutar a la perfección un
proyecto que, para empezar, no debería haberse llevado a cabo.

Asignación máxima recomendada de tiempo y recursos para este acelerador
Plazo de tiempo: cinco semanas al año.

Reajuste su estrategia una vez al año. Dedique un máximo de cinco semanas
de principio a fin. Cada tres años, recalibre más a fondo, pero no emplee
más de diez semanas en completar el proceso. Y una vez cada cinco años,
realice ajustes aún más exhaustivos, pero no emplee más de un 25 % más de

tiempo. No pretendo ser presuntuoso. Sé que no hay dos organizaciones o situaciones iguales. Pero conviene tomarse a pecho el espíritu de mi recomendación. Y, como confesó un alto directivo, «deberíamos tomárnoslo al pie de la letra, porque de todos modos tendemos a dedicar demasiado tiempo a la planificación estratégica».

Bloques duros del acelerador 1: ambición y selección
Todos los aceleradores tienen dos bloques o componentes duros y otros dos blandos. Los dos primeros bloques del acelerador 1, ambición y selección, son duros. El **bloque 1 (ambición)** tiene el objetivo de formular una estrategia clara, centrada exclusivamente en el contenido. En el **bloque 2 (selección)** es donde se traduce la estrategia en un conjunto de iniciativas.

4.1   Bloque 1: ambición

En el bloque 1, el objetivo consiste en formular una estrategia sin diluir, centrada exclusivamente en los contenidos. Asegúrese de hacerlo bien, pero dedíquele mucho menos tiempo del que le gustaría. Por mucho tiempo que dedique a decidir su dirección estratégica, dedique otro tanto a decidir si la estrategia es eficaz, ágil y rápida (EAR). En este bloque, usted decide sobre su misión, visión y valores, y va en busca del «gran porqué». Su análisis debe ser exhaustivo, coherente y consistente.

4.1.1   Determine su misión, su visión, sus valores y el gran porqué
El bloque 1 está formado por los siguientes componentes: su misión, su visión, sus valores y el gran porqué. Juntos constituyen un buen punto de partida para seguir desarrollando la estrategia, el cómo y el qué. Las preguntas clave son: ¿por qué existe su organización?, ¿qué quiere ser y para quién? y ¿en qué cree? Siempre es bueno aclarar las respuestas a estas preguntas básicas, porque estos conceptos son especialmente propensos a causar grandes malentendidos. La misión expresa los objetivos de la organización, o su razón de ser. Sus valores describen los motivos de su organización, que se reflejan en la conducta de cada empleado. En conjunto, son la brújula que marca el rumbo diario de todos. Su visión, redactada en un lenguaje ambicioso, visionario e inspirador, expresa la futura posición de su organización en el mercado y en relación con su clientela. El gran porqué aborda el propósito, la razón por la que su organización hace lo

que hace en términos de sus motivos e impulsos más profundos. Analicemos detenidamente este último punto.

El porqué es candente. El ejemplo de la afirmación del presidente Kennedy de que Estados Unidos pondría un hombre en la Luna a finales de la década de 1960 es una especie de cliché en lo que respecta a objetivos ambiciosos, pero lo explica muy bien.[90] Un ejemplo más realista lo expresó Paul Polman, CEO de Unilever, quien afirmó hace unos años que quería que su organización duplicase sus ingresos y reducido a la mitad su huella de carbono para 2020.[91]

Otro buen ejemplo es Starbucks, que en su día fue una pequeña empresa con un objetivo aparentemente imposible. La conocida marca de café empezó en 1971 con una única cafetería en Seattle. Cuando Howard Schultz, CEO y padre espiritual de Starbucks, compró la empresa en 1987, su misión era «establecer Starbucks como la principal proveedora del mejor café del mundo, manteniendo nuestros principios inflexibles mientras crecemos».[92] Al final de ese año fiscal, Starbucks Corporation tenía 17 cafeterías y la misión de Schultz parecía bastante descabellada. Pero como todo el mundo sabe, se mantuvo firme y en 2015 la empresa tenía 22.519 tiendas y el café Starbucks se vendía en más de 65 países.[93]

La idea de estos ejemplos es que siempre debe haber un «gran porqué» subyacente a las ambiciones de una organización, ya sea dar un gran paso para la humanidad o crear una marca de café de renombre mundial.

Hay varios términos en uso que son más o menos sinónimos del gran porqué, lo que puede resultar confuso. Un ejemplo muy conocido es el *Big Hairy Audacious Goal* (BHAG).[94] Concretamente en el campo de la innovación digital, existe otro: el *Massive Transformative Purpose* (MTP). Según Yuri van Geest, de la Singularity University, toda organización exponencial tiene un MTP, que se define como un propósito superior para realizar cambios radicales y, al mismo tiempo, hacer del mundo un lugar mejor.[95]

Las organizaciones exponenciales son aquellas que rinden al menos diez veces más que la media, tanto en tiempo como en calidad. Obtienen diez veces más beneficios por empleado que la empresa media de su sector. En la práctica, estas organizaciones cumplen al menos cuatro de los diez factores críticos de éxito identificados por los autores de *Exponential organizations*. Algunos ejemplos son Airbnb, Uber, Netflix, Tesla, Quirky, WhatsApp, Waze y Xiaomi. Van Geest menciona seis secretos del éxito: formular un propósito superior, crear una fuerza de trabajo a la carta, hacer uso de las comunidades y la multitud, emplear algoritmos, utilizar la propiedad de otras personas y crear compromiso.

No importa si se trata de objetivos socialmente responsables o de ambiciones comerciales, o si la empresa en cuestión es grande o pequeña. En todos los contextos se necesita un objetivo elevado al que aspirar, para motivar a los trabajadores, retener el talento y dar sentido a lo que se hace cada día. Pero un objetivo tan audaz también tiene sus propios criterios. Debe apelar a una necesidad profunda en el mercado o en la sociedad, y debe basarse en argumentos lógicos.

Y sí, antes de que empiece a poner objeciones, sé que son criterios subjetivos, pero eso no debería detenerle. No hace mucho, un joven holandés de dieciséis años dijo que diseñaría un modo de eliminar el plástico del Gran Parche de Basura del Pacífico. La gente decía que era imposible, pero hoy el sistema Ocean Cleanup de Boyan Slat ya está en el Pacífico. El sueño se convirtió en una serie de experimentos tangibles; las iteraciones generan fallos y éxitos rápidos y muestran lo que funciona y lo que no. Innovación = ejecución.

El gran porqué es el ancla más importante para todas las preguntas posteriores. ¿Por qué usted, como líder o lideresa, hace lo que hace? ¿Y por qué su empresa hace lo que hace? ¿Cuáles son los motivos e impulsos subyacentes que hacen que merezca la pena trabajar cada día para alcanzar los propios objetivos? Otro gran ejemplo es el Ejército de Salvación, cuyo propósito es ayudar a las personas que realmente lo necesitan. Ese es su impulso más profundo; viven según el credo: «Creemos, pero no en la indiferencia».

Siempre que se hace un análisis estratégico y se traza el rumbo, responder al gran porqué es la única forma sensata de empezar. Simon Sinek lo explica en su popular libro *Empieza con el porqué*.[96] Sostiene que las empresas solo pueden mantener la justificación de su existencia si está claro por qué hacen lo que hacen y si son capaces de comunicar su creencia en este por qué a su clientela y su plantilla. Si estos dos grupos creen en sus motivos, seguirán siendo embajadores de su empresa.[97]

Sin embargo, se necesita algo más que un porqué. Solo el más perezoso de los agentes de cambio se contentaría con responder al porqué. «Empieza por el porqué», escribió Sinek, no «déjalo en el porqué». Después del por qué, vienen el qué, el cuándo y el cómo. Y según demostró nuestra investigación, con «quién» es aún más importante que con qué, por qué, cuándo y cómo.

Objetivos. La pregunta principal es: ¿a qué aspiramos?, ¿qué tipo de objetivos vamos a fijarnos y a qué altura vamos a poner el listón? Los objetivos deben formularse como metas finales y metas de producción, continuidad, rentabilidad, satisfacción de clientela y plantilla, y flexibilidad.

Nuestra investigación apoya dos recomendaciones relacionadas con la fijación de objetivos. En primer lugar, hay que garantizar un sano equilibrio entre los objetivos que afectan a la clientela, la plantilla y el accionariado. Son los objetivos que tienen que ver con la rentabilidad, los costos, la productividad y la flexibilidad. En segundo lugar, no olvide explorar qué áreas necesitan inversiones en lugar de recortes. Utilice los modelos de procesos del recurso 8 del apéndice de este libro. Los procesos son un medio objetivo de señalar una cualidad o una capacidad que necesita reforzarse. Al utilizarlos, los debates sobre las metas a conseguir se vuelven más sensatos y prácticos.

Estas dos recomendaciones se basan en las tendencias que descubrimos durante nuestra investigación. Por ejemplo, nos encontramos con el caso de una compañía de seguros que se sentía acuciada por el incumplimiento de los criterios de referencia y, por tanto, había estado aplicando un programa de austeridad tras otro. Pero era una medida generalizada; la empresa no hizo un análisis sensato de dónde debía apretarse el cinturón y dónde, de hecho, sería mejor invertir. Al final, el servicio al cliente de la empresa se deterioró mucho y la satisfacción cayó en picado. Me recordó a una caricatura que había visto una vez de una galera medieval con un atareado equipo directivo reunido en la cubierta superior, discutiendo el enésimo programa Lean para reducir costos. Mientras tanto, en la cubierta inferior, solo quedaba un miembro de la tripulación remando.

El libro que sienta las mejores bases para fijar objetivos es *Cómo utilizar el cuadro de mando integral para implementar y gestionar su estrategia* de Kaplan y Norton. Traducir los grandes objetivos estratégicos en objetivos individuales para cada iniciativa requiere una gran precisión.[98] Así que no vamos a repetirlo; vamos a aplicarlo. La figura 11 incluye ejemplos de objetivos estratégicos y el recurso 9 del apéndice ofrece una lista detallada de KPI, indicadores clave de rendimiento. A estas alturas, la mayoría de los directivos saben que no es buena idea fijar demasiados objetivos. También son conscientes de que puede ser igual de perjudicial fijar objetivos poco claros o incorrectos. En nuestras entrevistas, mucha gente mencionó el modelo de Objetivos y Resultados Clave (*Objectives & Key Results,* OKR), que se originó en Intel y ahora utilizan Google, Uber y otras empresas similares para establecer objetivos claros y supervisarlos hasta el nivel individual.

	Objetivos	Subobjetivos
1	Continuidad	Amortiguadores en relación con las tendencias del capital circulante y la financiación
2	Rentabilidad	Rendimiento de los fondos propios, EBIDTA
3	Objetivos de mercado y clientela	Cuota de mercado, competitividad, cuota de gasto de los clientes, reconocimiento y valor de la marca
4	Clientela	Satisfacción, fidelidad, volumen de negocio y crecimiento de cada segmento
5	Plantilla	Satisfacción, absentismo, rotación, lealtad y flexibilidad
6	Sociedad	Objetivos de responsabilidad social corporativa
7	Eficiencia y eficacia	Productividad, utilización de la capacidad, fiabilidad, niveles de servicio
8	Resultados	Logros, globales y para cada iniciativa
9	Ejecución y cambio	Contribución al objetivo desde la mejora (tipo 1), la renovación (tipo 2) y la innovación (tipo 3)

Figura 11. Existen categorías de objetivos claras y genéricas. Los contenidos son siempre muy específicos de cada iniciativa.

Fuente: Turner, 2016.

Fijar objetivos solo tiene una finalidad: alcanzarlos. Por eso, la gestión de la realización de beneficios es un proceso que encontrará perfectamente integrado en los aceleradores 1 a 4. En otras palabras, si utiliza el modelo de ejecución de la estrategia, lo incluirá automáticamente en sus actividades.

Acabamos de ver la importancia de la misión, la visión, los valores y el gran porqué de su organización, un paso importante en el primer bloque. Pero usted sabe tan bien como yo que no puede limitarse a mirar lo que le gustaría lograr en un mundo ideal; también tiene que enfrentarse a los duros hechos. ¿Qué puede y qué no puede conseguir su empresa? ¿Qué capacidades tiene su organización? Echemos un vistazo a estos aspectos.

4.1.2   Analice críticamente su punto de partida

En terminología de gestión se conoce como «analizar las propias capacidades». Prefiero hablar de cualidades. Mida las cualidades duras y blandas de su organización. Las cualidades duras incluyen la estructura, el sistema de gestión del rendimiento, los procesos empresariales y la tecnología. Las cualidades blandas incluyen la cultura, la conducta y los estilos de liderazgo y colaboración. Las cualidades duras y blandas pueden aplicarse a la gestión diaria (dirigir la empresa), pero también a la transformación del modelo de negocio existente (cambiar la empresa). Analizar las cualidades que determinan la eficacia de la ejecución de la estrategia de su empresa es un paso clave que debe dar antes de finalizar su misión, visión y estrategia. Este análisis le dará una idea de la solidez, madurez y coherencia de las cualidades básicas de su empresa.

Cuando las cualidades básicas son buenas, la ambición y las exigencias pueden ser proporcionalmente altas. Cuando sus cualidades básicas son inferiores, no tiene por qué ser así. Su ambición estratégica debe estar en consonancia con la capacidad de ejecución o la capacidad de cambio de su organización. Una puntuación baja en cualidades duras no significa necesariamente que tenga que rebajar sus ambiciones, pero sí que tendrá que esforzarse más para hacerlas realidad. Por ejemplo, si su análisis de las cualidades duras revela que su estructura principal no es una plataforma eficaz de gestión y renovación, entonces tiene sentido adaptar esa estructura antes de lanzar una nueva estrategia. Una estructura antigua o defectuosa nunca puede ser un buen punto de partida para la ejecución de una estrategia.

Llegados a este punto, puede que se encuentre en la situación del huevo o la gallina. Imagine que durante el bloque 2 determina que desea tener cinco iniciativas estratégicas en cartera, pero descubre al medir las cualidades duras que su estructura de alta dirección necesita una revisión, lo que constituye un proyecto en sí mismo. Esto, a su vez, puede convertirse en un proyecto preparatorio, una iniciativa independiente en sí misma.

Vaya a SECA.NU/en [disponible en inglés] para rellenar su Strategy Execution & Change Accelerator (SECA) en línea y ver la puntuación de su organización en las áreas de dirigir y cambiar la empresa, así como sus capacidades duras y blandas. En menos de veinte minutos sabrá cómo puede reforzar y acelerar la ejecución de su estrategia. Durante el bloque 1, se trata de analizar sus capacidades duras. Consulte la figura 12 para saber cómo evaluar sus competencias clave en la ejecución de la estrategia.

Huelga decir que merece la pena debatir los resultados del análisis SECA.NU durante el análisis estratégico, ya que esto le permite alinear sus ambiciones estratégicas con sus capacidades. Yo sugeriría tres puntos del orden del día para este debate:

1. Elija las competencias duras y capacidades específicas que deben reforzarse para alcanzar sus objetivos estratégicos.
2. ¿En qué puntos el modelo empresarial carece de coherencia y requiere restauración?

Excelencia directiva (dirigir la empresa):			Excelencia en la ejecución (cambiar la empresa):		
1	Misión, visión, estrategia, el porqué	D	Impulsores	D	B
			Ambición	D	B
2	Rendimiento y objetivos	D	11 Condiciones duras		
3	Bienes y servicios	D	Método y marco de la estrategia	D	
			Anclaje de la estrategia	D	
4	Procesos verticales, sinergia y colaboración	D	12 Conjunto de iniciativas (mejora, renovación, innovación)	D	
	Procesos empresariales, sinergia	D	13 Condiciones blandas		
	Colaboración	B			
5	Estructura principal y filosofía de gestión	D	Activación de la estrategia y la cartera		B
			Conocimientos y experiencia		B
			Colaboración y mentalidad		B
6	Gestión, liderazgo y gestión del rendimiento		Gestión del cambio y liderazgo		B
			Función y significado personales		B
	Liderazgo y estilo de gestión	B	14 Sintonía, alineación	D	B
	Sistema de gestión del rendimiento	D B			
7	Recursos Humanos		15 Calidad de las iniciativas (proyectos y programas)		
	Política y operaciones de recursos humanos	B	Enfoque (tarea, alcance, planificación, funciones)	D	
	Desarrollo personal y profesional	B	Apropiación por parte de los actores clave		B
8	Cultura		Competencias para proyectos y programas	D	B
	Cultura y conducta	B	Recursos (tiempo, dinero, energía)	D	B
	Compromiso	B			
9	Gestión del conocimiento	D B			
10	Digitalización y TIC				
	Digitalización	D			
	TIC	D	**D** Duro **B** Blando		

Figura 12. Evalúe las capacidades estratégicas de su organización en la ejecución de la estrategia.

Fuente: Turner, 2016.

3. ¿Qué decisiones deben tomarse para alcanzar el punto 2? ¿Cuáles de estas decisiones de gestión pertenecen al ámbito de la gestión empresarial y cuáles son iniciativas del ámbito del cambio?

Utilice la misma herramienta para medir las capacidades blandas cuando llegue el momento.

Hasta aquí todo bien. Ahora tiene una idea básica de las capacidades de su organización para ejecutar su estrategia. Pero seguro que hay áreas que requieren una exploración más profunda antes de poder sacar conclusiones sobre la estrategia.

4.1.3 Realizar análisis en profundidad

Análisis externo. La pregunta clave es: ¿cómo podemos satisfacer las necesidades de nuestros clientes? Los análisis de clientela, mercados y empresas competidoras son, y serán siempre, la base de su estrategia. Los modelos estratégicos genéricos de Michael Porter siguen cumpliendo su función. El objetivo principal de los análisis externos es averiguar qué quiere nuestra clientela y qué se le ofrece realmente. Con demasiada frecuencia, la perdemos de vista y no vamos más allá de algunos burdos análisis de mercado y de clientela en nuestros documentos estratégicos. Pero el verdadero meollo de la cuestión se revela en los análisis detallados de los segmentos de clientes más importantes y del valor percibido por ellos. Un ejemplo de análisis de valor útil es comparar los supuestos beneficios de un producto o servicio con el precio supuesto. Es un buen indicador de la cuota de mercado que puede ganar o perder. Y recuerde que los clientes satisfechos son todo lo que necesita para alcanzar la mayoría de los objetivos estratégicos.

Análisis interno. La pregunta clave es: ¿cómo debemos organizarnos? El análisis interno, es decir, el análisis de su propia organización, es tan valioso como el análisis externo. Es el trabajo sucio, sobre todo si su organización aún no dispone de un sistema de revisión periódica. Pero existen diversas ayudas para llevarlo a cabo. En el recurso 4 del apéndice encontrará un resumen de los 16 métodos y modelos más relevantes para determinar su estrategia de crecimiento, como el modelo de las cinco fuerzas de Porter, la matriz de cuotas de crecimiento de BCG y las cuatro opciones estratégicas genéricas de Ansoff.[99]

La determinación de la estrategia debe diferenciarse según el tipo de organización y el contexto. Tendemos a adoptar un enfoque genérico de la fijación de estrategias, pero debemos tener en cuenta que existen grandes diferencias entre las organizaciones y los contextos en los que operan. En la industria petroquímica, la estrategia es completamente distinta a la del desarrollo de *software*. En la primera se trata de grandes inversiones de capital que requieren una justificación exhaustiva, mientras que en la segunda se puede planificar todo lo que se quiera, pero los avances rápidos tienden a cambiar por completo el juego. Cuando gigantes tecnológicos como Microsoft u Oracle deciden acelerar la innovación, pueden hacer volar a sus competidores por los aires. Esto plantea exigencias muy diferentes a su estrategia.

Martin Reeves, Claire Love y Philipp Tillmanns, del Boston Consulting Group, realizaron una investigación fundamental sobre el establecimiento de estrategias, que dio lugar a su libro *Your strategy needs a strategy*.[100] El modelo que describen distingue los mercados en función de su alta o baja previsibilidad y maleabilidad. Detalla cinco estilos e imperativos estratégicos arquetípicos:

1. **Adaptativo.** ¡Sea rápido! (en mercados con baja previsibilidad y maleabilidad).
2. **Formador.** ¡Dirija! (baja previsibilidad y alta maleabilidad).
3. **Clásico.** ¡Sea grande! (alta previsibilidad y baja maleabilidad).
4. **Visionario.** ¡Sea el primero! (alta previsibilidad, alta maleabilidad).
5. **Renovador.** ¡Mantenga la viabilidad! (en sectores sometidos a tanta presión que la organización debe recuperar primero el terreno perdido aumentando su resistencia y vitalidad).

4.1.4 Salvaguardar las condiciones previas

Antiguamente, había varias condiciones estratégicas previas que se podían elegir. Sin embargo, en la nueva normalidad, todas se consideran estándar e indispensables.

Toda organización debe sacar sobresaliente en el triángulo clásico de intimidad con el cliente, excelencia operativa e innovación. La mayoría de los métodos clásicos de fijación de estrategias se han declarado obsoletos debido a la nueva normalidad. Esto está justificado hasta cierto punto porque algunas de las reglas del juego han cambiado fundamentalmente. Por ejemplo, Airbnb y Uber se lanzaron en varios países simultáneamente.[101] Según las estrategias clásicas, un nuevo producto o servicio se lanzaba primero en un único país y luego se extendía geográficamente.[102] Otro ejemplo es el triángulo estratégico de Treacy y Wiersema, que se utilizó durante décadas para determinar si una organización se centraba en la excelencia en la intimidad del cliente, la excelencia operativa o la innovación de productos.[103] Se pretendía que las organizaciones obtuvieran una A en cada proceso de un área del triángulo, lo que hacía aceptable obtener una B o una C en las otras dos. En su momento, el triángulo fue útil para obligar a las organizaciones a seleccionar un enfoque claro, pero ahora está totalmente obsoleto. En la nueva normalidad, todas las empresas deben obtener al menos un notable en los tres aspectos del triángulo, y preferiblemente un sobresaliente en uno de ellos. Todas las organizaciones disruptivas conocidas superan a las empresas establecidas en todos los aspectos: niveles de servicio al cliente, excelencia operativa e innovación de productos.[104] Cada empresa necesita tanto aprovechar su modelo de negocio existente como innovar para crear otros nuevos. En la nueva normalidad los cambios se suceden con tanta rapidez que la continuidad ya no está garantizada. Hay que mantenerse al día.

Toda organización debe crecer. El crecimiento genera los recursos necesarios para atraer nuevos talentos e invertir en potenciar e innovar sus modelos de negocio. En la nueva normalidad, esto es cada vez más importante.

Todas las organizaciones deben crear reservas, recopilar datos, simplificar y experimentar con la innovación. Básicamente, se trata de comer o ser comido, o en la metáfora de Nassim Nicholas Taleb: la mejor manera de evitar ser el pavo que se sacrifica por Navidad, es asegurarse de ser el carnicero para el que la Navidad es temporada alta. Y la mejor manera de convertirse en carnicero es llevar a cabo estructuralmente los cuatro pasos del modelo VUCA (véase el glosario a final de libro): 1) crear amortiguadores («silos de grano bien abastecidos para tiempos difíciles») para hacer frente a cualquier revés; 2) recopilar datos una segunda naturaleza; 3) simplificar continuamente, y 4) experimentar con la innovación. Le reto a que mencione una sola organización de éxito que pueda salirse con la suya sin hacer esto.

4.1.5   Garantizar la agilidad

La agilidad en la ejecución de la estrategia es tan importante como la eficacia y la rapidez. Hay muchos métodos y escuelas de pensamiento que operan bajo la bandera de la agilidad cuya intención es aumentar la flexibilidad. Y esa es también una noción clave en este libro. El profesor de innovación y estrategia Michael Wade, del IMD de Lausana, escribe en su blog que los atletas de talla mundial aún pueden permitirse utilizar la ejecución clásica de estrategias.[105] Al fin y al cabo, los atletas saben para qué carrera prepararse; conocen la distancia, el lugar, su competencia, la fecha y la hora. Las organizaciones, por el contrario, se enfrentan a una incertidumbre cada vez mayor sobre todos estos criterios.

El establecimiento clásico de estrategias requiere la misma información que tienen los atletas, de modo que se puede establecer una estrategia en cascada, prepararla y ponerla en práctica paso a paso. En la nueva normalidad, este es un lujo que pocas empresas pueden permitirse. La incertidumbre es el nombre del juego. Wade lo ilustra preguntándose por qué Volkswagen tardó tanto en reaccionar adecuadamente al escándalo de las emisiones. ¿Y cuántas empresas de taxis vieron venir a Uber y tuvieron alguna estrategia para hacerle frente? Wade argumenta que una estrategia a largo plazo puede actuar como un par de esposas que rápidamente te dejan discapacitado. En la nueva normalidad, todo gira en torno a la eficacia, la agilidad y la rapidez (EAR). Necesitamos una estrategia y una ejecución iterativas. La carga de la prueba de una estrategia recae en su ejecución.

Poner en práctica esta visión de la ejecución de la estrategia requiere el máximo grado de autoconciencia, o lo que Wade denomina *hiperconciencia*. Se trata de la capacidad de evaluar a tiempo los cambios en el contexto, lo que funcionará y lo que no en ese contexto, y de cambiar de rumbo en función de la evaluación. Wade no ve muchas empresas que posean esta cualidad. «La mayoría de las organizaciones son hiperconscientes de sí mismas», afirma.

Esta visión también requiere una toma de decisiones informada. Y eso, a su vez, solo es posible si su organización recopila, analiza e interpreta datos de forma rutinaria y sistemática para tomar decisiones informadas. Así sabrá qué intervenciones realizar. Pero incluso entonces, esto solo funcionará si la intervención se ejecuta con suficiente rapidez. La ejecución debe ser selectiva, y quienes la llevan a cabo deben aprender rápidamente de lo que no funciona y ampliar rápidamente lo que sí funciona. Nuestra investigación ha revelado doce factores que determinan la agilidad (véase la figura 13). Junto a cada factor, hemos enumerado algunas formas prácticas de comprobar el nivel de agilidad de su organización.

¿Qué hace que una estrategia sea ágil? Veamos con más detalle algunos puntos clave de la figura 13. La pregunta clave es: ¿qué factores determinan si su estrategia, su análisis estratégico y su planificación son ágiles?

Lo que hace que la ejecución de su estrategia sea ágil es dedicar un máximo del 20 % del tiempo y los recursos disponibles a los aspectos básicos del establecimiento de la estrategia. Solo cuando se llevan a cabo unos planes estratégicos se aprecia si han tenido éxito o han supuesto un fracaso. Por eso hay

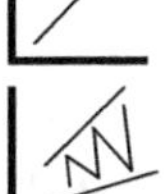

	Agilidad	Agile
1	Contenido de la estrategia	Visión clara, flexibilidad en el camino. La estrategia a corto y largo plazo son igual de importantes. Desarrollo iterativo, emergente más que un proyecto. Tiempo y recursos empleados: máx. 20 %
2	Modelo de negocio y propuestas	Enfoque único: creación de valor para el cliente Alcance: toda la cadena de valor y la red
3	Estructura	Estructurada pero no fija. Flexibilidad creada por equipos multidisciplinares y colaboración
4	Visión de la innovación	Dualismo: diferente velocidad de innovación Posibilitada por estructura separada y TIC
5	Procesos	Armonizados siempre que sea posible, flexibles cuando sea necesario Procesos verticales en cadena en lugar de procesos departamentales
6	Estructura y gobernanza	Equipos pequeños. Autonomía y libertad (carta blanca). Respuesta rápida a las oportunidades y amenazas, gestión eficaz del riesgo y rápida iteración y ajuste en función del éxito/fracaso Decisiones basadas en la recopilación y el análisis sistemáticos de datos
7	Liderazgo	Dejar de lado el deseo de la única solución correcta + cualidades de liderazgo
8	Cultura y mano de obra	Propiedad intrínsecamente motivada, «querer» en lugar de «tener que» Autogestión. La interdisciplinariedad es algo natural
9	Visión y métodos de ejecución	Estrategia igual a ejecución. Estrategia basada en pruebas obtenidas de la ejecución. Diseñar un prototipo/PMV, iniciar rápidamente la ejecución, aprender del fracaso, ajustar, ampliar lo que funciona
10	Alineación	En todas las configuraciones, todo el tiempo
11	Flexibilidad y perseverancia	La sabiduría para saber cuándo perseverar y cuándo ajustar el rumbo
12	Enfoque y sencillez	Cuanto menos lastre, más fácil es pivotar

Figura 13. La ejecución ágil de la estrategia permite a las organizaciones afrontar cambios continuos.

Fuente: Turner, 2016.

que invertir el otro 80 % del tiempo y los recursos en la ejecución. Solo de ese modo pueden realizarse los ajustes necesarios y hacen que la estrategia sea ágil. Por eso recomiendo un plazo de tiempo máximo para cada acelerador.

Deje de celebrar esas arduas sesiones de planificación estratégica cada tres o cinco años. Es mejor definir una visión a largo plazo que abarque un periodo más largo. No debe ser ni demasiado vaga ni demasiado detallada, porque no tiene sentido ni lo uno ni lo otro. La visión, la misión, la estrategia y el gran porqué deben formar un conjunto coherente que se mantenga fresco durante al menos cinco años. Esta «vida útil» permite a los directivos decidir sobre la marcha cómo puede adaptarse la organización a las circunstancias cambiantes. No hay nada malo en pensar en el futuro, pero la planificación estratégica debe ser concisa. La vieja costumbre de planificar la estrategia cada tres o cinco años requiere demasiado tiempo. Hágalo cada tres años, pero sea breve.

Lo mismo ocurre con la planificación empresarial. Deben ser planes anuales, muy prácticos y breves; asegúrese de que distinguen entre los objetivos fijados para la gestión diaria (dirigir la empresa) y los destinados a renovar el modelo de negocio existente (cambiar la empresa). Por lo que respecta al cambio, no defina más de cinco batallas imprescindibles.[106] Esta es toda la estrategia que necesita para empezar a ejecutar. Escale lo que funciona y manténgase ágil para poder hacer los ajustes necesarios.

Su estrategia también será más ágil si convierte el análisis y la planificación estratégicos en un proceso iterativo. Piense en ello como una estrategia emergente en desarrollo, más que como una estrategia acabada y grabada en piedra. Si aún no ha transcurrido el intervalo de tres años que he mencionado, pero es necesario recalibrar la estrategia, hágalo. De hecho, puede que descubra que hay dos o tres cuestiones estratégicas al año que requieren un recalibrado o un ajuste de su dirección estratégica a largo plazo. Yo las llamo cuestiones estratégicas prioritarias.

No tema trabajar simultáneamente en varios elementos del establecimiento de la estrategia. Un directivo me contó que, para su sorpresa, algunos de los empleados que participaban en un debate sobre la misión y la visión se enfadaron cuando descubrieron que ya se habían definido los proyectos subyacentes y que algunos incluso habían comenzado. Habían esperado que el proceso de misión y visión se completara primero, y que toda la actividad posterior tuviera lugar después, paso a paso, en un orden lógico. Sin embargo, ya no podemos permitirnos trabajar así. Los procesos paralelos e iterativos son formas sólidas de trabajar. La estrategia definitiva depende de su ejecución. Estrategia es igual a ejecución, ¿recuerda?

La agilidad no debe conducir a la inconstancia. La agilidad depende de la sabiduría para saber dónde hay que perseverar y dónde hay que adaptar la estrategia. La agilidad es la capacidad de observar todos los acontecimientos y pautas y señalar las áreas que deben abordarse con la vista puesta en mantener el rumbo de su visión a largo plazo. Una vez escuché a un patrocinador del sector de servicios financieros suspirar sobre la frecuencia con la que él y su equipo tenían que dar un giro de 180 grados. Seis meses antes, había ayudado a diseñar una nueva estrategia de *marketing* que tuvo que aplicarse con prisas porque un importante nicho de mercado se había hundido. Sin embargo, poco después de que la estrategia estuviera lista para ponerse en marcha, el recién contratado director general de la empresa dijo que la prioridad debía ser la segmentación del grupo objetivo, por lo que el equipo de *marketing* tuvo que volver al punto de partida. Tal vez este sea un ejemplo de agilidad. Pero también podría ser un caso grave de síndrome de Korsakoff corporativo, en el que cada directivo siente la necesidad de reinventar la rueda, no como un medio para alcanzar un fin, sino como un fin en sí mismo.[107]

Nuestra investigación reveló que uno de los principales factores de fracaso es la falta de agilidad inteligente, es decir, no saber aprovechar las oportunidades y controlar las amenazas. Un dirigente con el que hablé lo denominó *agilidad responsable*. Para ejecutar una estrategia con agilidad, se necesita un marco claro. Vacilar demasiado es como tener una brújula que da lecturas muy distintas del norte.

Abundan los mitos sobre las nuevas organizaciones digitales. Muchas personas piensan que su empresa está organizada para la agilidad porque tienen una empresa moderna y a la última en internet. Esta idea errónea se basa en el hecho de que su negocio está creciendo rápidamente. En el pasado, las organizaciones de rápido crecimiento (no digitales) también tenían que ajustar sus procesos, estructura, gestión, cultura y sistemas cada pocos meses. Cualquier empresa que no lo hiciera implosionaría. Es algo inherente al crecimiento, y poco importa que la organización sea nueva o antigua. La gente generaliza demasiado: las *startups* son flexibles y las empresas consolidadas son difíciles de manejar. Pero la flexibilidad no es necesariamente innata a las empresas modernas de Internet. Como dijo un empresario: «Crecemos con tal rapidez que puede parecer que ya somos un petrolero, cuando en realidad seguimos siendo una lancha motora». ¿En serio? Nadie puede dar por sentado que es ágil. Si lo hace, quizá descubriese que ya se ha convertido en una especie de petrolero, pero para entonces será demasiado tarde.

4.1.6 Comprobar la coherencia

En última instancia, su estrategia debe pasar lo que yo llamo el *chequeo Rumelt,* que debe su nombre al profesor estadounidense Richard Rumelt, a quien mencioné en el apartado sobre el factor de éxito 2. El chequeo Rumelt consiste en lo siguiente: la estrategia debe ser coherente. La comprobación Rumelt es la siguiente: ¿contiene la estrategia una descripción suficientemente precisa de los principales retos de su empresa y de las acciones necesarias para afrontarlos? La pregunta clave es: ¿qué quiere conseguir y cómo? Esto sienta las bases de la ejecución, y para muchas empresas constituye un reto importante en sí mismo, según explicó Rumelt en *Good strategy/Bad strategy*.[108] Lo esencial de una buena estrategia es un reto bien definido, un plan de ataque, sus opciones y escenarios estratégicos, un análisis de sensibilidad y una lista de acciones prácticas y

---

Aplicación con éxito del bloque 1 (ambición)

Estudio de caso: Los seguros en línea de Ditzo impactan en el mercado.

Avance. En 2007, la empresa matriz de Ditzo, ASR insurance, encabezó las ventas de seguros en línea en los Países Bajos. En Estados Unidos, Progressive, Esurance y GEICO llevaban vendiendo seguros por internet desde finales de la década de 1990. El avance consistió en tratar directamente con las personas (prima emitida directamente), sin tener que pasar por las corredurías. El éxito de ASR se debió a la eficacia, la agilidad y la rapidez. La eficacia, o más bien la firmeza, era necesaria para tomar decisiones claras ante una elección difícil. La agilidad permitió a la empresa responder y adaptarse a medida que evolucionaba. Pero la principal razón del avance fue la velocidad, que permitió a la empresa ser la primera en el mercado neerlandés y pionera en seguros en línea.

Impacto. La llegada de los canales de venta de seguros en línea transformó radicalmente el mercado de los seguros de daños, haciéndolo más transparente, reduciendo las primas y estrechando los márgenes. El hecho de que ASR se adelantara a los acontecimientos es una de las razones por las que la empresa sigue siendo un actor importante en el mercado neerlandés a día de hoy. Entretanto, Ditzo también se ha introducido con éxito en el mercado de los seguros de enfermedad. En el primer año, ASR vendió más de un 50 % más de pólizas nuevas.

coherentes que surjan de la estrategia y aborden el gran porqué de la empresa y se ajusten a las capacidades básicas de la misma. Esto puede parecer obvio, pero pocas organizaciones tienen todos estos patos en fila. Un buen análisis es indispensable. La gente tiende a estar atenta a los competidores y a los disruptores, pero las amenazas pueden venir de un ángulo completamente distinto al que uno espera.

Temas y preguntas clave que deben responderse:

- ¿Qué mercados y clientela queremos atender? ¿Por qué allí y por qué a ellos?
- ¿Con qué productos, servicios y valor? ¿Con qué modelo de negocio? ¿Cuál es nuestra propuesta de valor única?
- ¿Qué exigencias plantea eso a nuestro modelo de negocio y, por tanto, a nuestros procesos empresariales, estructura, gestión, competencias y cultura, tecnología y gestión de datos y conocimientos?
- ¿Qué conjunto de iniciativas necesitamos? (De esto trata el bloque 2.)

Cuando elabore sus temas clave, debe dejar claro qué decisiones está tomando y por qué cree que tendrá éxito en ellas.[109] En otras palabras, ¿qué competencias sitúan a su organización en posición de ofrecer la propuesta de valor mejor que nadie? Determinar y definir estos temas clave es el núcleo de su estrategia. Si trabaja duro en este aspecto, el resto (el plan de ataque y el conjunto de iniciativas) le seguirá con relativa facilidad.

Los temas clave enumerados anteriormente pueden utilizarse como partes estándar polivalentes de su estrategia. Encontrará formatos de trabajo más detallados, ordenados por acelerador, en el recurso 10 del apéndice, donde encontrará un código QR que puede utilizar para acceder a las hojas de datos y las plantillas de planificación de cada acelerador.

4.2 Bloque 2: selección

En este bloque se traduce la estrategia en un conjunto de iniciativas.

Hay que ser muy selectivo para poder establecer asignaciones claras y requisitos inequívocos en cuanto a su ejecución. Antes de decidir qué iniciativas incluir, hay que depurar la cartera existente, reestructurar la organización para poder ejecutar la iniciativa y comprender por qué hay que apostar por un enfoque de dos vías.

Una cartera de experimentos cuidadosamente equilibrada alimenta la estrategia. Estrategia es igual a ejecución. Es probable que esta frase moleste a los líderes y estrategas de la vieja escuela, pero sus homólogos más modernos entenderán exactamente lo que quiere decir.

4.2.1   Depure su conjunto de iniciativas

Depure su conjunto de iniciativas estratégicas para ajustar sus aspiraciones a su viabilidad. Cierta discrepancia y extralimitación son buenas, pero solo con moderación. Normalmente, el conjunto de iniciativas está desbordado y es necesario eliminar algunas. Se puede avanzar rápidamente separando la excelencia en la gestión (operaciones diarias) de la excelencia en la ejecución (proyectos reales). Muchos directivos de éxito nos han dicho que depurar la cartera de proyectos siempre da resultados rápidos. La esencia de una actividad que merece organizarse como proyecto es un cambio demasiado complejo para lograrse en la ejecución diaria. Las iniciativas de carácter multidisciplinario siempre necesitan organizarse en proyectos. Los proyectos que no cumplen estos criterios consisten básicamente en operaciones rutinarias de línea. En todas las carteras, el 33 % del trabajo de los proyectos resulta ser trabajo rutinario.

El tabú de añadir proyectos puede hacer que la gente se muestre reacia a abordar una iniciativa como proyecto, incluso cuando este sea el único enfoque correcto. Cuando gana la reticencia, el trabajo que debería organizarse como proyecto acaba en manos de la organización de línea, lo que es tan perjudicial como cuando los proyectos se cargan con trabajo rutinario. Los proyectos y programas restantes deben condensarse, porque otro 33 % del trabajo de proyecto de una cartera probablemente tenga un mandato, alcance o enfoque obsoleto, solapado o mal definido. Esto deja muy mermada la capacidad de cambio de su organización. Tras la purga, lo que queda debe evaluarse con criterios de prioridad estratégica año tras año.

Luego están los proyectos zombis, proyectos que se extienden porque siempre se añade o se quita algo. Estos proyectos pueden llegar a convertirse en pequeñas empresas independientes, con su propia cultura corporativa. Son fáciles de detectar. Basta con ver cuánto tiempo llevan en marcha (siglos), su alcance (en constante cambio), su estructura (prácticamente inexistente, bajo el pretexto de la libertad), su gestión (ídem) y su comunicación (*ad hoc,* en gran medida libre de hechos, llena de opiniones y emociones). Lo extraño es que nadie parece cuestionar por qué se permite que estos proyectos se prolonguen.[110] Aunque, afortunadamente, cada vez son menos comunes.

Traduzca los objetivos estratégicos en iniciativas. En el bloque 1 definió los objetivos estratégicos. Ahora es el momento de traducirlos en iniciativas. Para ello, utilice la hoja informativa sobre carteras que puede descargar mediante el código QR del recurso 10 del apéndice. Además de podar sus iniciativas, también querrá saber si está seleccionando las iniciativas adecuadas y si su cartera está equilibrada. Normalmente, los niveles de ambición superan la capacidad de ejecución. Priorice, integre o consolide siempre que pueda. Tome decisiones inteligentes y bien definidas. Eso puede llevarle de nuevo a consolidar, ralentizar o incluso detener muchas iniciativas existentes y nuevas. Compruebe de nuevo si su capacidad de ejecución es lo bastante grande para estar a la altura de su ambición. En el bloque 1 estableció la capacidad de ejecución de su organización con la ayuda de SECA.NU. Ahora es el momento de utilizar esos conocimientos para establecer la tensión adecuada entre su ambición estratégica y su capacidad de ejecución.

Reajuste su cartera cada seis meses. Una organización de 500 empleados podría ejecutar una misión, visión y estrategia con cuatro programas y diez proyectos, o con dos programas y cuatro proyectos. Es probable que el primero fracase, mientras que el segundo tiene posibilidades reales de éxito. Las organizaciones suelen sobrestimar su capacidad de ejecución o de cambio y lanzan demasiadas iniciativas nuevas mientras otras siguen en marcha. Dejan que las iniciativas y las expectativas se acumulen sin ningún vínculo real con su capacidad real de cambio y, al hacerlo, se abocan al fracaso.

Debería actualizar y recalibrar su conjunto de iniciativas estratégicas cada seis meses. No tiene por qué ser un ejercicio difícil o que requiera mucho tiempo, siempre que reserve un tiempo estrictamente limitado para hacerlo y se prepare evaluando de antemano el verdadero estado de todas las iniciativas existentes. Una vez hecho esto, se puede llegar bastante lejos en una sola tarde.

Haga una lista de lo que no debe hacer. «Las organizaciones ganan tanto por no hacer cosas como por hacerlas», dijo un directivo. Describir explícitamente lo que la organización *no* hace evita el oportunismo. Hay que asegurarse de que los proyectos favoritos que se eliminaron durante el reajuste del conjunto no vuelvan a colarse al incluirse en el ámbito de otra iniciativa.

4.2.2 Equilibrar el conjunto de iniciativas

Una buena cartera se compone de disparos certeros a un objetivo estratégico. El grado de acierto viene determinado por las cuatro dimensiones representadas en la figura 14.[111] Se trata de una matriz práctica y ampliamente utilizada para revisar las iniciativas estratégicas y ajustarlas a la capacidad de cambio de una empresa. La figura 14 es muy valiosa desde el punto de vista del contenido y la comunicación; si no está en la matriz, ¡no existe!

En primer lugar, hay que evaluar si se ha logrado un buen equilibrio entre las iniciativas de mejora (tipo 1), renovación (tipo 2) e innovación (tipo 3). Cada tipo tiene su propio horizonte de ejecución adecuado. Un proyecto de mejora u optimización ajustada debe completarse en el plazo de un año. Un proyecto de renovación o rediseño de procesos de negocio debería completarse en dos años, y un proyecto de innovación debería desarrollarse durante cinco años como máximo.

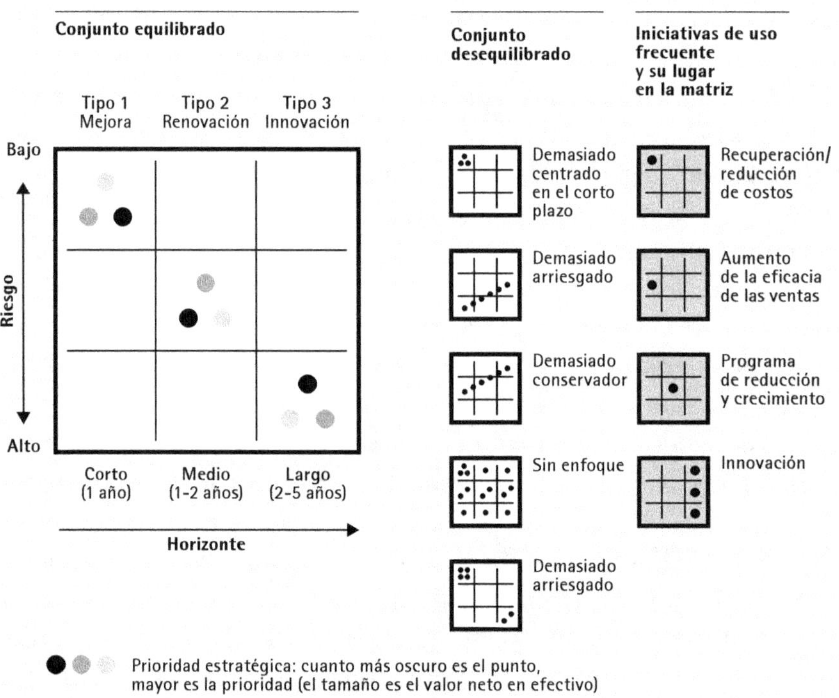

Figura 14. Un conjunto sólido equilibra los tres tipos de ejecución, los tipos de objetivos y el largo frente al corto plazo.

Fuente: Bettina Buechel, Xavier Gilbert y Rhoda Davidson, Smarter Execution; Scott Keller y Colin Price, Beyond Performance.

La segunda dimensión para evaluar su cartera es el riesgo y, por tanto, sus posibilidades de éxito. El riesgo es el eje vertical. Es bastante obvio que el tipo 1 implica poco riesgo, el tipo 2, un riesgo moderado, y el tipo 3, un riesgo considerable. No utilice esta idea para hacer predicciones. Como sabemos por Taleb, nuestra capacidad para hacer predicciones precisas está disminuyendo considerablemente. Véalo, en cambio, como una exhortación a mantener el equilibrio. El propio Taleb fue corredor de bolsa en Wall Street antes de convertirse en un pensador revolucionario en el campo de la estadística. Su éxito como bróker se debió a la llamada estrategia Barbell: poner el 85-90 % de los recursos en inversiones de bajo riesgo (tipo 1 y 2, aunque este último comporta un riesgo mayor que el tipo 1), y el 10-15 % en fondos extremadamente especulativos (tipo 3).

La tercera dimensión es el número total de iniciativas y el número correspondiente a cada tipo. El número adecuado de iniciativas es aquel con el que se puede alcanzar el mejor equilibrio entre ambición y realismo. Por regla general, lo mejor es ejecutar entre tres y cinco iniciativas de cada tipo. Los capítulos siguientes ofrecen una ficha descriptiva de cada iniciativa. De este modo, podrá concretar los detalles de la ambición, el alcance, los objetivos y el enfoque de cada iniciativa y hacer una valoración honesta del mejor equilibrio entre ambición y viabilidad en una fase temprana del proceso. No querrá que alguien se lance a por una mayor satisfacción del cliente –un verdadero término paraguas– sin establecer opciones claras en cuanto a grupos objetivo de clientes y alcance.

Para el tipo 3 (innovación radical de los modelos de nuevos ingresos y de negocio) es un poco diferente. En este ámbito, se enfrenta a una gran incertidumbre y pocas probabilidades de éxito. La consecución de sus objetivos depende de la realización de un conjunto más amplio de experimentos. Afortunadamente, cada vez hay más reglas empíricas eficaces para enfrentarse al mundo de la innovación digital disruptiva. Personalmente, utilizo las siguientes: generar ideas de forma continua e ilimitada; seleccionar veinte ideas cada año y analizarlas; elaborar diez en detalle, y seleccionar de tres a cinco para ejecutarlas en forma de experimentos.

Seleccionar menos de tres es jugar a la ruleta rusa, mientras que elegir más de cinco es señal de no haber tomado una decisión. Los líderes que son buenos en innovación digital comparten la capacidad de tomar decisiones claras que no son ni demasiado estrechas ni demasiado amplias. Eligen experimentos que pueden conducir a un aumento significativo del valor y las expectativas de la clientela, que ofrecen resultados rápidos y que son fundamentalmente innovadores. Estas personas líderes entienden que el fracaso rápido y el aprendizaje rápido del fracaso también son resultados valiosos.

Utilice criterios explícitos para seleccionar los experimentos. En primer lugar, cada experimento debe contribuir a satisfacer las necesidades más fundamentales del cliente. En segundo lugar, el experimento debe ser factible y ajustarse a las competencias y capacidades existentes en su organización, o a las que pueda movilizar. Por último, cada experimento debe realizarse en el mismo mercado en el que su empresa pretende crecer.

Las dos últimas dimensiones de una cartera profesional. La cuarta dimensión es el valor estratégico de la iniciativa. Ese valor puede expresarse mediante el tinte del punto que se utilice en el gráfico. La quinta dimensión consiste en asignar un código al tipo de objetivo al que se dirige una iniciativa. ¿Está destinada a abordar (A) la cuota (de clientes, ingresos o mercado), (B) los costos y la productividad, (C) la satisfacción de los empleados, (D) la flexibilidad, (E) la eficacia, (F) la responsabilidad social corporativa o (G) el cumplimiento? Al responder a esta pregunta, también puede sopesar si está satisfaciendo las necesidades de las distintas partes interesadas: clientela, plantilla, accionariado, dirección y sociedad.

Compruebe si la matriz muestra una inclinación ordenada. Una cartera bien equilibrada muestra una bonita línea diagonal desde arriba a la izquierda hasta abajo a la derecha en el gráfico, y no el tópico palo de *hockey*. Se necesitan los tres tipos de iniciativas. Las carteras desequilibradas de la parte derecha de la figura 14 son una guía de referencia rápida para determinar si algo va mal. Algunos directivos se quedan atónitos cuando ven la situación de su empresa trazada de esa manera. Un patrón de puntos dispersos por todas partes envía un mensaje contundente de que te falta concentración. Una combinación de uno o dos puntos claros y unos pocos muy oscuros refleja una cartera arriesgada. Cuando se ven muchos puntos cerca del fondo, se está siendo demasiado precavido. Ir sobre seguro es lo más arriesgado que puede hacer en tiempos volátiles y perturbadores. Por último, los códigos de las letras de los objetivos cuentan su propia historia. En algunas organizaciones orientadas a las ventas, solo se ve el código A, o proyectos de ventas. Las industrias con márgenes pequeños, en las que todos los servicios son una mercancía, suelen tener un gran porcentaje de código B, o proyectos de reducción de costos. Allí, la gente está tan desanimada por intentar sobrevivir en un mercado cada vez más pequeño, que ni se les ocurre intentar cumplir un objetivo de ventas.

Hora de decidir: ¿a toda máquina o vuelta a empezar? Si opta por detenerse en este punto, todavía hay demasiadas diferencias de opinión entre los actores clave en cuanto a sus objetivos, el porqué, el mandato, el enfoque, la estructura organizativa (patrocinador, cesionario, actores clave, propietarios de los beneficios), las capacidades y los factores de éxito de cada iniciativa elegida. Si este es el caso, hay que profundizar un poco más y averiguar si las expectativas de la gente son compatibles. Se trata de un ejercicio de gestión del cambio por derecho propio, que sin duda revelará intereses contrapuestos que habrá que abordar.

Y ahora es el momento de arremangarse y ponerse a escribir. Redacte toda la estrategia y la hoja de datos de la cartera. Utilice la ficha descriptiva del acelerador 1 (recurso 10, accesible a través del código QR del apéndice).

4.2.3   Planificar y organizar cada iniciativa

Un conjunto de iniciativas recalibrada no servirá de nada si las iniciativas no están bien organizadas. Un liderazgo de éxito requiere una actitud realista: celebrar debates trimestrales detallados sobre la cartera y discutir las iniciativas críticas una vez al mes. En acelerador 3, describo cómo la gestión y el seguimiento pueden desempeñar un papel vital en la aceleración de la iniciativa. Pero permítanme explicarles primero cómo organizar sus iniciativas.

Cómo organizar el tipo 1 (mejora). Existen innumerables métodos de mejora continua de probada eficacia. Lean y Lean Six Sigma son los más conocidos. Lean, por ejemplo, es un marco que las organizaciones utilizan para mejorar estructuralmente la satisfacción del cliente y generar resultados financieros (véase el recurso 5 del apéndice, donde encontrará una referencia a los diez principios fundamentales de Lean). Al centrarse en el valor para el cliente y reducir los errores de ejecución, se reduce el número de pasos del proceso (Lean) y se hace predecible el resultado de los procesos (Six Sigma).[112] Pueden encontrarse ejemplos de implantaciones con éxito de Lean Six Sigma en Motorola, General Electric, Ford y Dell. GE Medical Systems utilizó Six Sigma para desarrollar un escáner de diagnóstico que aceleró el proceso de escaneado de 180 a 17 segundos. Y un equipo Six Sigma de la división GE Plastics aumentó la producción de plástico en diez millones de libras.[113]

Las partes decisivas de la filosofía Lean son muy necesarias para el tipo 2 (renovación) y el 3 (innovación). Una característica típica de Lean son las pequeñas oleadas de mejora del rendimiento. Precisamente esta iteración es clave para estos dos tipos de cambio. Es mejor lanzarse a la ejecución con un producto mínimo viable (PMV) que esperar un año para terminar el anteproyecto estratégico. Como nos dijo un directivo en una entrevista: «Quiero que los proyectos empresariales sencillos empiecen a utilizar lo que ha sido la norma en los proyectos de TIC durante bastante tiempo: métodos ágiles y de tipo Scrum».

La renovación y la innovación suelen consistir en mejoras incrementales del rendimiento mediante la implantación de una serie de pequeños proyectos en un único departamento o disciplina: en otras palabras, una serie de mejoras. Estos cambios no implican a otros departamentos o disciplinas, así que no hay excusa para no hacerlos. Todo lo que hay que hacer es decidirse por un método y encontrar un departamento o persona que quiera apoyarlo para que toda la organización funcione de manera ajustada. Muchos dirán que todo esto forma parte de la gestión de la empresa, pero no es así, porque requiere demasiados métodos y competencias específicas; en realidad, forma parte del cambio de la empresa.[114]

Cómo organizar el tipo 2 (renovación). El rediseño de procesos empresariales (BPR, por *business process redesign)* sigue siendo el más relevante de los métodos genéricos probados para lograr la renovación. Afortunadamente, el BPR en su forma actual es breve e iterativo. Donde antes se necesitaban meses de análisis y diseño antes de poder empezar la ejecución, ahora solo se necesitan semanas. Llamamos a estos métodos *business agile* y *Scrum*. Decídase siempre por un método específico para las renovaciones. E independientemente del método que elija —ya sea gestión de procesos empresariales, rediseño, Scrum u otro método ágil— asegúrese siempre de que destaca en él.

Realmente no se puede prescindir de un buen método genérico para la renovación. Al mismo tiempo, un método genérico no es una panacea, porque confiar únicamente en uno es arriesgado. Los tiempos modernos exigen conocimientos y métodos especializados. Es importante añadir métodos específicos para problemas concretos. Reducir los gastos generales, por ejemplo, requiere un análisis del valor de los mismos, mientras que para lograr sinergias se necesita un método de integración posterior a la fusión. Aumentar los ingresos por usuario requiere análisis de clientes y procesos de venta, y así sucesivamente. Hablaremos de ello con más detalle en el bloque 5 del acelerador 2.

Cómo decidir si una iniciativa de renovación pertenece a la dirección de línea o a un proyecto o programa separado. Deje que su organización de línea se encargue de todo lo que pueda, pero no tema establecer proyectos o programas. A veces tengo la sensación de que existe un tabú sobre las palabras con P: proyecto y programa. Es hora de superarlo. Cualquier iniciativa que tenga (1) objetivos fundamentales y sea (2) multidisciplinario debe organizarse siempre en un proyecto o un programa, nos guste o no. Esto se aplica a cualquier renovación y también a la innovación. Si lo sabe y sigue insistiendo en imponerlo a su organización de línea, es culpable de simplificación excesiva y de que todo el mundo se lleve una decepción. La polarización entre la ejecución en su proceso primario y en los programas es uno de los falsos dilemas más perjudiciales que asolan a las organizaciones.

Paradójicamente, es un sano impulso querer que su organización de línea ejecute sus proyectos y programas siempre que sea posible. Es un dualismo saludable que muchos directivos intentan fomentar con razón porque quieren evitar programas interminables y sin rumbo. Entonces, ¿cómo hacerlo? Aplicando este dualismo a todos los niveles y en todas las reuniones como si fuera la norma, y creando equipos interfuncionales y consultas verticales.

Esta dicotomía y el aparente tabú sobre estas nociones obedecen a varios motivos. En primer lugar, se sabe que cualquier renovación va más rápido si se organiza por separado. Sin embargo, también se sabe que al final tiene que volver a integrarse en los procesos empresariales habituales, el negocio en marcha. En segundo lugar, organizar las iniciativas por separado en proyectos o programas dispara el prejuicio existente de que los proyectos y programas son operaciones que hacen perder tiempo y dinero, con un mal historial en cuanto a resultados, y que tienden a convertirse en silos dentro de la empresa, a veces incluso desarrollando su propia cultura.

Cómo organizar el tipo 3 (innovación). Aunque este tipo de cambios suele delegarse en una *startup* independiente, también puede organizarse como una iniciativa separada dentro de una organización establecida.[115] Ambas opciones comparten una característica importante: una historia de múltiples fracasos para conseguir el único éxito. Es una historia de sangre, sudor y lágrimas, de paciencia y resistencia sin fin. Por eso las empresas establecidas organizan este tipo de iniciativas de diversas maneras. La cuestión de cómo organizar mejor la innovación radical –que casi siempre es de naturaleza digital– es tan elemental que merece un apartado aparte, como se verá más adelante.

4.2.4   Adoptar un enfoque de doble dirección

La innovación radical ha preocupado a las organizaciones durante los últimos diez años. Existen muchas estrategias diferentes para organizar y gestionar dicho cambio. Más recientemente, los nuevos modelos de negocio digitales han sido los principales impulsores de la innovación, situando el éxito de la innovación en lo más alto de la agenda de todos los consejos de administración. Los gurús de la innovación han aprovechado esta oportunidad y, deliberada o inadvertidamente, han creado un *hype* en torno a la innovación. Han sugerido que la creatividad y la brillantez necesarias para el éxito de la innovación radical se ven sofocadas por la estructura y la gestión. Han vilipendiado las métricas como la última sentencia de muerte. Este concepto erróneo ha creado una tendencia a probar indiscriminadamente todo tipo de ideas, con un enorme costo financiero e intangible. Estos gurús de la innovación tenían vía libre hasta que Eric Ries publicó el superventas *El método Lean Startup*.[116] La idea básica que subyace a su excelente método de innovación es el aprendizaje validado: una forma de que las *startups* que operan en condiciones inciertas demuestren que están progresando.[117] Esto es mucho más práctico, preciso y rápido que las previsiones de mercado o la planificación empresarial clásica. Se trata de aprender. Se elimina todo lo ajeno, es decir, lo que no es necesario para aprender de los clientes. El aprendizaje validado es el que se basa en el desarrollo real de la organización, corroborado por datos reales de la clientela. Lo único que hace una *startup* es llevar a cabo experimentos para aprender y conducir con éxito la empresa a través de un periodo de incertidumbre.

En la práctica, el tipo 3, la innovación digital, se organiza y gestiona de muchas formas diferentes. La figura 15 detalla las distintas formas organizativas y de gestión que encontramos en nuestra investigación. Para hacerlo bien, hay que organizar un sano dualismo. La gestión de su modelo de negocio actual y la aplicación de cambios en este modelo (mejorar y renovar) tienen como objetivo aprovechar al máximo su modelo actual. Su organización actual puede manejar esto. Pero la innovación es de otro orden. Se trata de una innovación radical, de introducir nuevos modelos de negocio, de cambiar radicalmente la forma de hacer negocios. Este tipo de cambio solo puede lograrse a través de una estrategia de

	1. Integrada	2. Casi independiente (50 %)	3. Independiente (100 %)	4. Empresa conjunta	5. Adquisición	Todas las opciones anteriores
Organización	Cada división de la organización innova individualmente	La innovación tiene lugar dentro de la estructura existente, pero se organiza por separado	La innovación tiene lugar fuera de la estructura principal, normalmente en un lugar diferente	Las partes crean una nueva empresa conjunta, específicamente con el fin de innovar	Completamente separada de la empresa en funcionamiento	Todas las opciones anteriores
Gestión	Negocio en marcha. Es fundamental distinguir entre *gestionar* y *cambiar* la empresa	Si la innovación es de naturaleza similar a la empresa en funcionamiento, la gestión debe correr a cargo de la línea. Pero la separación de actividades es clave	A menudo, un departamento de apoyo administrativo supervisa los progresos e informa directamente al director general	Cada parte aporta sus propias competencias y recursos; la empresa conjunta atraerá a expertos externos si es necesario	Se explora sistemáticamente el mercado en busca de innovaciones prometedoras y necesarias	A menudo, un departamento de apoyo administrativo supervisa la coherencia entre las actividades
Cuándo utilizar	Cuando está claro qué innovación es necesaria y la organización ha demostrado ser capaz de innovar	Cuando no está claro qué innovación es necesaria y la organización aún no ha demostrado ser capaz de innovar	Cuando no está claro qué innovación es necesaria y la organización aún no ha demostrado ser capaz de innovar	Cuando los motivos de cada parte complementan los de la otra y existe un equilibrio entre dar y recibir	Cuando existe una oportunidad o necesidad y la adquisición es más barata, rápida o mejor que otra estrategia	Cuando la organización tiene la oportunidad o siente la necesidad de diferenciarse
Beneficios	Sostenibilidad	Rapidez	Rapidez	Riesgo y costos compartidos	Rapidez	Innovar cuando sea posible, comprar cuando sea necesario
Inconvenientes	Lento e imposible si las competencias internas son inadecuadas	Integración complicada	Integración complicada	Toma de decisiones lenta	Costos elevados e integración complicada	Riesgo de enfoque poco entusiasta
Ejemplos	PostNL	*New York Times, Zwitserleven*	NPO: NLZiet	School of One, una iniciativa público-privada europea	ING y Aegon Bank	RELX

Figura 15. Seis estrategias organizativas para gestionar la innovación radical.

Fuente: Turner, 2016.

ejecución autónoma y diferenciada, separada de su estructura habitual, pero con al menos una interfaz mínima para facilitar la vinculación y la fertilización cruzada. Esto no quiere decir que no deba fomentar la innovación en su organización habitual, pero no ponga todos los huevos en esa cesta.

¿Cómo organizar la gestión de los tres tipos de cambio en relación con la gestión ejecutiva cotidiana? ¿Cómo organizar el cambio de la empresa en relación con la gestión de la empresa? La solución es institucionalizar el dualismo. La figura 15 enumera las formas en que puede organizarse la innovación radical, algo crucial para que las organizaciones establecidas sobrevivan. Pero las *startups* se convierten en *scale-ups* y llega un día en que son empresas establecidas. Como puede verse, la organización antes conocida como Google ha optado por diferenciar explícitamente sus modelos de ingresos y de negocio establecidos (como Google Search y YouTube) de sus innovaciones (como Google X y Google Capital) introduciendo una nueva estructura corporativa llamada Alphabet. Este es un excelente ejemplo de ejecución de una estrategia que requiere la diferenciación en los tres tipos de cambio. Google puede aprovechar sus modelos de ingresos y de negocio existentes utilizando mejoras y renovaciones al tiempo que se asegura de que aprovecha las innovaciones, sus *moonshots,* de la forma más adecuada para ese modelo empresarial concreto. Por este motivo, es posible que las innovaciones sigan siendo propias de organizaciones independientes que nunca se integren en una unidad de negocio más grande.

Al accionariado también le gusta esta lógica y transparencia, porque deja claro qué riesgos corresponden a cada división. Al separar rigurosamente sus actividades, Google –o Alphabet, más bien– puede proteger sus marcas y experimentar con ellas.

El pensador en gestión John Kotter abogó por este sistema operativo dual en su libro de 2014 *Accelerate (XLR8).*[118] En su sistema operativo dual, la ejecución regular opera por separado de la innovación, pero en conjunción con ella.

Alex Osterwalder, inventor del modelo de negocio *canvas,* ofrece otro magnífico ejemplo de este enfoque dual en su exitoso libro *Generación de modelos de negocio.*[119] En su blog del sitio web Strategyzer.com, titulado «*6 Roles that can position your company for the future*», presenta un organigrama moderno.[120] Allí se muestra cómo funcionan las dos vías separadas y qué aspecto tienen desde el punto de vista organizativo la mejora y la renovación de los ingresos y los modelos de negocio existentes y la innovación. En el lado de la innovación del organigrama,

Osterwalder distingue seis funciones modernas: el empresario jefe, el gestor jefe de cartera, el jefe de capital riesgo, el jefe de riesgos, el embajador interno jefe y los emprendedores. Todas estas formas y modelos responden a la necesidad de los directivos de separar intencionadamente el funcionamiento del modelo de negocio existente de la innovación oportuna de nuevos modelos para sobrevivir. Prefieren alguna forma de ligera interacción entre los dos motores para mantener una relación y permitir la fertilización cruzada.

Gestión. Un ejemplo muy práctico de dualismo son las agendas A y B que utiliza un directivo con el que hablé. La agenda A en una reunión se ocupa de la gestión ejecutiva del día a día, mientras que la agenda B se ocupa del progreso de los tres tipos de cambio, que juntos determinan la *agenda de ejecución*. Este enfoque tan sistemático mata varios pájaros de un tiro. Mantiene separadas la gestión de la empresa y el cambio en la empresa, al tiempo que distingue entre los tres tipos de cambio y entre los objetivos a corto y a largo plazo. Es la aplicación más práctica de la ejecución ágil de estrategias que he visto nunca (véase la figura 16).

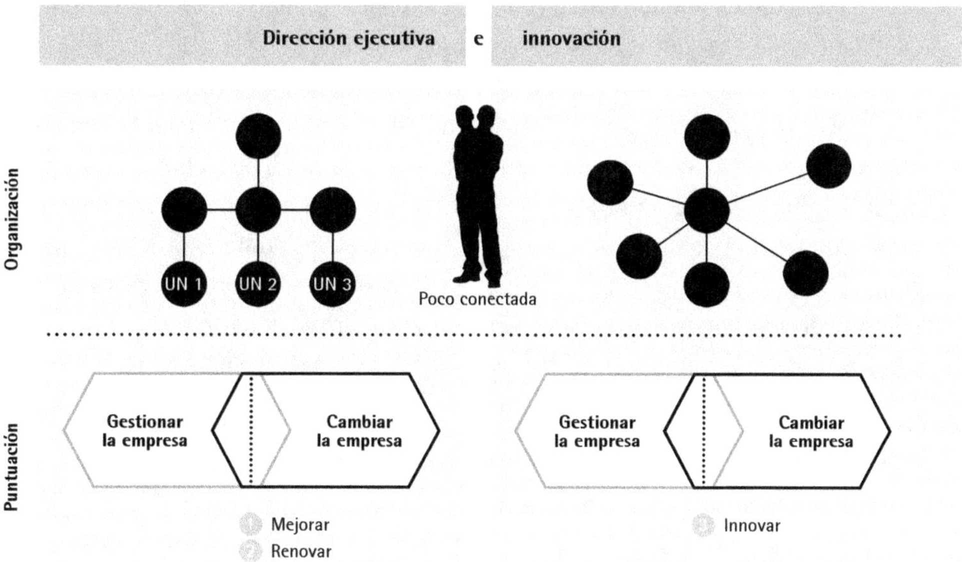

Figura 16. Sea cual fuere la estructura de innovación que elija, asegúrese siempre de crear una segunda velocidad, una segunda vía, para la innovación radical.

Fuente: Turner, 2016. UN: unidad de negocio.

Como resultado, la organización terminará con un sólido enfoque de dos vías, cada una funcionando a su propia velocidad. Es un paso bastante radical implementar consistentemente este enfoque en su estructura organizativa. A algunas organizaciones les resultará más fácil vivir con este tipo de «esquizofrenia saludable» que a otras, pero realmente es la mejor forma de utilizar la mano de obra existente para generar innovaciones radicales. Si suena complicado, es porque lo es. Todo trabajo se vuelve complejo de vez en cuando.

General Electric es un buen ejemplo. A mediados de 2015, la empresa anunció sus planes de vender la mayor parte de su unidad financiera y centrarse exclusi-

---

Aplicación con éxito del bloque 2 (selección)

Estudio de caso: Aegon Bank. Un solo equipo, una sola visión, una sola ejecución.

Avance. El periodo 2008-2010 fue difícil para el sector financiero. Aegon Life &t Mortgage estaba sometido a una gran presión para tomar decisiones estratégicas. El mercado de seguros de vida había tocado fondo y el mercado hipotecario estaba al borde del colapso. Sin embargo, la estrategia de Aegon estaba clara. Para hacer realidad su visión, el banco tenía que introducir cambios graduales en diversas áreas. Era clave invertir en el equipo encargado de elaborar la agenda del cambio. Este equipo tradujo la estrategia en planes claros de una página para cada unidad de negocio. El conjunto de iniciativas contenía asignaciones, condiciones y plazos muy claros, basados en una estrategia inequívoca de cambio coordinado con una pronunciada curva de aprendizaje, mientras el equipo se aseguraba de que todo el mundo se ciñera a la cartera de cambios.

Impacto. El resultado fue una mejora sustancial de la capacidad de ejecución. Esto incluyó no solo intervenciones estructurales, de procedimiento y de gestión, sino también cambios de comportamiento y culturales. Se completó nada menos que el 90 % de los proyectos y operaciones de línea previstos. Los resultados fueron reales y sustanciales. La cartera hipotecaria creció, en contra de la tendencia del mercado, y desde 2008 el negocio ha cuadruplicado su cuota de mercado.

vamente en la fabricación industrial. En aquel momento, la unidad de negocio GE Capital aportaba la mitad de la facturación global, pero la empresa decidió conservar solo una parte de sus operaciones de arrendamiento de aviones y equipos. La previsión fue que, en 2018, estas actividades aportaran el 10 % de sus beneficios: un verdadero cambio radical. Pero el segmento industrial de GE también está experimentando una transformación radical. En la actualidad, muchas de las máquinas que GE fabrica —equipos de perforación petrolífera en aguas profundas, motores de aviones militares y comerciales y trenes— están equipadas con sensores que recogen datos. Por ello, GE desarrolló Predix, un *software* de mantenimiento predictivo que utiliza estos datos para supervisar el rendimiento e identificar oportunidades de mejora. GE cuenta ahora con una nueva Unidad de negocio digital, que está explorando la posibilidad de ofrecer la perforación en aguas profundas como un servicio en lugar de como un producto.

Y seamos sinceros: si la clase dirigente hubiera abordado la ejecución de estrategias modernas con profesionalidad, la industria de los medios de comunicación habría creado y comercializado Blendle y el propio Netflix en lugar de perder una década soñando despierta con nuevos modelos de negocio. Y Hilton habría ideado el modelo Airbnb, y el servicio de taxis de Ámsterdam habría pensado en Uber.

Bloques blandos del acelerador 1: apelación y activación
Cada acelerador tiene dos componentes duros y dos blandos. Los bloques blandos del acelerador 1 son apelación y activación. El **bloque 3 (apelación)** sirve para revisar y enriquecer la estrategia. En el **bloque 4 (activación)** se trabaja para establecer la propiedad real de cada iniciativa en la que los líderes desempeñan un papel clave.

4.3   Bloque 3: apelación

En el bloque 3 (apelación) habrá que pedir opiniones sobre la estrategia y enriquecerla para asegurarse de que se convierte en un plan vivo y dinámico. Esto requiere algo más que una comunicación unidireccional. La justificación de la estrategia, o el porqué, debe quedar perfectamente claro. Y la mejor manera de transmitir el propósito es contar una historia atractiva. Los líderes deben ser sistemáticos en su enfoque, aceptar la retroalimentación y canalizar la creatividad.

4.3.1 Desde arriba: vivir la estrategia

Los líderes deben revisar la apropiación mutua de las iniciativas seleccionadas. Para movilizar realmente al equipo directivo, todos deben declararse propietarios. Si *usted* no cree en ello, nadie le seguirá. Las sesiones de planificación estratégica trienal tienden a ser procedimientos técnicos que se finalizan cuando se han redactado los documentos estratégicos; esto limita su valor. El procedimiento de enriquecimiento que se describe a continuación puede ayudar a aumentar su utilidad, pero su objetivo de implicar a las personas en una revisión de la estrategia es bastante amplio. Lo que realmente necesita es asegurarse de que todo el equipo de líderes del cambio comparte los mismos puntos de vista y expectativas sobre la ambición de la cartera. Hay que asegurarse de que todos leen el mismo guion.

Dedique tiempo a revisar el verdadero compromiso de cada cual. Empiece por asignar cada iniciativa de la cartera a un líder del cambio. A continuación,

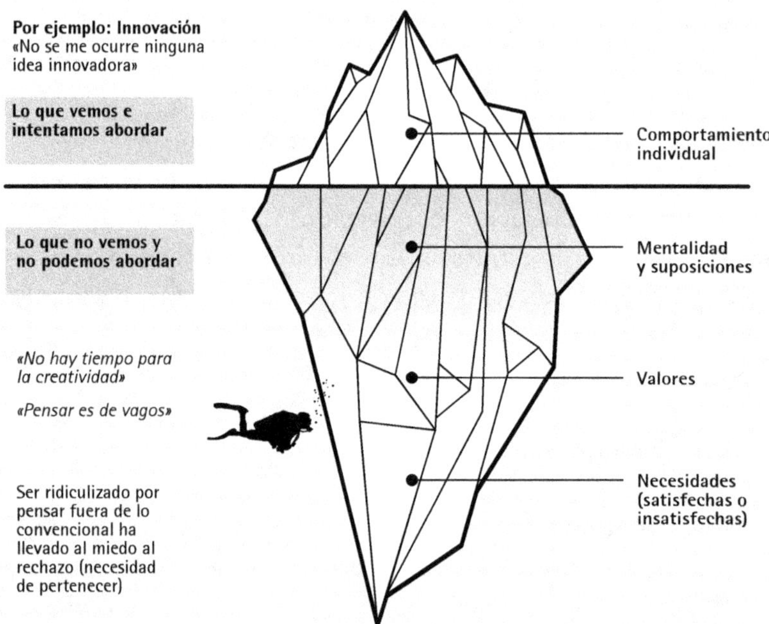

Figura 17. Analice a fondo las capacidades blandas para la ejecución de la estrategia. Sumérjase en la mentalidad de las personas.

Fuente: *Beyond Performance*, Scott Keller, Colin Price, figura 4.3.

asegúrese de que hay tiempo suficiente para apreciar plenamente la naturaleza de las decisiones tomadas, para ponerse de acuerdo y compartir sus intenciones, principios, preferencias y expectativas. El truco está en llegar bajo la superficie y preguntar: ¿qué nos mueve realmente?, ¿qué suposiciones determinan cómo nos miramos unos a otros y lo que hacemos?[121] (véase también la figura 17). La desmitificación de lo blando está en marcha. Utilice técnicas y formatos para comprenderlo.

La figura 18 muestra que cuanto más se profundiza, más personal se vuelve. La profundidad también es necesaria para lograr la autenticidad. Los consejos de administración suelen contentarse con hacer una prueba de color, porque eso es relativamente seguro. Profundizar y ser capaz de realizar las intervencio-

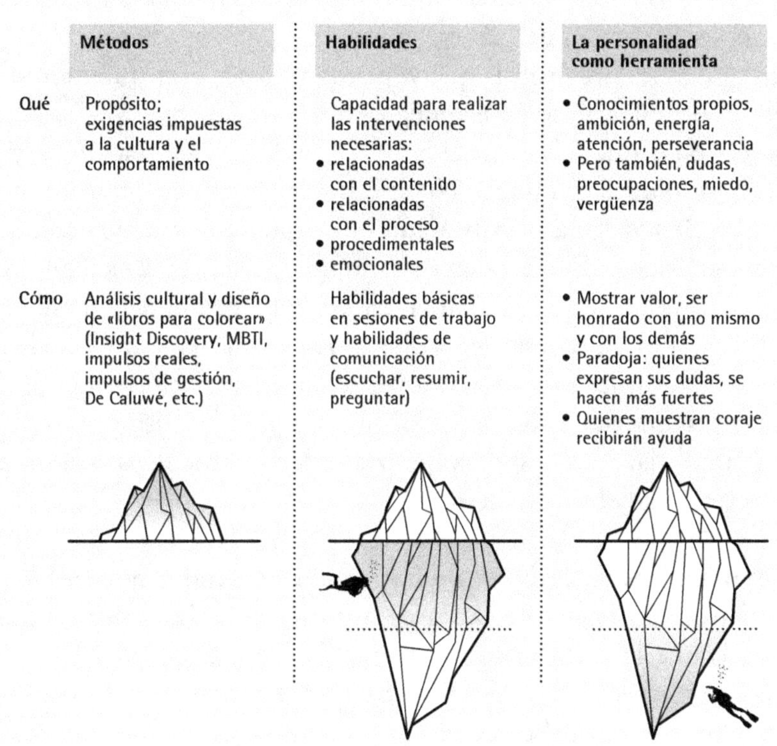

Figura 18. Cuanto más se profundiza, más personales se vuelven las habilidades blandas. Desde los métodos blandos hasta las aptitudes personales blandas.

Fuente: Turner, 2016.

nes correctas en el equipo de liderazgo requiere valor personal y habilidades de liderazgo muy desarrolladas (véanse las partes central y derecha de la figura 18, y las cualidades de liderazgo en el recurso 2 del apéndice.

No está de más concluir la fase estratégica que engloba este acelerador pasando el día fuera de las instalaciones. Un contexto diferente quizás ayude a marcar el paso del análisis estratégico y el trazado del rumbo a la movilización como equipo de liderazgo, centrado únicamente en los puntos expuestos en este apartado. Será un momento memorable.

4.3.2   Revise y enriquezca su estrategia
Amplíe la apropiación más allá del círculo íntimo mediante la revisión, la comunicación y la interacción. El marco estratégico lo establecen únicamente el consejo de administración y la dirección. Los pasos del bloque 1 y 2 los llevan a cabo las personas adecuadas de manera apropiada. No voy a perder el tiempo con esto; creo que es seguro asumir que ya nadie va a adoptar un enfoque demasiado prolijo de la planificación estratégica.

Una regla general es que solo entre el 5 y el 10 % de la organización participe en el establecimiento de la estrategia. No se quiere más que eso, porque, como sabemos por experiencia, una planificación estratégica totalmente ascendente conduce a la superficialidad. Se ha demostrado una y otra vez. Los líderes y los empleados de nivel inferior que participan en la planificación deben establecer una misión, una visión y una estrategia claras. Ese es su mandato e incluye la participación de una muestra representativa de la organización en la planificación: algunas personas de cada rango. El marco para la misión, la visión y la estrategia a largo plazo debe ser explícito y estar claramente definido, pero flexible para permitir su enriquecimiento.

Enriquecer el marco estratégico es una operación de todos a una. Una vez elaborado el marco estratégico, es hora de enriquecerlo. El enriquecimiento implica algo más que la mera comunicación. El marco debe revisarse, mejorarse, completarse y especificarse, pero *comunicación* es una palabra demasiado limitada para definir lo que debe ocurrir. Si la comunicación es unidireccional, como suele ser, se pierde una oportunidad al principio de la ejecución de la estrategia. El enriquecimiento no es una formalidad cuyos resultados se guardan en un cajón. Al contrario, es vital que te abras a todas las opiniones, porque esas opiniones valen su peso en oro. Hay que absorber todos los comentarios y las críticas constructivas como una esponja. Si no pueden aceptarse las críticas, no habrá éxito.

Acepte las opiniones. Cuando se trabaja con un grupo deliberadamente diverso para formular una nueva estrategia o un nuevo plan, puede ser difícil ponerlo «ahí fuera» para un grupo más amplio que aún no se ha comprometido, pero hágalo de todos modos.

Si no puede explicar la historia de la estrategia o el plan en términos sencillos, algo falla. Por lo tanto, hay que recibir cualquier comentario que pueda mejorar la historia. No hay nada que deje más huella que las críticas y los comentarios constructivos que nos salvan de un desastre en el último momento o mejoran radicalmente la calidad de una iniciativa. Es el mejor ejemplo de cómo funciona la sinergia humana.

Atrévase a descartar las críticas sin fundamento y los comentarios cuestionables. La opinión generalizada es que todas las críticas son buenas. Pero ese dogma impide mantener la cordura. Recuerde que cualquier comentario o crítica que reciba siempre incluirá alguna tontería derivada de la falta de experiencia. He conocido a directivos que insisten en incorporar todos y cada uno de los comentarios a su estrategia. Esta tiranía del *feedback* les priva de su capacidad para pensar con claridad y acaban incluyendo también lo negativo en su estrategia.

El *feedback* de aquellos cuyos motivos cuestionas puede paralizarte. Su actitud y su tono arrogante, cínico o narcisista pueden ser tan desagradables que quizá se llegue a pensar: «Con amigos así, ¿quién necesita enemigos?». Sin embargo, esto no significa que nunca tengan un punto válido.

El marco estratégico delimita y canaliza la creatividad y las ideas. Pero las ideas también brotan fuera de ese marco. No dude en incluirlas, porque puede encontrar oro fuera con la misma facilidad que dentro. El pensador en gestión Verne Harnish afirma que el poder de las ideas es crucial para impulsar la ejecución de la estrategia del mañana y, por tanto, para la supervivencia y el crecimiento.[122] Las organizaciones que aprovechan el mayor número de ideas del mayor número de personas ganan. Para ello, rodéase de gente más inteligente que usted. Y no sea «el único genio con mil ayudantes», como Jim Collins llama a los líderes que no se rodean de otros más inteligentes.[123] Debe confiar en que las personas encargadas del proceso de enriquecimiento, que preparan, facilitan e informan, tienen suficiente experiencia y las aptitudes adecuadas.

Por cierto, la era digital es un buen momento para enriquecer la misión, la visión y la estrategia. Hay un sinfín de medios sociales y tecnológicos maravillosos y probados para implicar de forma creativa, eficaz y eficiente a toda la organización en el enriquecimiento del marco estratégico. Como dije al principio de este apartado, no debería implicar a toda la organización en la elaboración de una estrategia desde cero, porque eso conduciría a la superficialidad. Pero una vez que tenga un marco, querrá que el mayor número posible de personas lo revisen y enriquezcan.

Vale la pena aplicar sistemáticamente los pasos que conducen al enriquecimiento: comunicación, revisión, complementación y especificación. Seleccione un formato adecuado para cada paso y grupo destinatario. Es inteligente diferenciar; puede que quiera comunicar la estrategia a todo el mundo al mismo tiempo (difusión), pero seguir esto con interacciones diferenciadas por grupo objetivo (difusión selectiva). Por ejemplo, como los mandos intermedios suelen desempeñar un papel clave en muchas iniciativas de ejecución de la estrategia, merece la pena organizar una serie de carruseles de revisión a medida para los mandos intermedios y hacer todo lo posible por obtener e incorporar sus aportaciones a la estrategia. Otro ejemplo de diferenciación adecuada es el siguiente: en el próximo plan estratégico, algunos departamentos se verán mucho más afectados que otros y tendrán que digerir más cambios que otros. Tendrá que ajustar la naturaleza y la intensidad de sus actividades de enriquecimiento en consecuencia (véase la figura 19). Así es como dará voz a su organización.

Busque y cree una sensación de urgencia y entusiasmo. No espere a que todo el mundo lo experimente exactamente igual. Antiguamente se debatía cuál sería el mejor motor: un sentimiento compartido de urgencia por cambiar o de entusiasmo ante las nuevas oportunidades. No perdamos más tiempo con esto. Esa sensación de urgencia es parte integrante de la nueva normalidad. Los objetivos sin urgencia son quimeras y el entusiasmo es una condición necesaria en todo momento. No se trata de una cosa o de la otra, sino de ambas. Las organizaciones que pueden funcionar solo con entusiasmo son realmente raras.

Es bueno discutir con el equipo directivo cuál es la situación en términos de urgencia y entusiasmo a la hora de preparar la historia. Entre los síntomas de un bajo sentido de la urgencia se encuentran la insistencia en permanecer

Formato y recursos Notas: separados de los recursos ordinarios en producción y recursos humanos	Difusión semidirigida, más o menos diferenciada	Difusión selectiva dirigida, finamente diferenciado	¿Tráfico bidireccional?	¿Opciones en línea además de la interacción en directo?	Acelerador			
					1	2	3	4
1 Narración de historias	●		✗	✓	●			
2 Mesa redonda sobre la experiencia del cliente		●	✓	✓	●	●		
3 Sesiones de desafío y diálogo		●	✓	✓	●	●		
4 Carta de credenciales	●		✗	✗	●	●		
5 Manifiesto personal		●	✗	✗		●	●	
6 Preguntas y respuestas	●	●	✗	✓			●	
7 Historias de embajadores	●	●	✓	✓			●	
8 Foro de experiencias		●	✓	✓			●	
9 Maestro-aprendiz		●	✓	✗			●	
10 Menú de *coaching*		●	✓	✗				●
11 Carruseles de ejecución y revisión por pares		●	✓	✓				●
12 Iconos y símbolos	●		✗	✓				●
13 Celebraciones o incentivos		●	✓	✗				●
14 Intervención individual		●	✓	✗			●	
15 Aprendizaje basado en la acción	●	●	✓	✓				●

Figura 19. Enriquecer la estrategia y fomentar el sentido de pertenencia. Adapte el formato y la tecnología a su objetivo y grupo destinatario.

Fuente: Turner, 2016.

en la zona de confort, la exageración de los logros pasados, la irritación de los clientes y el talento, el conformismo con la mediocridad, los rodeos, la gestión distante, la minimización de los problemas y las reuniones sin acción.[124]

Una vez más, se necesita tanto urgencia como entusiasmo. Cuidado con el mito de que solo se puede atraer a la gente creando entusiasmo. Es una simple cuestión de psicología: la gente tiende más a evitar la pérdida que a hacer realidad un sueño. Por eso es bueno tener una buena dosis de urgencia.

4.3.3　Cuente su historia

Al comunicar su estrategia, tiene que atraer e informar a la vez. Lo más probable es que su estrategia, perfectamente definida y enriquecida, sea sosa y aburrida. A pesar de todo el bombo y platillo que se ha dado a la narración de historias, la mayoría de las empresas siguen sin tener ni idea de cómo vender su misión, visión y estrategia a su propia organización y más allá. Es increíble lo mal preparadas que están algunas grandes empresas y comités ejecutivos para dirigirse a los grandes ayuntamientos. Repasan a tientas demasiadas diapositivas de PowerPoint, ignorando sin remedio la regla de los tres minutos por hoja. Su proyección de 20 hojas por 30 minutos garantiza que se pasen 30 minutos del tiempo previsto. Así de sencillo. Y eso sin hablar de la otra regla empírica: que una cuarta parte del tiempo disponible debe reservarse a preguntas y debate.

Una buena historia estratégica no aparece por arte de magia. Hay que quitar el velo de misticismo que rodea a la narración. Convertir una estrategia en una historia atractiva requiere una secuencia de pasos. Es cierto que algunas cosas no pueden planificarse, como el momento de inspiración de algún líder sobre la mejor clavija, metáfora o ejemplo que se le ocurre mientras hace deporte el sábado por la mañana. Pero no se puede prescindir de un enfoque sistemático. La figura 20 enumera los principales imperativos y puntos de control de la narración. «Esto también es un trabajo duro», dice un alto directivo. «Recuerda que todo depende de la percepción, no de lo que digas en realidad.»

No olvide los hechos. ¿Quién ha dicho que una historia tiene que ser un cuento de hadas y no puede contener datos o cifras concretos? Yo noto más escasez que superávit de cifras. Abra una presentación de PowerPoint cualquiera y verá principalmente afirmaciones cualitativas en interminables listas con viñetas (a menudo sin números, otro pecado mortal). O solo imágenes, porque todo el mundo sabe que una imagen vale más que mil palabras. Pero los hechos brillan por su ausencia.

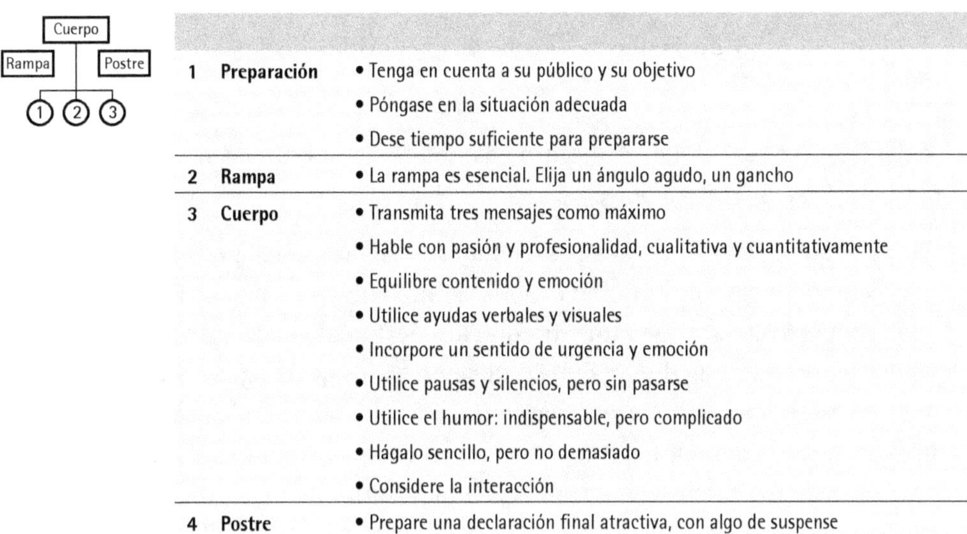

1	**Preparación**	• Tenga en cuenta a su público y su objetivo
		• Póngase en la situación adecuada
		• Dese tiempo suficiente para prepararse
2	**Rampa**	• La rampa es esencial. Elija un ángulo agudo, un gancho
3	**Cuerpo**	• Transmita tres mensajes como máximo
		• Hable con pasión y profesionalidad, cualitativa y cuantitativamente
		• Equilibre contenido y emoción
		• Utilice ayudas verbales y visuales
		• Incorpore un sentido de urgencia y emoción
		• Utilice pausas y silencios, pero sin pasarse
		• Utilice el humor: indispensable, pero complicado
		• Hágalo sencillo, pero no demasiado
		• Considere la interacción
4	**Postre**	• Prepare una declaración final atractiva, con algo de suspense

Figura 20. Imperativos y puntos de control de la narración.

Fuente: Peter Meyers, Stand & Deliver Group / Turner, 2016.

Una buena historia perderá su objetivo si no se entrega bien. Peter Meyers, una autoridad en comunicación estratégica, afirma que el cuerpo de una historia no debe contener más de tres mensajes.[125] En *As we speak* también explica que el contenido y la entrega son solo dos de los tres factores importantes que determinan el éxito de su historia. El tercero es el estado mental de la persona que cuenta la historia. En una situación en la que hay mucho en juego, el orador debe dar lo mejor de sí mismo para transmitir el mensaje. De lo contrario, podría perderse. Y, sin embargo, este factor crucial, el estado del comunicador, suele descuidarse.

Asegúrese de que la plantilla pueda encontrar suficiente inspiración en los objetivos que establece su historia. Científicos sociales como Danah Zohar han descubierto que los directivos y los empleados buscan el impacto en cinco lugares: la sociedad, la organización, la clientela, los compañeros de trabajo y ellos mismos.[126] Los líderes tienden a hacer hincapié en el impacto en la organización y los clientes, descuidando el 60 % del potencial motivador de una historia. ¡Qué lástima! Esto también implica que tiene mucho sentido cocrear la historia corporativa con los compañeros.

Aplicación con éxito del bloque 3 (apelación)

Estudio de caso. Unilever integró sus empresas operativas autónomas en una empresa operativa por país.

Gran avance. Esta integración tuvo lugar hace diez años, pero sigue citándose como un caso de éxito en la administración de empresas. Una preparación meticulosa garantizó una integración perfecta y excelentes resultados. En los Países Bajos dio lugar a una reducción de los gastos generales (< 8,7 % de los beneficios); más autonomía (reducción del 50 % de los altos cargos); mayor alcance del control (10-12); una estructura simplificada (reducción del 15 % de los niveles de gestión); una plataforma para el crecimiento y la sostenibilidad, y ninguna rotación indeseable de clientes y talentos (el problema n.º 1 en las fusiones e integraciones).

Impacto. El verdadero avance estuvo en el cuidadoso equilibrio entre objetivos duros y blandos. El lanzamiento del primer día, con un atractivo vídeo basado en la canción *One* de U2, consistió en una historia sólida como una roca que «te entusiasmaba con el futuro», como dijo un empleado. Realmente atrajo a la gente. Pero un vídeo atractivo no basta. Fue una cascada de debates en equipo sobre las oportunidades y responsabilidades en esta nueva situación lo que dio vida a la integración. Prácticamente toda la plantilla vio las oportunidades.

4.4   Bloque 4: activación

El bloque 4 (activación) tiene por objetivo fomentar la apropiación real de la iniciativa. Los directivos desempeñan un papel clave en este sentido. Todos los altos directivos deben leer el mismo guion. Asegúrese de que todos los asignados y actores clave asumen de buen grado la propiedad. Sin compromiso, lo mejor es tirar la toalla. Este bloque se centra en la naturaleza de la verdadera apropiación, la formación de la coalición de ejecución y la evaluación de la capacidad de ejecución blanda.

4.4.1   Formar un equipo de liderazgo basado en esos objetivos

La ejecución de una estrategia consiste en cumplir con ciertos objetivos.
La apropiación –o responsabilidad, compromiso, implicación– es un medio
para alcanzar este fin. Algunas teorías de gestión del cambio sostienen que
el compromiso de las personas con su organización es el objetivo final y que el
rendimiento y los resultados se obtienen a partir de ahí. Esta idea se formula a
menudo con tanta habilidad que no se puede estar en desacuerdo. En efecto, un
enorme grado de compromiso conduce a resultados significativamente mejores
para todas las partes interesadas, pero el compromiso solo tiene un impacto real
en las organizaciones que se toman en serio su propia visión, misión y objetivos estratégicos resultantes. En este debate del huevo y la gallina, los objetivos
estratégicos son anteriores al compromiso.

4.4.2   Distinguir entre apropiación de la ejecución y de los beneficios

**Existen dos tipos principales de apropiación y varias funciones que las
personas deben asumir.** Se trata de una distinción elemental y la cadena que
conecta a ambos debe ser lo suficientemente fuerte para que la ejecución de
la estrategia funcione. Permítanme explicar primero los tipos de apropiación.
El primero es la apropiación de la ejecución de una iniciativa, y el segundo se
refiere a la apropiación de los beneficios previstos de la iniciativa. Los actores
que desempeñan los papeles clave en las fases de análisis, diseño y ejecución
son los responsables de la ejecución. Y aquellos clave en la obtención de los
beneficios de los objetivos estratégicos alcanzados «poseen» los beneficios y
son responsables de ellos. Cualquier actor puede desempeñar un papel clave,
o ambos, en cualquier fase del proceso de ejecución. Por eso la distinción es
pertinente.

Pondré un ejemplo. Alguien puede ser responsable de la ejecución de nuevos
procedimientos y sistemas de ventas sin ganar ni un solo cliente nuevo. También es necesario beneficiar explícitamente a los propietarios cuyo instinto sea:
«Todos esos nuevos procedimientos y sistemas son maravillosos, pero ¿cómo
van a ayudarme a atraer más clientes?».

Un actor que desempeñe un papel clave en la ejecución de la estrategia
puede tener que asumir la propiedad de los beneficios, simplemente porque
es responsable de los servicios o procesos a los que se refiere la ejecución. La
misma persona puede o no desempeñar un papel clave en las fases de análisis,
diseño e implementación de la ejecución. Un actor de este tipo podría ser, por
ejemplo, la persona responsable de ventas que no participó en el análisis inicial

de un proyecto destinado a mejorar la eficacia de las ventas, pero que ahora tiene que utilizar los nuevos procesos empresariales para obtener resultados y cumplir los objetivos.

4.4.3 Lanzamiento de la coalición de ejecución

La coalición de ejecución es un concepto innovador y muy importante en este libro. Como revela la figura 21, consta de cinco funciones clave que son coherentes en todos los aceleradores. Nuestra investigación identificó la necesidad de cada uno de estos roles interdependientes. Son necesarios para definir y asignar claramente la ejecución y la propiedad de los beneficios. La coalición de ejecución instituye dos principios importantes.

En primer lugar, establece la distinción necesaria entre las personas que idean soluciones (funciones 1 a 4) y las que materializan los beneficios (función 5). Esta distinción y su importancia rara vez se reconocen. De hecho, la apropiación de los beneficios (función 5), que es con mucho el más importante de ellos, suele tratarse como una quinta rueda.

En segundo lugar, estas cinco funciones son fundamentales para la alineación, un elemento importante de la lista de factores de éxito analizada en el capítulo 2. El poder de la coalición de ejecución radica en que la alineación garantiza las mejores probabilidades de éxito, y con esto me refiero a la alineación entre dirigir la empresa y cambiar la empresa, así como a la alineación transversal y vertical. La coalición de ejecución es una herramienta poderosa porque le libera de su dependencia de actores accidentales y de su estado de alerta o voluntad de alinearse. La división de funciones en la coalición convierte la alineación en una rutina diaria, un punto fijo del orden del día. Y esta rutina aumenta sus posibilidades de éxito.

La coalición señala un cambio fundamental. Es mucho más que la gestión de proyectos de ejecución de estrategias. Es el motor del cambio que impulsa todas las iniciativas. Presta atención sistemática al liderazgo del cambio aportado por el patrocinador o patrocinadores y el líder de ejecución, y a la gestión del cambio aportada por el líder de ejecución, los implicados en la ejecución y los propietarios de los beneficios.

Esto puede sonar un poco aburrido, pero nada más lejos de la realidad. La coalición de ejecución es un verdadero «motor de rendimiento», como lo llamó un profesional. No por su poder formal, sino porque es una coalición *a priori* que conecta la sala de juntas con la de mensajería y porque su composición multidisciplinaria institucionaliza la alineación.

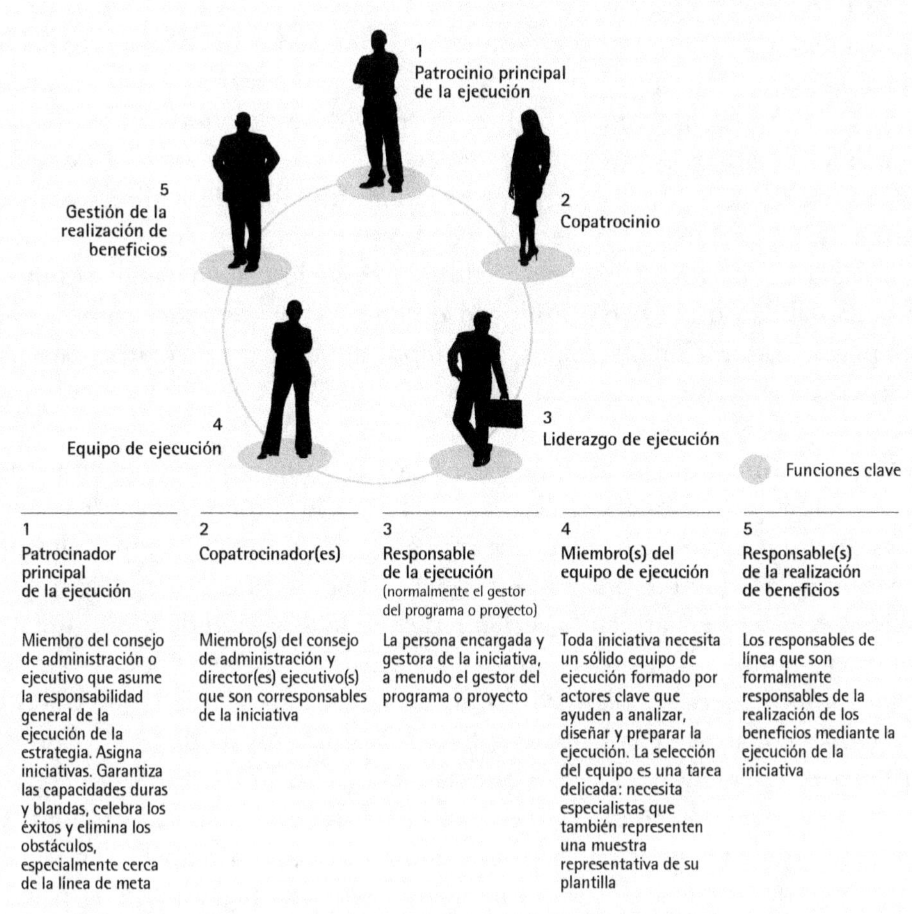

1	2	3	4	5
Patrocinador principal de la ejecución	Copatrocinador(es)	Responsable de la ejecución (normalmente el gestor del programa o proyecto)	Miembro(s) del equipo de ejecución	Responsable(s) de la realización de beneficios
Miembro del consejo de administración o ejecutivo que asume la responsabilidad general de la ejecución de la estrategia. Asigna iniciativas. Garantiza las capacidades duras y blandas, celebra los éxitos y elimina los obstáculos, especialmente cerca de la línea de meta	Miembro(s) del consejo de administración y director(es) ejecutivo(s) que son corresponsables de la iniciativa	La persona encargada y gestora de la iniciativa, a menudo el gestor del programa o proyecto	Toda iniciativa necesita un sólido equipo de ejecución formado por actores clave que ayuden a analizar, diseñar y preparar la ejecución. La selección del equipo es una tarea delicada: necesita especialistas que también representen una muestra representativa de su plantilla	Los responsables de línea que son formalmente responsables de la realización de los beneficios mediante la ejecución de la iniciativa

Figura 21. La coalición de ejecución: cinco funciones para definir y asignar claramente la propiedad de la ejecución y los beneficios.

Fuente: Turner, 2016.

1 Patrocinio principal de la ejecución. Lo lleva el miembro del consejo de administración o el director ejecutivo con responsabilidad general. Garantiza las capacidades duras y blandas, celebra los éxitos y elimina los obstáculos, especialmente cerca de la línea de meta. Todos los miembros del equipo directivo –por lo general, el consejo de administración o el equipo de gestión ejecutiva de una división o unidad de negocio– son patrocinadores principales de la ejecución de una o varias iniciativas estratégicas.

Los líderes empresariales no solo deben aceptar el cambio, sino liderarlo activamente. Y no solo una vez, sino todo el día, todos los días y a todos los niveles. Desempeñan un papel clave a la hora de garantizar que el conjunto de iniciativas esté en consonancia con la estrategia. Alinean periódicamente la cartera con los objetivos estratégicos generales. Mantienen una estrecha conexión con los actores clave de los distintos programas. Como altos directivos, son constantes importantes en la ejecución de la estrategia.

El papel del patrocinador principal de la ejecución tiende a subestimarse. No es casualidad que existan multitud de libros y cursos sobre cómo ser un buen patrocinador. Como veremos, su comportamiento puede marcar una gran diferencia en cualquiera de los cuatro aceleradores.[127]

2 Copatrocinio. Son miembros del consejo de administración y de la dirección ejecutiva corresponsables de la iniciativa. De hecho, el amplio alcance de una iniciativa suele significar que repercute en varios departamentos y responsabilidades. Tomemos como ejemplo un proyecto de eficacia de ventas. Aunque la responsabilidad general y el patrocinio suelen recaer en la dirección de ventas (CCO), el proyecto también dependerá en gran medida de las operaciones y también tendrá implicaciones en ellas. Por lo tanto, tiene sentido que la dirección de operaciones copatrocine la iniciativa. Esta es la única forma de crear el tipo de «coaliciones orientadoras fuertes» que defiende John Kotter en *Leading change*.[128] Las responsabilidades de los copatrocinadores están tan entrelazadas con la iniciativa que bien podrían haber sido el patrocinador principal. Ni que decir tiene que todo el consejo de administración respalda plenamente el plan de negocio y las iniciativas que describe. Los miembros del consejo que esperan a expresar sus dudas sobre una iniciativa hasta la mitad del proceso de ejecución, o la debilitan por completo afirmando lo contrario del objetivo de la iniciativa, no merecen su sueldo.

3 Liderazgo de la ejecución (normalmente el director de programa o de proyecto). Es la persona encargada y gestor de la iniciativa, a menudo en la dirección de programa o de proyecto. El responsable de la ejecución es el primero que pierde el sueño o celebra el progreso de la iniciativa. Es el eje de la iniciativa y hace todo lo necesario para que sea un éxito.

4 Equipo de ejecución. Debe tenerse en cuenta que toda iniciativa necesita varios actores que ayuden a analizar, diseñar y preparar la aplicación de la estrategia. La selección de este equipo es una tarea delicada; necesita especialistas que también representen una muestra representativa de su plantilla. Sus criterios son tanto cualitativos como cuantitativos. Hay una cantidad de trabajo claramente definible, que requiere un número determinado de horas y, desde el punto de vista cualitativo, necesita personas con las capacidades y conocimientos especializados adecuados. Pero también es lógico incluir a todas las unidades de negocio en las que repercutirá la iniciativa. De ahí que los criterios blandos también sean consideraciones clave en el proceso de selección. Puede que sea prudente incluir a algunas de las personas más competitivas. La innovación requiere actores clave con un enfoque orientado hacia el exterior y una capacidad de acción orientada hacia el interior.

5   Gestión de la obtención de beneficios. Los responsables se ocupan de todo cuanto se deriva de la ejecución de la iniciativa. Volvamos a mi ejemplo anterior del director de ventas que no participó en el análisis inicial de un proyecto destinado a mejorar la eficacia de las ventas, pero que ahora tiene que utilizar los nuevos procesos empresariales para obtener resultados y cumplir los objetivos. Otros propietarios de beneficios serían las personas responsables de parte de los resultados de la ejecución bajo el ala del director de ventas. Por ejemplo, podrían ser responsables de una mayor conversión en un subsegmento concreto. A este nivel, podría tratarse de una docena de jefes de equipo, que a su vez tienen su propio equipo de una docena de personas.

Estas cinco funciones son universales en cualquier tipo de ejecución de estrategias y en cualquier tipo de proceso de cambio. En la era de la agilidad y Scrum, se utilizan muchos nombres y definiciones diferentes, como propietario del producto, máster Scrum, *coach* Agile, miembro de la tribu y miembro del capítulo, pero mi lista es diferente. Mis cinco papeles son universales. Son indispensables en cualquier tipo de ejecución. Trabajar con menos de cinco crea la apariencia de simplicidad, pero en realidad confunde las cosas. Trabajar con más de cinco provoca complejidad e inflexibilidad. En el recurso 11 del apéndice se ofrece una visión general de los roles en métodos de innovación populares como Agile y Scrum y los roles universales de la coalición ejecutiva.

¿Que suena jerárquico? No voy a malgastar ni un segundo en polémicas sobre la cuestión de si la definición de estos papales clave obedece a un pensamiento jerárquico de la vieja escuela. Es muy sencillo: en la nueva normalidad, se aprovechan las cualidades individuales de los profesionales y se les ofrece la máxima autonomía y libertad. Como la mayoría de las iniciativas en la ejecución de la estrategia implican cuestiones radicales, innovadoras, multidisciplinarias y complicadas, hay que amalgamar los resultados de los profesionales para lograr los beneficios globales. Para garantizar la máxima libertad individual, es útil trabajar con funciones estandarizadas. Es propicio para crear flexibilidad y tiempo para la interacción humana porque no hay necesidad de perder el tiempo definiendo los roles necesarios por el camino.

La propiedad real y psicológica significa mucho más que la propiedad formal. Responsabilidad equivale a propiedad formal y rendición de cuentas basada en la descripción de funciones y tareas. Esto se determina a menudo con la ayuda de tablas RRA o RACI.[129] La propiedad psicológica es su contrapartida «blanda», pero tiene que venir de muy dentro. ¿Sabe cada uno de qué es responsable? ¿Lo han buscado activamente y lo han asumido? ¿Están plenamente comprometidos desde el punto de vista psicológico? La cuestión clave es si alguien quiere asumir la propiedad y la responsabilidad, no si tiene que hacerlo.

4.4.4   Coalición para la ejecución: sentar las bases de la apropiación de la ejecución y los beneficios

En esencia, lo que desea es crear un sentido de propiedad para cada iniciativa estratégica de su cartera. Por eso, en cada acelerador, se le pide que reconsidere cómo ha cubierto las funciones clave y cuáles deberían ser las prioridades.

Fomentar la apropiación de la ejecución y los beneficios requiere un enfoque sistemático. La apropiación no aparece de la nada. La figura 22 muestra los tipos de apropiación y los roles en el acelerador 1.

La coalición de ejecución dirige e implementa la ejecución. Tomar la iniciativa, también conocido como liderazgo del cambio, requiere que los líderes analicen y refuercen personalmente las capacidades necesarias, y transmitan y enriquezcan la estrategia dura y su contrapartida blanda (narración de historias). El verdadero enriquecimiento solo se produce mediante la interacción real con las personas, descubriendo y debatiendo sus motivos, mentalidades y pautas personales. Esto ayuda a forjar y estructurar la cartera de ejecución.

Nuestras investigaciones han demostrado que las organizaciones de éxito eligen sistemáticamente iniciativas estratégicas, equilibran su cartera y definen cada iniciativa de principio a fin en términos de mandato, alcance, método, planificación, etc. Esto puede parecer un trabajo pesado, y en gran medida lo es, pero como ha demostrado nuestra investigación, un enfoque sistemático es más eficaz que reforzar los sistemas de gestión de riesgos.

El punto fuerte de la coalición para la ejecución es que incorpora una estructura de alineación entre la gestión de la empresa y el cambio en la empresa, así como entre disciplinas y cadenas. Esto le proporciona las mayores probabilidades de éxito. En el acelerador 1, la alineación tiene que ver con la puntualidad a la hora de implicar a los grupos objetivo supervisores y externos, como el consejo de supervisión.

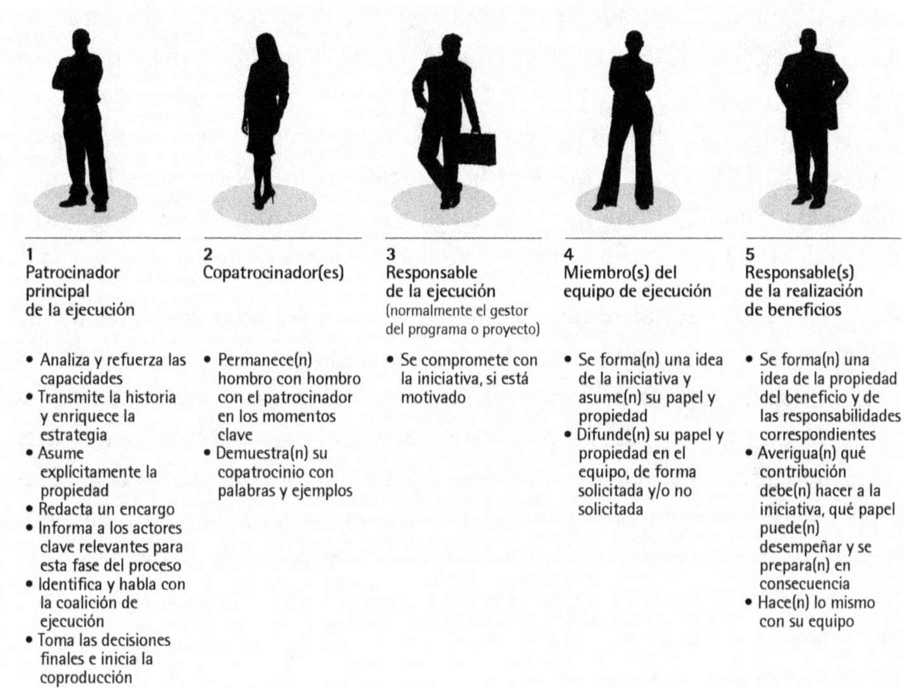

Figura 22. La coalición de ejecución: apropiación de la ejecución y los beneficios en el acelerador 1.

Fuente: Turner, 2016.

4.4.5 Evaluar las capacidades blandas de ejecución y cambio

En la primera mitad de este capítulo hablé de por qué es importante hacer un balance de las competencias y capacidades de su organización; necesita conocer sus capacidades básicas y evaluar cuáles deben reforzarse. La herramienta

---

Aplicación con éxito del bloque 4 (activación)

Estudio de caso. FrieslandCampina: creación de equipos y planificación simultáneas, con una profundidad increíble.

Gran avance. Este bloque se utilizó para activar a los setenta mejores empleados de Royal FrieslandCampina. Enfrentarse juntos a tiempos difíciles crea un equipo fuerte. Antes de iniciar la ejecución de un programa estratégico plurianual, la alta dirección de FrieslandCampina decidió invertir primero en su gente. «Quien viaja en autobús es tan importante como el lugar a donde va.» Existe una clara correlación entre el equipo de ejecución y los objetivos estratégicos de la organización. La alta dirección inició un programa intensivo para llevar el liderazgo de la empresa a un nivel superior y formular una visión común. El programa no solo tenía en cuenta a quienes iban «en el autobús», sino también su estilo de colaboración y su desarrollo personal.

Impacto. Tener un punto de partida y una línea de meta comunes ayuda a trazar el mejor camino. Basándose en métodos de desarrollo personal y profesional, las setenta personas más destacadas realizaron viajes fuera de la empresa, en los Países Bajos y en el extranjero, para conectarse, plantearse retos, descubrir y formarse a sí mismos y a los demás, individual y colectivamente. Estas experiencias compartidas tuvieron un papel fundamental en la formulación de la estrategia de la empresa. El vínculo que forjaron eliminó todo tipo de resistencia potencial (basada en el papel y el estatus). Convirtió el establecimiento de la estrategia en algo más que un mero ejercicio cognitivo de un grupo de personas inteligentes y lo convirtió en una experiencia compartida. Todos los *Top70* se sintieron personalmente implicados. Esto ayudó a consolidar la estrategia, animó a los setenta primeros a llevarla a cabo con autenticidad y, por tanto, promovió su ejecución.

SECA.NU es una forma rápida y cómoda de hacerlo. La misma herramienta puede utilizarse también para analizar las capacidades blandas de su organización.

Este análisis es crucial, porque las capacidades blandas hacen o deshacen su habilidad para alcanzar sus objetivos, como aprendimos del factor de éxito 2. Las organizaciones con fuertes capacidades blandas tienen 2,2 veces más probabilidades de obtener mejores resultados que la media.[130]

Las habilidades blandas incluyen la cultura organizativa, la conducta y los estilos de liderazgo y colaboración. Estas capacidades desempeñan un papel tanto en el funcionamiento de la empresa como en la transformación del modelo de negocio existente. En contra de la creencia popular, las capacidades blandas son eminentemente cuantificables. El análisis de las variables blandas que determinan la eficacia de la ejecución de la estrategia de una organización no solo es posible, sino necesario. Es un paso crucial y un requisito previo para delinear el alcance de la misión, la visión y la estrategia de la organización. Realmente merece la pena discutir los resultados de su análisis SECA en una de las sesiones de análisis estratégico y trazado del rumbo que dedique a alinear sus ambiciones y capacidades estratégicas.

Consejos útiles para un liderazgo de éxito

Cada capítulo concluye con varias ideas prácticas y probadas que han ayudado a líderes y profesionales a marcar la diferencia en situaciones del mundo real. También puede utilizarlas como mini casos prácticos y puntos de aprendizaje.

1. **Sesiones formales e informales.** Un alto directivo de servicios financieros que quería renovar sus actuales modelos de ingresos y de negocio, y además innovar, se dio cuenta de que cada vez que intentaba no se sacaba nada en claro. Su solución fue separar las actividades y abordar las estrategias de renovación en reuniones formales, y la innovación en otras más distendidas.

2. **Revisión de objetivos.** Un director de desarrollo se sintió tan frustrado al ver que no dejaban de aumentar los proyectos que excedían las capacidades de cambio de la organización que decidió poner orden: cada seis meses se haría una revisión y una purga de esos proyectos.

3. **Brevedad.** Un alto directivo que cree en el poder de la simplicidad ha convertido este concepto en un arte. Exige que todas las medidas estratégicas y todos los proyectos de la cartera se describan en una sola página en un lenguaje nítido y conciso. ¿Quiere hacer lo mismo? Eche mano de

la hoja informativa del acelerador 2, en el recurso 10 accesible a través del código QR del apéndice.

4. **Minimalismo en la planificación empresarial.** Un alto directivo me dijo que da prioridad a la concisión en todos los sentidos, tanto en términos de tiempo como de delgadez de los planes sobre el papel.

5. **Contar historias.** Un líder al que entrevisté es conocido por su libreta negra. La usa para anotar los detalles cada vez que se le presenta una «historia», ya sea de un cliente, un empleado o un supervisor; no importa de quién. Y lo hace de manera sistemática.

6. **Asumir la carga.** El presidente de una junta directiva de una universidad neerlandesa amonestó a sus compañeros para que se tomaran más en serio el patrocinio de proyectos y programas. Le parecía que muchos los patrocinaban solo de nombre.

Todas estas ideas exigen implicarse a fondo. Y eso requiere mucho tiempo. En gran medida, la eficacia de una estrategia depende del tiempo que exija. Vale la pena pensar un poco en cómo aprovecharlo mejor.

5

Acelerador 2: iniciar

No ahogar la imaginación / Análisis de sensibilidad 13c / El agua moja / 1.016 soldados / A caballo entre dos aguas / Radio Moscú

¿Cuándo entra en juego este acelerador?
Este acelerador describe cómo determinar el contenido de cada iniciativa estratégica que haya escogido, cómo elegir su enfoque y cómo ejecutar cada iniciativa. Como se verá, su aplicación es muy distinta a la que requiere el acelerador 1, que describe la estrategia general de toda la empresa. A partir de este punto, todos los aceleradores se centran en lo que se necesita para ejecutar con éxito cada iniciativa estratégica que se decida adoptar. Hemos llegado al punto en el que comienza la ejecución propiamente dicha.

Asignación máxima recomendada de tiempo y recursos para este acelerador
Plazo de tiempo: una media de cinco semanas para cada iniciativa estratégica.

Como puede verse, se trata de un plazo muy breve. Sin embargo, siempre habrá directivos y profesionales que quieran acortarlo aún más. No caiga en esa trampa. Tenga en cuenta que conviene proceder con cautela. Hay que ir despacio para ir rápido. En cualquier caso, tanto su análisis como su diseño tendrán que ser minuciosos si quiere conseguir acelerar durante la ejecución.

Bloques duros del acelerador 2: obligaciones y destrezas
Todos los aceleradores constan de dos bloques duros y dos blandos. Los dos primeros bloques, obligaciones y destrezas, son duros. El **bloque 5 (obligaciones)** se centra en los elementos básicos que requiere cada iniciativa: un mandato claro, un sentido de entusiasmo y urgencia, una respuesta al pequeño porqué, un caso de negocio y un análisis orientado a hipótesis. El **bloque 6 (destrezas)** es la columna vertebral de cualquier iniciativa. El producto mínimo viable (PMV) que desarrolle debe basarse en al menos un avance innovador.

5.1   Bloque 5: obligaciones

Este bloque trata de los elementos básicos que requiere toda iniciativa, a saber, una asignación clara, un sentimiento de entusiasmo y urgencia, una respuesta al pequeño porqué, un caso de negocio y un análisis basado en hipótesis. En esta ocasión, exploraremos el pequeño porqué, las preguntas estratégicas pendientes, el problema principal y la mejor manera de elegir un enfoque adecuado y una experiencia a medida.

5.1.1   Responder al pequeño porqué y a las preguntas pendientes
Del gran porqué al pequeño porqué. En mi descripción del acelerador 1 (elegir) sostuve que una buena estrategia define un gran porqué claro y atractivo. ¿Por qué su visión, su misión y su estrategia están expresadas como lo están? ¿Por qué debería, como profesional, sentirse motivado a pasar por un infierno para conseguirlo? La respuesta a esta pregunta está en lo que se hace en el acelerador 2 (iniciar). Tan solo hay que desglosar el gran porqué y, para cada iniciativa, definir el pequeño porqué de una manera tan sencilla que hasta un niño entendería cómo contribuye al gran porqué. Pero el pequeño porqué no debe confundirse con pensar en pequeño.

Imagine que su empresa está preparando una iniciativa, en este caso, una adquisición. Entonces el pequeño porqué debería responder a la pregunta de cómo la adquisición ayudará a la empresa a alcanzar el gran porqué. Podría ser algo así: «Esta adquisición nos permitirá acelerar la renovación a la que aspiramos. La empresa que adquirimos tiene una cuota significativa y creciente de nuestro mercado objetivo y cuenta con derechos de propiedad intelectual que sentarán las bases de una innovación continua».

Toda iniciativa tiene preguntas estratégicas pendientes. Una vez que el gran porqué se ha traducido en el pequeño porqué, hay otro paso importante: identificar y responder a esas preguntas pendientes. Incluso las mejores estrategias dejan algunas preguntas subyacentes sin respuesta, pero en este punto, debe encontrar una respuesta a las mismas. Supongamos que la iniciativa que está poniendo en marcha en el acelerador 2 es un programa de excelencia operativa. En el acelerador 1, este programa fue calificado como una iniciativa crucial en la cartera de este año. Sin embargo, esa estrategia se estableció hace 18 meses y el plan anual actual solo mencionaba que el programa de excelencia operativa tenía que empezar este año. En una situación como esta, probablemente habrá muchas preguntas pendientes al inicio de la iniciativa. Hay que abordarlas antes de organizar una gran puesta en marcha y empezar a hacer los análisis. Ejemplos de estas preguntas pendientes son: ¿cuál es el resultado deseado de este programa de excelencia operativa?, ¿qué eslabones de la cadena de valor debemos abordar en primer lugar?, ¿en qué divisiones y unidades de negocio queremos empezar?

Seguimos con Kaplan y Norton. El trabajo de Kaplan y Norton sentó las bases de esta parte: traducir sus grandes objetivos estratégicos en objetivos para cada iniciativa individual.[131] Para aplicar esto, sigamos con nuestro ejemplo de un programa de excelencia operativa. Podríamos decidir que se trata de una batalla que hay que ganar. Tiene que proporcionar un 10 % más de eficiencia, un 7,5 % más de productividad y un 5 % más de satisfacción del cliente. Al fin y al cabo, unos procesos empresariales mejores generan una mayor fiabilidad, lo que deja más tiempo para dedicarse a ofrecer un mejor servicio.

5.1.2 Identificar la cuestión principal

Los objetivos indican cuál es la cuestión dominante. Si son objetivos de primera línea, como aumentar la cuota de mercado, los ingresos por persona y la satisfacción del cliente, la cuestión dominante es cómo mejorar y renovar los procesos estratégicos, tácticos y operativos que impulsan estos objetivos. Si su objetivo principal es aumentar su cuota de mercado, probablemente querrá hacer algo con respecto a su estrategia de ventas y su segmentación de clientela, su servicio antes y después de las ventas y su entrega. También querrá examinar detenidamente el tipo de comportamiento adecuado para estas estrategias y procesos, su estructura de gestión y todas las descripciones de los puestos de trabajo de su equipo de ventas y del de apoyo. Así pues, hay bastantes aspectos secundarios en un solo asunto de ventas. Sin embargo, en la ejecución de una estrategia, la clave está en la sencillez. Por lo tanto, hay que identificar la cuestión fundamental para alcanzar el objetivo. En este ejemplo, la cuestión principal puede constar de dos o tres aspectos subsidiarios.

5.1.3   Elegir un método y unos conocimientos adecuados

La falta de profesionalidad entraña un enorme riesgo. No hay nada malo en confiar en el sentido común. Pero en un mundo en el que el carácter distintivo se desvanece más rápido que nunca, recurrir a métodos especializados es una forma de lograr verdaderos avances y de impulsar y reforzar ese carácter distintivo. Cada problema requiere su propio método apropiado y especializado. No se puede arreglar un brazo roto con una tirita. Del mismo modo, un problema de excelencia operativa en la cadena de suministro no puede abordarse con los mismos conocimientos que un problema de eficacia de ventas. Y, obviamente, un análisis de sinergias en la fase de diligencia debida requiere un método y una especialización diferentes a los de un análisis del valor de los gastos generales.

Es posible, por supuesto, subcontratar recurriendo a consultores, pero toda empresa necesita disponer de los métodos básicos, el personal especializado y los conocimientos internos para tratar los problemas que se plantean con más frecuencia. El modelo empresarial *canvas* de Osterwalder y Peigneur ofrece un formato extremadamente útil y exitoso para innovar en los modelos de negocio.[132]

En el recurso 4 del apéndice, se enumeran los problemas de ejecución de estrategias más comunes: integración y sinergia tras la fusión, eficacia de ventas, Lean, cultura y conducta empresarial, y estructura y gobernanza. Concretamente se accede a un documento que enumera los principios fundamentales que rigen cada una de estas grandes cuestiones de ejecución de la estrategia. Estos principios son muy prácticos y están listos para usar.

Evite caer en la trampa de decantarse rápidamente por un método aleatorio o incluso diseñar su propio método de aficionado en un intento equivocado de mantener las cosas manejables.

Un método o herramienta es un medio para conseguir un fin, no un fin en sí mismo. Los métodos y las herramientas deben basarse en conocimientos especializados y probados y en la experiencia. Piense bien qué método elige y por qué. Incluso considere si sería mejor una combinación de métodos. Le pondré un ejemplo, que encantará a los expertos en MBA. Veamos qué método elegiría para elaborar una cuestión relacionada con la innovación. Los profesionales pueden mostrarse increíblemente apasionados sobre qué método elegir. Algunos defienden el método Lean Startup de Eric Ries, otros el Change by Design de Tom Brown *et al.* Los partidarios del Lean Startup insisten en que no hay mejor forma de innovar que basar el proceso en saltos de fe; se crea un prototipo y se desarrolla mediante aprendizaje validado, con ciclos cortos de iteración del prototipo según sugieran las opiniones directas de los clientes. Los defensores del pensamiento de diseño de Brown, por el contrario, consideran que el enfoque de Ries es tan clínico y sistemático que pasa por alto los verdaderos avances y las soluciones creativas. No tienen reparos en citar incluso a Einstein, que dijo una vez que la imaginación es mucho más importante que el conocimiento. A diferencia del conocimiento, la imaginación no tiene límites y da rienda suelta al progreso y la evolución. Así que no hay que reprimir la imaginación, dicen. Pero quizá lo mejor sea combinar los dos métodos. Apostar por lo mejor de ambos mundos.[133]

Analice las innovaciones del mercado. Debe apostar por su propia capacidad innovadora y originalidad, pero no tema ayudar a ponerlas en marcha analizando las innovaciones de otros. Toda organización debe ser consciente de los nuevos modelos de negocio y de ingresos que existen, tanto en su propio sector como fuera de él. Por este motivo, en el recurso 7 del apéndice ofrecemos una visión general de los modelos de negocio e ingresos innovadores. Este documento contiene una tabla que enumera más de una veintena de innovaciones relacionadas con los nuevos modelos.

5.1.4 Analizar

Atrás quedaron los días en que el análisis empresarial era un tema viable para una tesis doctoral. En el pasado, hacían falta meses de análisis antes de que alguien se atreviera a decidir qué dirección tomar en busca de una solución. Hoy en día, eso ni es necesario, ni es posible. Es innecesario porque los métodos y las técnicas de análisis han avanzado mucho. Y es imposible porque la rapidez y la agilidad cuentan si se quiere sobrevivir. El nuevo credo es: riguroso donde sea necesario, práctico y rápido donde sea posible. Los análisis por sí mismos no tienen sentido. El análisis de sensibilidad 13c, variante 2, no tiene nada que ver con el número 4 y solo provoca calambres y «parálisis por análisis», como oí decir una vez a un seguidor de McKinsey. Incluso puede llevar a una búsqueda que dura hasta que se encuentra una razón para no hacer nada, o «muerte por análisis». Además, lo obvio no tiene por qué demostrarse. Sí: el agua moja.

Evite la falsa precisión. Me he enfrentado alegremente a muchos consultores por su falsa precisión citando una historia (¡probablemente apócrifa!) sobre una batalla entre nativos americanos y tropas estadounidenses en la década de 1860. En un momento dado, los siux tenían rodeado un puesto del ejército. Su jefe quería saber cuántos soldados había de guarnición, así que envió a un explorador a espiar el fuerte por la noche. Cuando regresó al campamento, fue directamente al tipi del jefe e informó de sus hallazgos:

—Jefe, hay 1.016 soldados del ejército.
—¿Y cómo puedes saberlo con tanta precisión?
—Bueno… La valla que rodea el fuerte tiene cuatro torres de vigilancia y en cada una de ellas hay cuatro guardias. Así que son 16. Y calculo que dentro hay unos 1.000 soldados más.

Aplicación con éxito del bloque 5 (obligaciones)

Estudio de caso. Dos empresas neerlandesas de radiodifusión en el periodo previo a su fusión.

Gran avance. Su ambición era convertirse en la mayor empresa de radiodifusión del sistema público neerlandés y, al mismo tiempo, aplicar los recortes exigidos por el gobierno. Los equipos conjuntos de integración se encargaron de materializar esta ambición y forzar una ruptura con el pasado. A cada equipo de integración se le asignó un objetivo específico y orientado a las sinergias. Esto les proporcionó las bases y los asideros para tomar decisiones de diseño acertadas.

Impacto. El trabajo de los equipos de integración dio lugar a un plan de integración y reorganización que permitió a la nueva empresa alcanzar sus objetivos financieros y de programación de la calidad. Entre ellos figuraba una reducción del 39 % de consultoría y *executive training* en funciones generales y un recorte del 25 % en puestos de personal principal. Desde entonces, la nueva marca de radiodifusión se ha labrado un lugar destacado en el panorama de la radiodifusión pública neerlandesa.

Analice los procesos clave y los aspectos del modelo de negocio que hacen o deshacen los objetivos. La mejor forma de hacerlo es trabajar con hipótesis «cómo es» y «por ver». Las hipótesis «cómo es» analizan los hechos existentes, como los problemas y los puntos fuertes. Las hipótesis «por ver» analizan las oportunidades, por ejemplo, realizando estudios de mercado para evaluar el potencial de mercado de las nuevas perspectivas. El análisis basado en hipótesis es la única forma de comprender rápidamente los problemas y las oportunidades.

La figura 23 ofrece una visión general de los tipos de problemas, perspectivas, análisis utilizados con frecuencia y métodos. La clave está en disponer de buenos instrumentos de análisis. He visto bastantes buenos formatos de entrevistas a clientes convertirse en instrumentos aplicados estructuralmente. No hay mayor elogio para su trabajo.

Analice sus capacidades blandas para cada iniciativa utilizando un instrumento de análisis duro. Analice la cultura y la conducta en relación con los objetivos que fijó para la iniciativa, al igual que hizo en el acelerador 1 para toda la organización. Utilice para ello la herramienta SECA.NU. Esto revelará sus capacidades de ejecución blanda. Puede utilizar los resultados para organizar un par de sesiones cualitativas, en las que se analice su cultura actual en relación con sus objetivos actuales y nuevos.

5.2   Bloque 6: destrezas

El contenido importa. Es la columna vertebral de cualquier iniciativa. El producto mínimo viable (PMV) que desarrolle en este bloque de construcción debe basarse en al menos un avance innovador. Para identificar una propuesta de valor innovadora para el cliente, hay que seguir una serie de pasos metódicos. Me referiré a la creatividad, al mapeo de experiencia de cliente, a la necesidad de simplicidad y a las consecuencias del diseño para la estructura organizativa.

5.2.1   Pasos metódicos

Para recapitular, llegados a este punto tenemos claros los objetivos y las prioridades: se ha identificado el principal problema que debe abordarse; se ha seleccionado un método y unos conocimientos especializados adecuados para hacerlo, y se han analizado los procesos clave y evaluado las capacida-

Cuestión	Partes afectadas del modelo de negocio	Perspectiva	Análisis y métodos	Tipo de ejecución de la estrategia
1 Estrategia	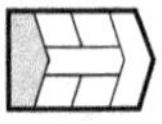	Mercado	Porter, matriz de Ansoff	❷❸
		Cartera de productos	DAFO, matriz BCG	❶❷
2 Modelo de negocio, innovación, ventas	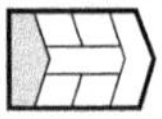	Eficacia de ventas, ingresos por usuario, atractivo del mercado	Propuesta de valor, matriz PMC, Pareto (ingresos, costos, beneficios), mapa de experiencia del cliente, tasa de cancelación, BMC, OGSM, propuesta de transformación masiva (singularidad), Lean Startup	❶❷❸
3 Operación (entrega, logística, aprovisionamiento)	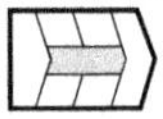	Eficiencia y eficacia de los procesos primarios	Mapa de flujo de valor, análisis de residuos, modelo diente de sierra, de carriles, asignación de tiempos	❶❸
4 Procesos generales (finanzas, recursos humanos, TIC, compras, gestión de instalaciones)	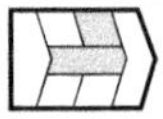	Eficiencia y eficacia de los procesos secundarios	Valor general, VSM, modelo de dientes de sierra, carril de natación, asignación de tiempo, gestión de proveedores	❶❷
5 Conocimiento y datos	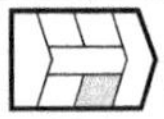	Uso y aplicación del conocimiento	Gestión del conocimiento de la cadena de valor	❷❸
		Historial de rendimiento basado en datos	Análisis de *big data* basados en hipótesis (de la correlación al aprendizaje automático)	❷❸
6 Sinergia	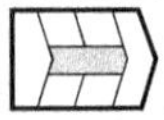	Objetivos de sinergia y otros objetivos de asociación	Método de los 100 días, muestrario de sinergias, diligencia debida del tipo de integración	❷
7 Estructura y gobernanza	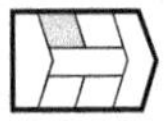	Eficiencia y eficacia de la gestión	Valor de los gastos generales, gestión del rendimiento empresarial, cuadro de mando integral	❶❷
		Estructura financiera	DuPont	❶❷
8 Recursos humanos	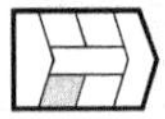	Normas y valores organizativos	Análisis y desarrollo cultural, evaluaciones (MBTI, MD, ID)	❷❸
9 Liderazgo	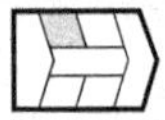	Estilo de liderazgo	Análisis y desarrollo del estilo de liderazgo	❷
10 Ejecución global	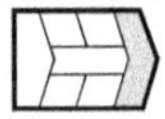	Ejecución de la estrategia, gestión de proyectos y programas	MSP, Prince, LeSS, Agile, Scrum, Kanban, SECA.NU, pensamiento de diseño	❶❷❸

Figura 23. El tipo de problema es lo más importante. Asegúrese de aplicar el tipo de análisis, método y experiencia adecuados a cada cuestión.

Fuente: Tjalle Hoekstra, Turner, 2016.

des blandas de la organización. Ahora hay que ponerse manos a la obra. El siguiente paso consiste en dar una serie de pasos genéricos y aplicar algunos principios básicos relacionados con el análisis de problemas y la toma de decisiones.

Los pasos metódicos que le llevarán del buen diseño al producto mínimo viable (PMV) siempre, en cada iniciativa, son:

- Recopilar ideas sistemáticamente.
- Identificar la propuesta de valor revolucionaria para el cliente.
- Diseñar, rediseñar y simplificar.
- Determinar cómo afectan los nuevos procesos a su estructura organizativa.
- Integrar en el diseño las capacidades blandas indispensables.
- Redactar el borrador del plan de negocio y los objetivos.

Estos pasos merecen una explicación. Aplico estos pasos a una iniciativa destinada a renovar o innovar los procesos de clientes. En última instancia, estos son los procesos más importantes. Si estuviera diseñando una iniciativa diferente, como un proyecto de integración tras una fusión, los pasos y principios serían, por supuesto, diferentes, al igual que lo serían en un programa de eficacia de ventas, etc. El recurso 4 del apéndice enumera los tipos de problemas más comunes y enlaza con una lista descargable de los principios fundamentales de cada uno de ellos.

5.2.2   Recopilar ideas sistemáticamente

Debe crear el espacio físico y mental que necesite para fomentar la creatividad. Puede que parezca paradójico, porque la creatividad y el estrés no se llevan bien y yo sigo insistiendo en la necesidad de rapidez (después de todo, completar este acelerador solo debería llevar entre 3 y 5 semanas). Sin embargo, fomentar islas de creatividad en esta fase es imprescindible y se puede hacer. Basta con adoptar el enfoque que se explica en este libro para crear un clima de mejora, renovación e innovación continuas. Habrá una reserva de ideas entre las que elegir. Es más productivo seleccionar y cosechar ideas que se propusieron hace tiempo y que han estado germinando que esperar un milagro durante un breve taller vespertino que ha metido en su agenda. Por eso conviene instalar un buzón de sugerencias donde todo el mundo pueda dejar ideas. Así dispondrá de una gran cantidad de ideas entre las que elegir durante esta fase.

Generar ideas debe ser posible en cualquier momento y lugar. La creatividad debe formar parte de la gestión de la empresa. Es un proceso continuo, igual que ofrecer valor a su clientela. Si su plan dice que la idea brillante tiene que dar lugar a un lanzamiento en la semana 3 del proyecto, está intentando forzar algo que no se puede forzar. También es más probable que se pierdan grandes ideas. Si el flujo de ideas es constante, todo lo que hay que hacer es seleccionar. Es mucho más fácil que amordazar la creatividad cuando no hay ninguna iniciativa y volver a abrir el grifo cuando de repente se necesitan ideas.

La selección de ideas es un acto de equilibrio. Es el mismo tipo de proceso que la selección de objetivos (acelerador 1), que describí en el capítulo 4. Esencialmente, se trata de encontrar un equilibrio entre la creatividad y la creatividad. Básicamente, se trata de encontrar un equilibrio entre las ideas para la mejora, la renovación y la innovación. Otra forma de verlo es crear un equilibrio entre las ideas que tienen muchas posibilidades de éxito a corto plazo (mejora) y aquellas cuyas posibilidades son menores (innovación). La renovación se halla justo en medio. La gran incertidumbre que plantea toda innovación nos obliga a elaborar una lista de veinte ideas y luego seleccionar no más de cinco de ellas para la experimentación real. Este proceso de selección es una actividad que definitivamente no debe hacerse de arriba abajo. Las investigaciones de Justin Berg, profesor de Stanford, demuestran que a los directivos y los miembros de los consejos de administración no se les da nada bien predecir qué ideas tendrán éxito. Sus colegas de niveles inferiores son mucho mejores en este sentido. Es bueno saberlo antes de que alguien sugiera invitar al consejo de administración a participar en la selección de ideas. No olvide que fueron los miembros de un consejo así quienes rechazaron *Harry Potter* y *Star Wars*.[134]

No reprima la serendipia. La penicilina se descubrió por accidente. Hay formas de aumentar las probabilidades de que se produzcan esos accidentes fortuitos. Una de las más importantes es saber hacia dónde se va. Cuanto mejor sea el sentido de la orientación, más receptivo se será a otras ideas que surjan por el camino. Esa flexibilidad hace que nos sintamos cómodos fuera de nuestra zona de confort.[135]

Criticar las ideas ambiciosas y creativas que pueden conducir a un gran avance es saludable. Sin embargo, es peligroso hacerlo demasiado pronto. Generar ideas es un proceso diferente al de seleccionarlas. Marty Neumeier, experto en innovación y pensamiento de diseño, ha identificado seis factores que pueden ahogar la imaginación durante las tormentas de ideas: una convicción infundada, la falta de conocimientos técnicos, un modelo mental rígido, la cháchara sin fundamento, el miedo al fracaso y la fijación en la respuesta correcta.[136]

5.2.3 Una propuesta rompedora para el cliente

Piense de fuera hacia dentro. El exterior equivale a sus clientes. Y centrarse en el exterior significa centrarse ante todo en ellos y en la propuesta de valor que les ofrece. Si hay un escollo que debe evitar a toda costa, es dejar que su iniciativa caiga presa de una perspectiva interna. Nuestra investigación demostró que lo que tenían en común la mayoría de los proyectos estratégicos de éxito era un enfoque constante hacia el exterior. En todos los análisis y soluciones, todo lo que se hacía estaba impulsado por la conciencia de la necesidad de pensar siempre desde fuera hacia dentro.

Vincule cada solución y diseño a los objetivos y necesidades de su clientela y partes interesadas. Sigue razonando desde fuera hacia dentro. Ese es el sello distintivo de los proyectos de éxito. Para asegurarse de que se mantiene este tipo de razonamiento, debe recordarse al equipo estos objetivos y requisitos al principio de cada reunión dedicada al diseño de la estrategia. Puede que a los responsables de proyecto les cueste hacerlo, pero después suelen recibir elogios por su perseverancia. Una forma refrescante de recordar estos objetivos al equipo es crear un panel de clientes. A estos les gusta dar su opinión con sinceridad, sobre todo cuando saben que se les va a tomar en serio. Limitarse a pedirles su opinión no funcionará e incluso puede ser contraproducente. También es importante que el proceso sea moderno y profesional, tanto en el método como en la comunicación. Tanto los clientes B2C como los B2B están acostumbrados a participar en iniciativas de renovación y transformaciones radicales. Organizaciones como Dell y Salesforce.com confían en el diseño colaborativo.

Busque una propuesta de valor para el cliente innovadora. Identifique los procesos y soluciones del cliente que pueden conducir a un gran avance. A menudo hay muchas soluciones posibles, pero su objetivo no es la exhaustividad. Tiene que encontrar las soluciones que tengan mayor impacto en sus objetivos, que marquen la mayor diferencia y que, por tanto, puedan conducir a un gran avance. Ya se han probado muchas soluciones. No tiene sentido dar palos de ciego. La cuestión es qué nuevas soluciones (o combinación de ellas) van a marcar la diferencia.

Identifique las necesidades ocultas de su clientela. La innovación digital le permite cambiar radicalmente y mejorar la forma de anticiparse a sus necesidades existentes y latentes. Los factores básicos de la satisfacción del cliente son: la calidad de su producto o servicio; la calidad de la entrega y el servicio (en su totalidad y a tiempo), y la relación calidad-precio. Estos factores determinan los KPI del cliente: satisfacción del cliente (NPS), ingresos por usuario (ARPU) y valor del cliente (de por vida) (CLV), venta cruzada, retención de clientes, conversión, ingresos y EBITDA. Pero, ¿qué palancas le ofrece la innovación digital para crear una propuesta de valor única? La clave está en mejorar no solo cómo satisface las necesidades actuales de su clientela, sino también cómo va a satisfacer las necesidades ocultas o futuras, por extraño que pueda parecer. Los estudios demuestran que cada mejora del 10 % en su grado de satisfacción se traduce en un aumento del 2 al 3 % en los ingresos.[137] El recurso 5 del apéndice muestra cómo la innovación digital puede cambiar y mejorar radicalmente la forma de satisfacer las necesidades de los clientes.

El valor percibido por el cliente se basa en la experiencia global. Lo que las empresas ofrecen en última instancia no es solo un producto o servicio. Los productos y servicios son el núcleo de una experiencia global de producto o servicio que comienza con la primera exploración de la persona consumidora y dura hasta la experiencia final de servicio al cliente. Esto es así, le guste o no, y si no lo tiene en cuenta se verá superado por un competidor cuyo producto o servicio puede ser inferior, pero cuya experiencia global del cliente supera a la suya. Esa experiencia consiste cada vez más en elementos digitales. Los mensajes de las redes sociales en nombre de un producto o servicio no son solo mensajes mediáticos; se han convertido en parte de la propia experiencia del producto. Hoy en día, cada objeto está rodeado por una nube de información y servicios. Esa relación es valiosa. En resumen, la digitalización requiere una cooperación multidisciplinaria en la experiencia del cliente, con más momentos interactivos, que crean más oportunidades.

Crear un recorrido lógico del cliente. El mapa de experiencia del cliente existe desde hace mucho tiempo, pero su popularidad ha aumentado rápidamente gracias a la innovación digital. El embudo tradicional de *marketing* y ventas (atención, interés, deseo, acción), que dirige a las personas hacia su producto, ya casi ni existe. La fidelidad a la marca ya no es algo con lo que se pueda contar.

Según McKinsey, el proceso de toma de decisiones de sus clientes es un viaje circular (de extremo a extremo) con cuatro fases: orientación; evaluación activa (investigación) poco antes de la compra; la compra, y evaluación posterior a la compra para determinar si volverán a comprar el mismo producto la próxima vez.[138]

En esta nueva dinámica, el mapa de experiencia del cliente ayuda a ponerse y mantenerse en el lugar de este. Las principales ventajas de este método son que da la máxima prioridad a los clientes, ayuda a identificar sus necesidades latentes y, por tanto, las posibilidades de crecimiento, al tiempo que identifica posibles sinergias entre los canales (digitales). Además, su naturaleza muy visual hace que sea sencillo y fácil de explicar. La clientela lo encuentra tan reconocible como los empleados, lo que siempre es útil en la ejecución de estrategias. Si decide utilizar el mapa de experiencia del cliente, tenga en cuenta algunos principios importantes:

- Las personas usuarias son arquetipos que, en conjunto, representan los segmentos de clientes relevantes.
- El mapa de experiencia del cliente se utiliza para analizar e innovar los procesos de los clientes, es decir, los conceptos de servicio. Para ello, hay que analizar todo el recorrido del cliente. Observando continuamente desde el punto de vista de este, se recorren todas las etapas: desde la identificación de las necesidades hasta que comparten sus experiencias. Entre estos dos extremos del viaje se encuentran otras acciones típicas de los clientes: investigación, selección, compra, recepción, uso, cambio y servicio.
- En esencia, el mapa de experiencia del cliente es siempre el mismo, independientemente del segmento y el canal. Pero para asegurarse de que segmenta suficientemente a su clientela y diferencia los conceptos (o mejor dicho, los procesos) de antes y después de la venta, trace el recorrido de sus clientes utilizando personas.
- Analice cada punto de contacto a través de cada canal para juzgar si es ahí donde se crea o se rompe su grado de satisfacción. Al ponerse en su piel, descubrirá cualquier incoherencia en el servicio y entre canales (web, redes sociales, teléfono, tienda). La figura 24 muestra el proceso de mapeo de experiencia del cliente.

Hacer esto de forma sistemática y buscar activamente las opiniones de los clientes permite identificar los momentos de la verdad, o puntos de deleite. Obviamente, hay que encontrar los puntos de deleite con el mayor impacto

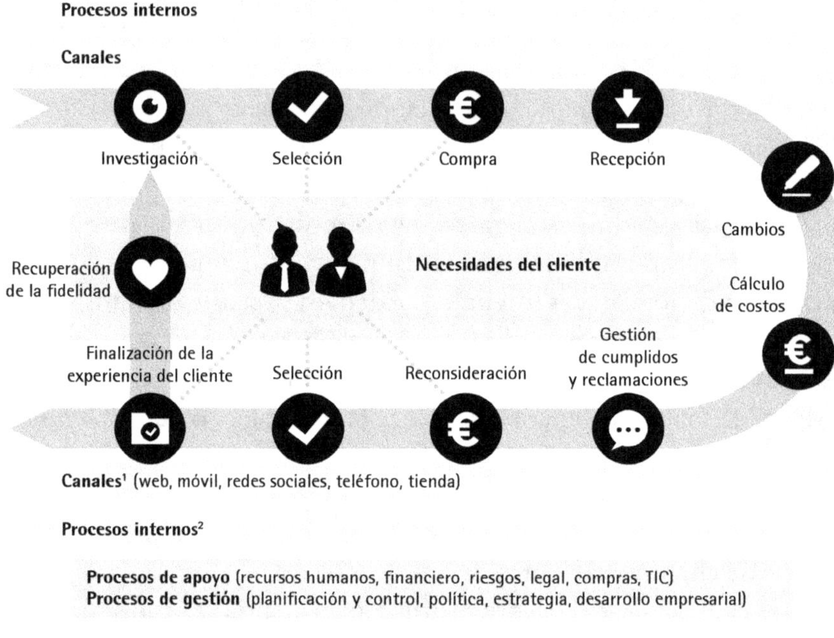

Figura 24. Mapa de experiencia del cliente: innovación de procesos (digitales) que sitúa a la clientela en el centro de la escena.

Fuente: Bas van Rooij y Patrick Eppink, Turner, 2016.

y singularidad, al tiempo que se eliminan los puntos de dolor. Esto tiene dos consecuencias. La primera es que hay que garantizar un número suficiente de experiencias punteras que cumplan la promesa de la marca y satisfagan las necesidades más importantes de la clientela. (Tenga en cuenta, por cierto, que el 20 % de estas necesidades suele determinar el 80 % de su satisfacción, lo que significa que realmente necesita precisar qué 20 % son esas.) Y dos: las experiencias finales de su clientela durante los últimos puntos de contacto determinan en gran medida su recuerdo de la experiencia global.[139] La figura 25 muestra qué puntos de contacto del recorrido del cliente tienen el mayor impacto positivo y negativo.

Los procesos del cliente son su experiencia de valor. En los procesos de negocio digitales, el viaje del cliente es el motor principal. Los consultores de McKinsey siempre basan sus conclusiones clave en un fundamento firme. Demuestran que se puede mejorar significativamente el recorrido del cliente digitalizando los procesos. Sus clientes informan de aumentos de hasta el 20 % en su grado de satisfaccion. Pero lo mejor es que también observan un crecimiento de los ingresos del 10 al 15 % y reducciones de costos del 15 al 20 %.[140] La mayor satisfacción del cliente es el resultado de nuevas y mejores formas de satisfacer sus necesidades. Su viaje o recorrido debe impulsar todos los procesos, pero especialmente cuando se digitalizan estos procesos. Cada proceso debe contribuir a la experiencia de valor del cliente. La innovación digital bien pensada y ejecutada satisface las necesidades más profundas de los clientes, crea comunidad y mejora el valor percibido.

Lo que ocurre aquí es fundamental. La percepción del cliente determina el valor de su producto y, por tanto, es el producto. El paradigma del *marketing* tradicional consistía en fidelizar al cliente manteniéndolo en el ciclo. En esencia, se trata de un enfoque negativo en el que la empresa aumenta los costos de cambio, desvía la atención de los clientes de las alternativas y los empuja hacia aquellas necesidades que la empresa puede satisfacer. En el nuevo paradigma del *marketing,* hay que respirar hondo y aceptar que los clientes tienen y merecen el derecho a cambiar de proveedor cuando quieran. Las empresas deben anticiparse lo mejor posible y aprovechar cualquier oportunidad que se les presente. Un recorrido del cliente como el de la figura 25 es la base perfecta para este nuevo enfoque. Un hecho prometedor es que, en la era digital, el número de interacciones con los clientes aumenta considerablemente, en algunos casos de tres a once. El truco está en idear nuevos modelos de ingresos que puedan capitalizar las oportunidades que esto abre, porque crear valor no es lo mismo que monetizar el valor, como ha señalado Henk Volberda, profesor de Gestión Estratégica de la Universidad Erasmus.

El pensamiento orientado al cliente es una tendencia candente en las nuevas empresas, y eso es positivo. Las empresas piden a sus clientes opiniones (digitales) todo el tiempo. Se ha convertido en algo tan omnipresente que podría ir demasiado lejos y empezar a molestarlos. Pero permítanme darles un ejemplo de éxito del pensamiento orientado al cliente. Sabiendo que sus procesos no digitales eran su talón de Aquiles, una organización con un nuevo modelo de negocio minorista en línea decidió supervisar estos procesos con especial atención. La empresa informó a sus proveedores de que iba a aplicar la regla de

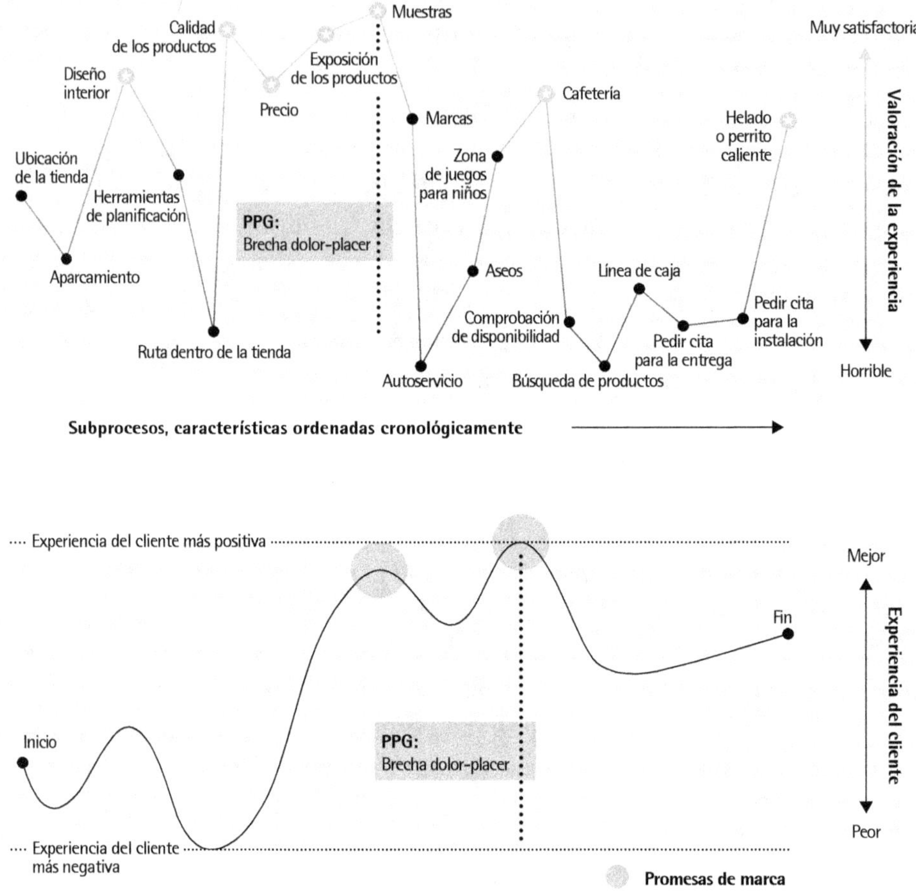

Figura 25. El mapa de experiencia del cliente aclara qué puntos de contacto tienen un mayor impacto positivo y negativo.

Fuente: Ikea Customer Journey. (Las siglas PPG corresponden a *pain-pleasure gap*, brecha dolor-placer.)

los tres avisos. Tras dos avisos de errores en el servicio, los proveedores tenían una última oportunidad. La empresa también introdujo un botón de parada, que le permitía retirar inmediatamente un producto de su web si un proveedor fallaba por tercera vez. Estas medidas garantizaban que los clientes no tuvieran una mala experiencia causada por proveedores que fallaban. La empresa disfrutó de tasas de crecimiento de entre el 30 y el 250 % anual, lo que la convirtió en un ejemplo de libro de texto de cómo garantizar la calidad.

5.2.4   Diseñar, rediseñar y simplificar

Identifique los procesos clave que puede aprovechar para alcanzar sus objetivos. Entre todos los procesos empresariales, tiene que identificar con precisión cuáles son los que pueden hacer o deshacer los objetivos de su iniciativa. Esos son los procesos clave en los que tiene que empezar a trabajar para forjar un avance hacia un nuevo modelo de negocio. Lo ideal es que estos procesos clave no consten de más de 10 subprocesos a nivel operativo.

La orientación a los procesos empresariales es fundamental para la ejecución de la estrategia. Uno de los buenos legados del apogeo del rediseño de procesos empresariales en la década de 1990 es una orientación duradera hacia los procesos tanto de negocio como de cliente al analizar los problemas y rediseñarlos.[141] Al fin y al cabo, los procesos no tienen ningún sesgo, a diferencia de las estructuras superiores políticamente cargadas, las cuestiones de gestión y liderazgo, las descripciones de puestos de trabajo y los análisis culturales. El único juicio de valor que se puede emitir sobre los procesos es la cuestión de si alcanzan los objetivos de la empresa. Y así es exactamente como debe ser.

Los procesos empresariales son también útiles a la hora de tratar ciertas cuestiones elementales. Ayudan a determinar con precisión dónde hay que reforzar las capacidades estratégicas de una organización, para limitar el alcance de una iniciativa, para establecer, analizar y diseñar prioridades, y para objetivar los debates. Además, son útiles para determinar qué dependencias necesitan una gestión cuidadosa para garantizar la coherencia lógica. Si mantiene el modelo de procesos de su organización preparado y actualizado, se asegurará de que la ejecución se lleva a cabo sin perder de vista el panorama general (véase la figura 26). Un mapa de procesos empresariales del tamaño de un salvamanteles ayuda a obtener y mantener una visión de conjunto. Están hechos para imprimirlos y pegarlos en la pared, así que puede arremangarse y ponerse manos a la obra para aprovechar esa orientación intemporal a los procesos empresariales. Utilice sus procesos empresariales como base, porque son objetivos. Ese diagrama de procesos empresariales del tamaño de un salvamanteles resulta muy útil.

Entrénese para pensar en procesos. Dese cuenta de cuántos procesos tiene cada organización. Cualquier empresa que funcione en gran medida de forma autónoma tiene más de 150 procesos (véase el recurso 8 del apéndice, donde se enumeran). Si los categorizamos, hay 29 procesos en el nivel general de la cadena de valor. Por debajo de ellos, encontramos 40 procesos primarios, 36 procesos secundarios o de apoyo y 32 procesos de gestión. Más los 16 procesos de cambio que son objeto de este libro, por supuesto: los cuatro aceleradores y sus correspondientes subprocesos duros y blandos. En total 153.

Estos son los procesos definidos hasta el nivel 3. El desarrollo de las TIC y los *procedimientos normalizados de trabajo* (PNT) se sitúan en el nivel 4, y cuentan con numerosos subprocesos y flujos de trabajo en niveles aún más bajos. Evidentemente, esto es forraje para quienes buscan criticar a una organización por su complejidad. Pero reto a cualquiera a que identifique un proceso innecesario entre esos 153 procesos. Obviamente, hay que intentar que los procesos sean sencillos, estandarizándolos y automatizándolos en la medida de lo posible. Pero eso no significa que no existan. En resumen, se trata de un recuento realista.

Las funcionalidades de las TIC suelen situarse en el nivel 3, mientras que los PNT de los procesos primarios básicos son de nivel 4. Es una falacia pensar que solo los proyectos de TI necesitan una arquitectura de procesos. Al contrario, todas las cuestiones deben abordarse con la misma objetividad y estar siempre impulsadas por el cliente y los procesos empresariales. La figura 26 muestra la importancia de la orientación a los procesos empresariales en la ejecución de la estrategia. En el recurso 8 del apéndice se ofrece un mayor desglose de cada uno de estos procesos.

Para recapitular, este apartado tenía como objetivo establecer la importancia de la orientación a los procesos de negocio, lo que le permite identificar los procesos clave para cada iniciativa.

Rediseñe sus procesos clave. Las soluciones creativas que ha seleccionado en el paso anterior le han permitido identificar una propuesta de valor al cliente innovadora. Ahora es el momento de elaborar estas ideas como principios de diseño. Algunos ejemplos de estos principios atemporales son:

- Eliminar cualquier paso que no añada valor.
- Introducir la proactividad (sentar las bases antes de empezar a construir).
- Integrar horizontalmente (procesos anteriores y posteriores).
- Evitar los picos de producción o diseñar de forma anticíclica.

- Segmentar y diferenciar (como regla general, se necesitan de tres a cinco variaciones del proceso; con menos de tres no hay suficiente para diferenciar; con más de cinco, la ejecución es demasiado compleja).
- Aplicar la regla del 80/20.
- Utilizar señales predecibles u observables de clientes o productos.
- Hacer las cosas bien a la primera.
- Automatizar los pasos estandarizables del proceso.

Empiece diseñando a mano alzada. Modele después. Por «a mano alzada» quiero decir que al principio no importa el medio. Algunos de los mejores diseños que he visto empezaron como tiras de cómic. Pero en algún momen-

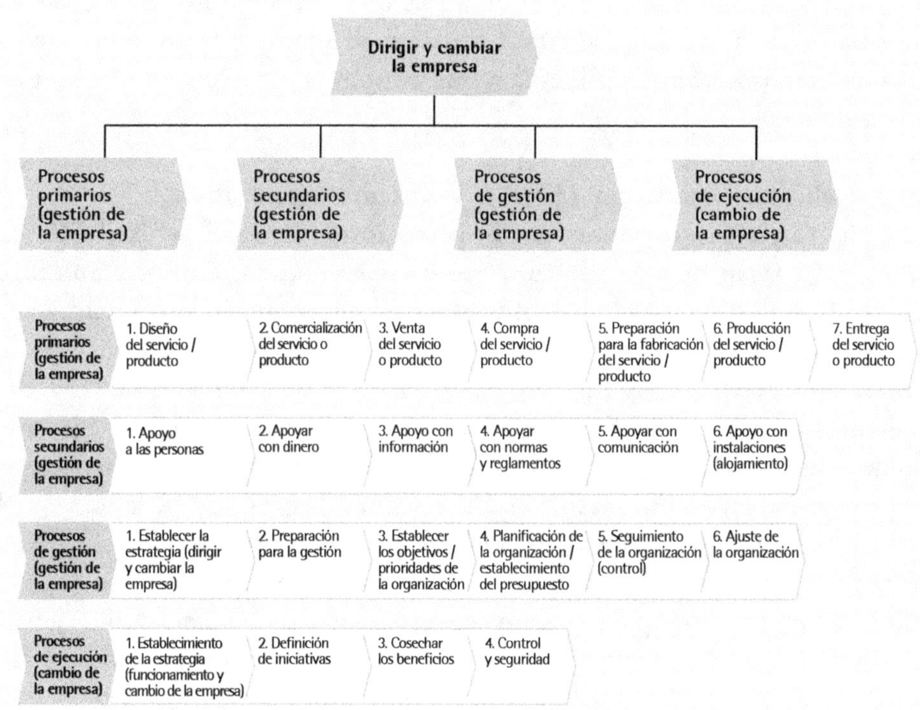

Procesos primarios (gestión de la empresa)	1. Diseño del servicio / producto	2. Comercialización del servicio o producto	3. Venta del servicio o producto	4. Compra del servicio / producto	5. Preparación para la fabricación del servicio / producto	6. Producción del servicio / producto	7. Entrega del servicio o producto
Procesos secundarios (gestión de la empresa)	1. Apoyo a las personas	2. Apoyar con dinero	3. Apoyo con información	4. Apoyar con normas y reglamentos	5. Apoyar con comunicación	6. Apoyo con instalaciones (alojamiento)	
Procesos de gestión (gestión de la empresa)	1. Establecer la estrategia (dirigir y cambiar la empresa)	2. Preparación para la gestión	3. Establecer los objetivos / prioridades de la organización	4. Planificación de la organización / establecimiento del presupuesto	5. Seguimiento de la organización (control)	6. Ajuste de la organización	
Procesos de ejecución (cambio de la empresa)	1. Establecimiento de la estrategia (funcionamiento y cambio de la empresa)	2. Definición de iniciativas	3. Cosechar los beneficios	4. Control y seguridad			

Figura 26. La orientación a los procesos empresariales es fundamental para la ejecución de la estrategia. Un mapa de procesos empresariales del tamaño de un salvamanteles es una buena referencia.

Fuente: Jurgen Frumau, Turner, 2016.

to habrá que modelar el diseño para conseguir una ejecución a escala. Por lo tanto, habrá que seleccionar y aplicar algún tipo de método de arquitectura de procesos.

Simplifique. La simplificación merece un paso aparte. Cualquier nuevo procedimiento operativo afectará a sus procesos actuales y requerirá que los adapte para dar cabida al nuevo proceso. Los procesos son como las algas: crecen, pero nunca se reducen. Por eso debe simplificar cada proyecto, independientemente de que se refiera a procesos existentes o nuevos. Porque por muy creativo o brillante que sea un diseño, a buen seguro será más complejo que demasiado sencillo. Como dijo el pensador en gestión Robin Sharma: «La clave de la excelencia es la sencillez. Construya su vida y su empresa en torno a unas pocas prioridades vitales y concéntrese, casi con una sola mente. La distracción oscurece lo que se le da bien. Pero no se exceda». En la misma línea, a menudo se cita a Einstein diciendo: «Todo debe hacerse de la manera más simple posible». Lo que omiten es cómo continuó: «... pero sin simpleza».[142]

5.2.5 Evalúe las implicaciones para su estructura organizativa
El siguiente paso es evaluar qué implicaciones tiene el rediseño de sus procesos en términos de gestión, recursos humanos, comportamiento, conocimientos y recursos. Un proceso totalmente nuevo no funcionará si no se introducen los cambios necesarios en las descripciones de los puestos de trabajo, la gestión y las TIC. Volvamos al tema de la eficacia de las ventas que hemos tratado antes. Supongamos que ha ideado una nueva segmentación de clientes y diseñado los correspondientes procesos de servicio preventa y posventa. Normalmente, esto también requerirá cambios en la gestión, la conducta, el apoyo y los recursos. Pueden parecer ajustes menores y prácticos, pero son realmente importantes. Una buena conversión del diseño en organización garantiza que el nuevo proceso se afiance, creando una «cultura reequipada», como oí decir a alguien una vez. Esta conversión requiere una gran precisión, como ilustra la figura 27, que muestra cuántas facetas de la empresa pueden verse afectadas por un nuevo proceso empresarial. No puede pasarse por alto. Sin una conversión adecuada, su proceso brillantemente diseñado estará desequilibrado y no estará anclado en competencias, comportamientos y recursos. Sus nuevos procesos se tambalearán, como una llanta de bicicleta doblada.

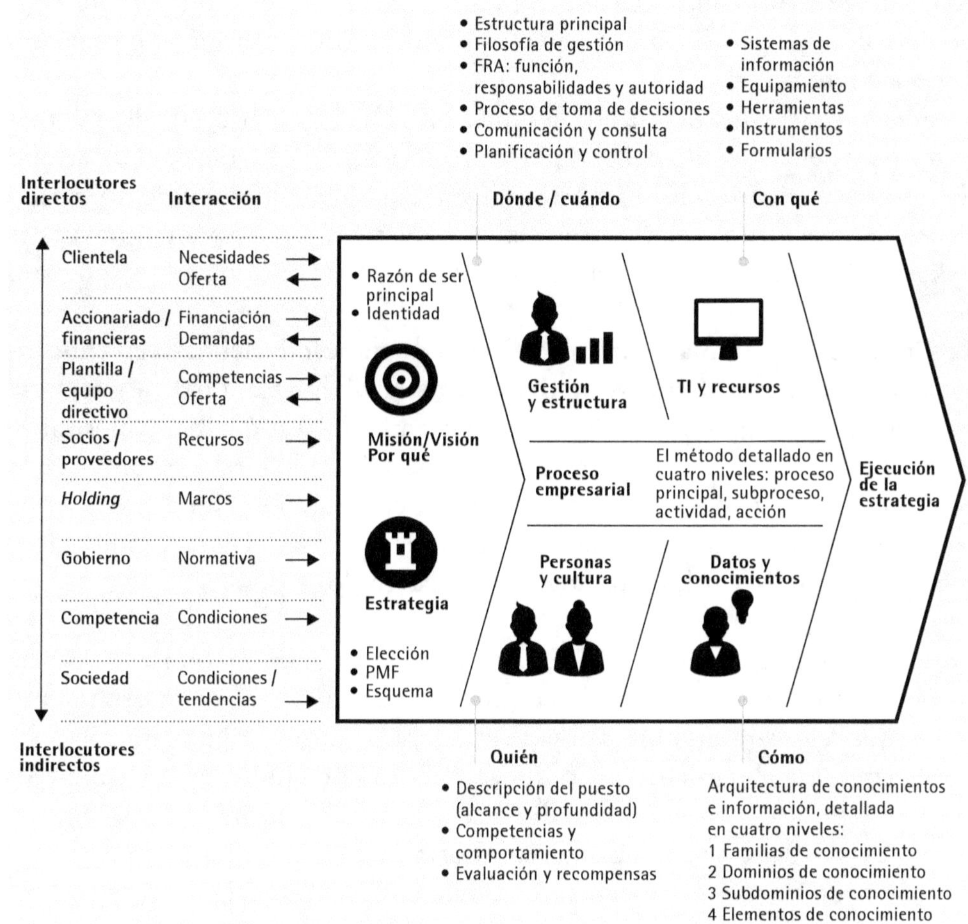

Figura 27. Es esencial comprender claramente el contexto y el modelo de su empresa.

Fuente: Turner, 2016. PMF *(product-market fit):* ajuste de mercado de productos.

5.2.6   Diseñar el lado blando

Los nuevos procesos, sistemas y estructuras no bastan para crear un cambio duradero: la cultura empresarial también tiene que cambiar.

La conducta de la plantilla viene determinada por varios factores. Llevar a cabo intervenciones específicas puede ayudar a fomentar una conducta deseable. Esto se refiere a la cooperación, el liderazgo, las responsabilidades, la comunicación y la confrontación con los compañeros sobre comportamientos no deseados o la necesidad de nuevos comportamientos. Pero ¿cómo y cuándo se decide intervenir?

Edgar H. Schein sostiene que la única forma de lograr el desarrollo cultural es mediante el desarrollo del comportamiento real.[143] A su juicio, el desarrollo del comportamiento solo es útil si se eligen temas de comportamiento específicos que tengan una relación directa con objetivos y procesos empresariales concretos. En otras palabras, el cambio cultural solo funciona en su contexto.

Los intentos de cambiar la cultura y la conducta solo funcionan en conjunción con el contenido, o sus objetivos duros. El diseño blando debe integrarse en el diseño general definiendo el comportamiento real que debe mostrar la gente para que despegue un proceso diseñado y eligiendo intervenciones que lo propicien. Olvídese de esas placas inspiradoras con los valores fundamentales de la organización. No tienen nada que ver con el día a día ni con la innovación. He aquí cómo diseñar las capacidades blandas en dos pasos:

1. **Seleccione un máximo de cinco temas de comportamiento.** Cada tema describe un tipo de conducta y el cambio de comportamiento que reforzará sus objetivos y desarrollará la cultura. Su descripción debe conectar claramente el comportamiento con sus objetivos concretos y especificar en qué parte del diseño general —en qué proceso empresarial— debe tener lugar el comportamiento en cuestión. Los temas de comportamiento deben tener una correspondencia unívoca con sus objetivos estratégicos.

2. **Seleccione un máximo de diez intervenciones.** Definida como un estímulo o actividad consciente relacionada con un tema de comportamiento, una intervención se lleva a cabo en paralelo con las actividades duras de una iniciativa concreta para fomentar el comportamiento necesario para alcanzar su objetivo duro. Para garantizar el impacto y la concentración, no intente más de dos intervenciones por tema de comportamiento. De lo contrario, su enfoque corre el riesgo de degenerar en un programa cultural general.

Permítame darle dos ejemplos de un tema de comportamiento eficaz basado en el contenido y relacionado con objetivos concretos.

Ejemplo 1. Refuerzo positivo del espíritu empresarial

1. **Objetivo:** ventas +10.
2. **Razón por la que necesita una intervención blanda:** en términos de contenido, su iniciativa está bien diseñada y orientada a soluciones. Pero nota una falta de inspiración. La iniciativa necesita algo, una intervención que encienda una chispa en el equipo de ventas que ejecuta este proyecto.
3. **Tema de comportamiento:** espíritu empresarial.
4. **Posible intervención:** del tipo del *reality* televisivo Dragon's Den. Aunque está un poco trillado, se trata de un formato eficaz que requiere que los profesionales presenten una nueva idea ante un panel. De este modo se normaliza sistemáticamente la idea de que las ideas son necesarias y bienvenidas, y que se evalúan críticamente antes de tomar la decisión de llevarlas a cabo o rechazarlas.

Ejemplo 2. Refuerzo positivo de la excelencia general

Calidad en las pequeñas cosas = gran profesionalidad.

1. **Objetivo:** excelencia; evitar cualquier error.
2. **Razón por la que necesita una intervención blanda:** errores ortográficos, no cumplir pequeñas promesas, no atenerse a los acuerdos; todas estas tendencias tienen un efecto desproporcionadamente negativo en la satisfacción del cliente. Y todas pueden evitarse, lo que empieza por la concienciación.
3. **Tema de comportamiento:** excelencia.
4. **Posible intervención:** dar buen ejemplo y garantizar que toda la comunicación interna sea excelente y sin faltas de ortografía. Concienciar de la necesidad de prestar más atención a los detalles controlando de forma desenfadada pero constante el número de días sin faltas de ortografía y otros errores menores. No se trata de atosigar a nadie, sino de que la excelencia se tome muy en serio.

Estos son solo dos ejemplos. No dude en ponerse en contacto conmigo para pedirme más ejemplos de intervenciones dirigidas a modificar el comportamiento. Tenga en cuenta que las intervenciones blandas pueden ser un gran escollo. Cada organización tiene su parte de gente que olvida conectar las intervenciones blandas –destinadas al desarrollo individual y de equipo– con los objetivos de la organización. Se dejan llevar y optan por todo tipo de formatos espirituales y esotéricos. Permítame advertirle: evite dejarse embaucar por vagos cursos de desarrollo personal. Elija bien esas intervenciones, porque son los cimientos del siguiente bloque, el inicio excelente. Para obtener un PMV equilibrado, necesita tanto capacidades duras (procesos) como blandas (estilos de conducta, liderazgo y colaboración).

5.2.7   Crear un caso de negocio y establecer objetivos

Crear un PMV conciso para un único objetivo y un único tema. En este contexto, *conciso* significa con las especificaciones mínimas necesarias, lo esencial. La elaboración y la concreción sostenible vendrán después. En ese momento habrá que evitar cualquier complicación excesiva. Como he dicho antes: no dedique más de cinco semanas a esta fase.

No desarrolle nada más allá de lo necesario para poner en marcha la primera oleada de ejecución, y limite el número de objetivos y procesos de la iniciativa. La iniciativa puede tener tres objetivos e implicar cinco procesos, pero limite su PMV para la primera ejecución a un único objetivo y un único tema.

Prepare su PMV para la ejecución. Adopte los principios ágiles. El término *producto mínimo viable* (PMV) procede del mundo de la innovación digital, pero se ha abierto camino en el mundo de la ejecución de estrategias en empresas bien consolidadas. Tenga en cuenta que *mínimo* no significa «inferior». Significa diseñar un producto de alta calidad para un objetivo definido con precisión y un alcance manejable, y prepararlo para su ejecución. Se trata de ofrecer al cliente la experiencia, los objetivos y las funcionalidades mínimas necesarias. No hay que olvidar la regla del 80/20: el 80 % de los efectos son el resultado del 20 % de las causas.[144] Aunque no siempre se cumple, este principio se aplica con frecuencia en la administración de empresas, tanto en relación con los problemas (el 80 % de las quejas las presenta el 20 % de su clientela) como con los efectos positivos (el 20 % de su clientela genera el 80 % de sus beneficios). La regla del 80/20 también resulta útil a la hora de definir soluciones, y así es como se utiliza aquí. Cuando diseñes un PMV, céntrate en el 20 % de las funcionalidades que tengan mayor impacto en la experiencia del cliente y en los objetivos (véase la figura 28).[145] Al tratar el acelerador 3, veremos cómo escalar e iterar un PMV, utilizando principios de Agile y de Scrum.

Figura 28. Diseñar un producto mínimo viable (PMV): un diseño inicial limitado, pero completo, para un único objetivo y con un alcance limitado.

Fuente: Turner, 2016.

El concepto y los principios del PMV pueden aplicarse a la mejora, la renovación y la innovación. Obviamente, un PMV destinado a la mejora es diferente de otro destinado a la innovación, pero su esencia es la misma: el diseño no debe ser demasiado detallado. No se desea un anteproyecto completamente desarrollado porque se prefiere pasar a la ejecución lo antes posible. Esto es igual para cualquier tipo de cambio, ya sea un proyecto Lean centrado en eliminar errores de *back office* (mejora), un proyecto de sinergia tras una fusión (renovación) o una prueba dividida de una innovación de producto digital con grupos de clientes (innovación).

Asegúrese de que el PMV se ajusta a la situación. Ya ha fijado sus objetivos, ha realizado su análisis y ha decidido qué soluciones harán el trabajo. Ahora tiene que añadir métricas al diseño. Hay que definir qué se medirá durante la ejecución y cómo. Esto siempre es difícil porque hay que medir la ejecución de forma aislada para obtener una lectura clara. ¿Cuánto tiempo de incubación es necesario? ¿Dónde está el límite entre efectos directos e indirectos?

Pase lo más rápidamente posible al siguiente bloque de construcción: un comienzo excelente. Lo que más se aprende es probando las ideas y soluciones en la práctica. Una ola ideal dura cinco semanas, lo que significa que su plazo excede la duración recomendada para el acelerador 2. Pero aquí es donde nos cruzamos con el acelerador 3, que trata de la puesta en marcha. El equipo de ejecución define conjuntos concretos de tareas y se reparte el trabajo.

Haga de la creación de valor y la consecución de objetivos las principales prioridades. Estas son las mismas prioridades que tenía en mente cuando seleccionó esta iniciativa en primer lugar (cuando estaba reuniendo su cartera estratégica en el acelerador 1). Los mismos principios se aplican a nivel de iniciativa: priorizar por valor y urgencia. Los asuntos menos importantes para la creación de valor o la consecución de objetivos pueden tratarse en oleadas posteriores. Así se asegura de que llega a todas las ideas, lo cual es importante porque las ideas sin seguimiento solo erosionan la valiosa energía del cerebro.

La gran diferencia entre este método y otros es que el análisis y el diseño (pensamiento) se interrumpen mucho antes y la ejecución se inicia mucho antes. El objetivo es poner a prueba el diseño lo antes posible, para ver qué funciona y qué no, y por qué. Cuanto antes empiece a experimentar, antes podrá adaptar su PMV e iniciar una segunda oleada. Quizá esté menos seguro del diseño final del producto, pero en este punto del proceso la certeza es sinónimo de falta de imaginación.

Agile para procesos empresariales. Esta forma de trabajar se parece mucho a Agile y Scrum, muy populares en el sector informático desde hace años. En Agile y Scrum, las oleadas se llaman *sprints*. Entretanto, estos métodos también se han abierto camino en otros sectores.[146] También existe cierto solapamiento con el modelo empresarial *canvas* en el sentido de que esta forma de trabajar es radical y práctica.[147]

Bloques blandos del acelerador 2: inicio excelente e implicación psicológica
Todos los aceleradores constan de dos componentes duros y dos blandos. Después de haber tratado con los dos bloques de construcción duros (obligaciones y destrezas), es hora de abordar los dos bloques de construcción blandos del acelerador 2: inicio excelente e implicación psicológica. En el **bloque 7 (inicio excelente)** se elabora un plan de ejecución que refleja los objetivos y priorida-

des de la iniciativa y se pone en marcha el PMV. En el **bloque 8 (implicación psicológica),** el líder de ejecución, ya se trate de un director de proyecto o de programa, y otros actores clave de la vanguardia se comprometen con la iniciativa y sus objetivos.

Aplicación con éxito del bloque 6 (destrezas)

Estudio de caso. fonQ desencadena en Países Bajos la revolución del comercio minorista en línea.

Gran avance. Al igual que Amazon, la empresa minorista fonQ sustituyó en un abrir y cerrar de ojos a los grandes almacenes tradicionales en el corazón y la mente de los consumidores neerlandeses. Esta empresa en línea –cuyo nombre suena como la palabra *chispa* en neerlandés– ofrece una gama de productos que se adapta diariamente a los gustos y modas cambiantes, mientras que su entrega en el mismo día o de un día para otro lleva los productos a la puerta de los clientes en aproximadamente el mismo tiempo que tardarían en ir a la tienda. Llegar a este punto no ha sido un camino de rosas. La empresa tuvo sus problemas y tuvo que tomar decisiones difíciles. El modelo de negocio está repleto de detalles y condiciones. Pero en el negocio digital, *experimentar* es el verbo clave. La diferencia la marca la experimentación operativa basada en hechos (datos reales), pronósticos (estacionales, reconocimiento de patrones) y rasgos de los clientes (no características de segmentos, sino marcadores únicos). Ese es el terreno en el que las empresas buscan continuamente nuevos avances en el rendimiento.

Impacto. La estrategia de fonQ es la ejecución. El desarrollo de la empresa no es una línea recta. Está desarrollando continuamente un paradigma aún mejor basado en una combinación de datos concretos y su sexto sentido sobre cuál va a ser la próxima tendencia. La historia del desarrollo de fonQ es única en el sentido de que su aplicación y su estrategia fueron de la mano. La «chispa» se convirtió en una llamarada: lo pequeño se hizo grande y la práctica hizo al maestro. Los fracasos equivalían a lecciones aprendidas. El negocio se basó en una única aplicación básica: un acto de equilibrio con un gran impacto.

5.3   Bloque 7: inicio excelente

Utilice el ciclo de ejecución (véase la figura 29) para elaborar un plan de ejecución que refleje los objetivos y prioridades de su iniciativa y ponga en marcha su PMV. Ahora se trata de llevar todo eso a la práctica. En esta primera fase, las prioridades serán el fracaso y el éxito rápidos. El objetivo es realizar un experimento rápido para ver qué funciona y qué no, y luego repetir ese patrón, ya que una sucesión de olas cortas ayuda a progresar más rápido. También conviene establecer nuevos hábitos y comportamientos en la organización que ayuden a maximizar las probabilidades de éxito de la implantación.

5.3.1   Empezar a poner en práctica

La ejecución comienza con la redacción de un plan conciso. Si su iniciativa tiene objetivos y prioridades claramente definidos –como debe ser–, su plan de ejecución vincula a los actores con los objetivos, describe quién va a dirigir la ejecución y cómo será la ejecución. Se trata de saber quién va a movilizar a las tropas y cómo van a hacerlo exactamente. Según la hoja informativa del acelerador 2 (véase el recurso 10 del apéndice), un buen plan informa y motiva. Al mismo tiempo, no hay que sobrestimar su importancia y redactarlo debería llevar sin duda menos tiempo que antaño. Los factores más importantes son quién participa en la elaboración del plan y cómo lo hace. Puede que esté diciendo una obviedad, pero si el presunto líder y los actores clave detrás de la ejecución son los que redactan el plan, ya lo poseen a medias y están bien encaminados hacia el compromiso total necesario para desempeñar sus funciones. Ni que decir tiene que el patrocinador principal de la ejecución de la iniciativa también participa en este punto. En resumen, el plan debe ser definitivamente una cocreación.

Es esencial llevar a cabo la primera oleada de ejecución con las personas implicadas desde el principio. El *quid* de la ejecución moderna de la estrategia y de la gestión del cambio es que un mismo grupo de personas fije los objetivos, realice los análisis, diseñe el proceso, redacte el plan de ejecución y prepare la primera oleada de ejecución. Es posible que desee formar un equipo de ejecución, porque la ejecución requiere competencias diferentes a las del diseño del proceso. Pero no cabe duda de que es necesario que los equipos de diseño y ejecución se solapen. El traspaso y la coordinación periódica entre los equipos de diseño y ejecución deben ser estructurados, paralelos e iterativos. El primer golpe es la mitad de la batalla, así que asegúrese de darlo en el clavo. La ejecución de una estrategia moderna es un proceso sano y de alta presión. Piense en el futuro y empiece a ejecutar. Apueste por la velocidad siempre que sea posible y por el rigor cuando sea necesario. Esa es la línea divisoria que usted, como líder, debe cruzar y aceptar.

5.3.2 Llevar a cabo la primera oleada de ejecución

Su principal objetivo es la ejecución. Porque, como ya sabrá, es su primera oportunidad de poner a prueba su estrategia y demostrar que funciona. No lo olvide: estrategia = ejecución. En el acelerador 3 nos centraremos en la iteración y la ampliación. Pero ahora, en el acelerador 2, es hora de empezar a ejecutar. Esto le enseñará mucho sobre qué método de escalado puede funcionar mejor. Así que, zambullámonos de cabeza en la ejecución y comencemos a ejecutar el PMV con la ayuda del ciclo de ejecución (figura 29).

En esencia, el ciclo de ejecución hace operativos momentos clave estandarizados. Los diez pasos del ciclo de ejecución son momentos clave. Durante cada oleada de ejecución, se llevan a cabo una serie de pasos estandarizados. La figura 29 muestra este ciclo de ejecución y los pasos que debe repetir en cada oleada y para cada grupo destinatario. Entre estos momentos clave, todos los implicados realizan un arduo trabajo con la mayor autonomía y libertad profesionales posibles. Pero en esos momentos clave, todo el mundo se reúne y todos dan el siguiente paso siguiendo un formato fijo. Nunca hay que cambiar el formato. Si se hace, se dará paso a un nuevo método.

Este ciclo de ejecución no es el último grito de la jerga de gestión del cambio. Es un proceso bien definido que sigue un conjunto fijo de pasos. La estandarización es un factor de éxito, porque crea tiempo y espacio para la flexibilidad y la creatividad.

Estos diez pasos tienen un principio, un medio y un final claros. También es fácil ver el equilibrio entre dar y recibir. La línea vertical que discurre en línea recta por el centro de la figura marca la frontera entre las actividades del proyecto o el programa, y la organización. El centro de gravedad de la ejecución se sitúa firmemente en el lado de la línea de la ecuación.

Esencialmente, cada acción del ciclo se ejecuta en, para y por su organización de línea.

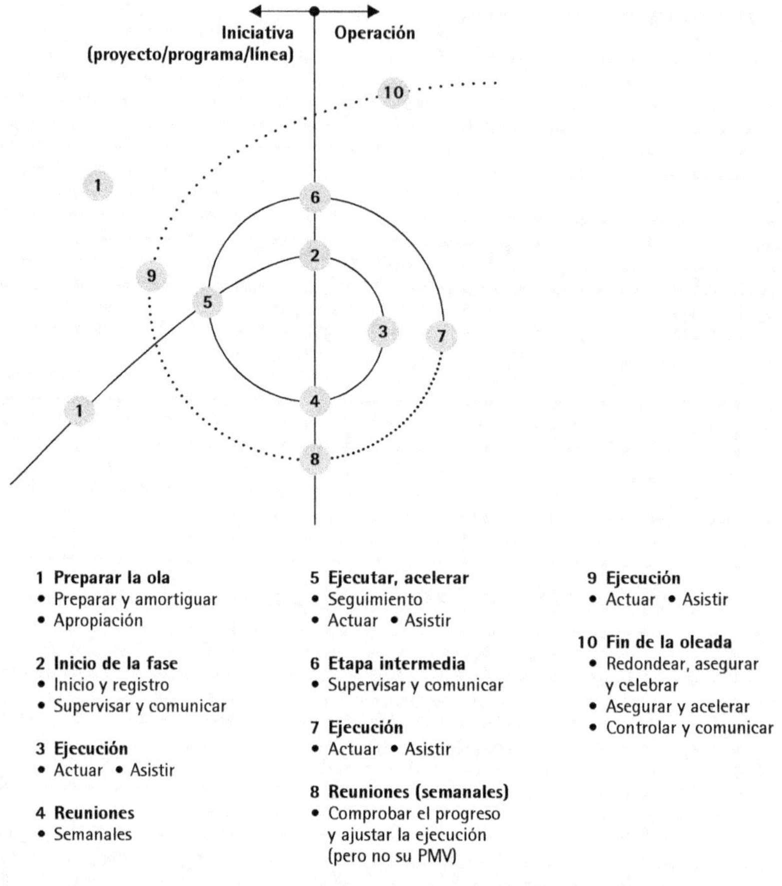

Figura 29. El ciclo de ejecución se acelera. Estos pasos se repiten en cada oleada y para cada grupo objetivo.

Fuente: Turner, 2016.

Al comienzo de la primera oleada, su equipo vive y respira el PMV. Los actores clave comprueban las expectativas y funciones de los demás para asegurarse de que todos leen el mismo guion. A mitad de la fase, llega el momento de comprobar los progresos. Las cosas que necesitan ajustes se ajustan, los problemas más grandes se dejan de lado hasta nuevo aviso —o «se envían al *backlog*», en terminología de Scrum—[148] y se ajustan por separado por su equipo de diseño, ya sea simultáneamente con la ola o en una etapa posterior. Al final de la ola, su equipo evalúa los resultados, su PMV y la ejecución. Los acuerdos SMART [véase la entrada Objetivos del glosario] se utilizan para ajustar su PMV y la forma en que se ejecuta antes de que comience la siguiente ola. Entre el inicio y el final, necesita algunos puntos fijos, como reuniones semanales o incluso diarias, para comprobar rápidamente los progresos. El orden del día debe ser breve: 1) qué se ha conseguido hasta ahora, 2) qué falta por conseguir y 3) qué se necesita. Entre estos momentos clave, cada uno trabaja de forma autónoma, pero no completamente aislado. Los avances se comparten entre los miembros del equipo utilizando tecnología gráfica y de comunicación actualizada.

El verbo que aparece con más frecuencia en el ciclo es *actuar*, referido sobre todo a los objetivos y al comportamiento necesario para convertir el nuevo proceso en nuevos hábitos de trabajo.

La comunicación es un aspecto importante del ciclo. Las personas implicadas en la implantación deben comunicarse directamente con sus compañeros de trabajo y con quienes se pedirá que se unan a ellos en la siguiente oleada. Así se garantiza que la primera oleada de ejecución se traslade directamente a la siguiente, lo que resulta mucho más eficaz que crear paneles de prueba, grupos de discusión y embajadores de la marca.

Resista la tentación de adaptar su PMV durante el ciclo de ejecución. Manténgase fiel al diseño. De lo contrario perderá la noción de lo que está probando y aprendiendo. Los ajustes se hacen al final de una ola, antes de que empiece la siguiente. Esa es la forma de iterar.

Las ondas cortas viajan más lejos. Así es como mi padre explicó una vez por qué podía escuchar Radio Moscú en los Países Bajos. En cuanto al alcance, una buena regla general es incluir en la primera oleada el mismo número de personas que han participado hasta ahora. Así, si entre 15 y 20 personas han participado en el proceso de análisis, diseño y rediseño, ese es un buen número para incluir en la primera oleada. Esto suele equivaler a uno o dos equipos, o a un departamento. Limite el tiempo de las fases a entre seis y ocho semanas. Mantenerlas cortas garantiza la máxima eficacia.

El fracaso es una competencia básica. El lema «fracasa rápido, fracasa barato, fracasa a menudo» es definitivamente aplicable. Por lo general, la gente no tiene miedo de intentar algo y fracasar. Lo que temen es el juego de culpas que viene después. En realidad, el adagio «errar es humano» se predica a menudo, pero no se practica y, de todos modos, suele echarse la culpa a alguien. Tenemos que darle la vuelta y decir «errar es necesario». El fracaso es malo –y costoso– solo cuando no se produce con la suficiente rapidez y cuando nadie aprende de él. El fracaso es el combustible, y sin él la innovación se paraliza. Un directivo que fue atacado por innovaciones fallidas respondió alegremente: «No te preocupes. Tengo planeados al menos diez fracasos más». Fomentar una cultura en la que el fracaso se considere una condición previa para el progreso no es fácil. La empresa neerlandesa ASML, la mayor del mundo en equipos de fabricación de chips, hace un buen trabajo enviando el mensaje de que el fracaso está bien, con un lema propio: «A veces se gana, a veces se aprende».

Por supuesto, la llamada al fracaso no es la misma durante un arriesgado proceso de integración posterior a una fusión que durante una innovación radical. En el primer caso, es vital controlar los riesgos y evitar el desgaste de clientela y plantilla. En el segundo, es tiempo de aventuras: se está explorando y experimentando y, por lo tanto, se fracasa algunas veces.

5.3.3 Fomentar nuevos hábitos de trabajo
Las capacidades blandas son en realidad capacidades duras: lo que se quiere es que la gente desarrolle nuevos hábitos. Fomentar nuevos hábitos puede ser lo más difícil de hacer. Su PMV ha introducido un nuevo proceso empresarial. Ha integrado los cambios de comportamiento necesarios en su diseño y ha incluido KPI para poder medir el rendimiento y responsabilizar a las personas. El ciclo de ejecución descrito anteriormente y los métodos de escalado que se tratarán en el acelerador 3 aumentan al máximo las probabilidades de que su implementación se lleve a cabo de modo eficaz y sostenible. Ese es el objetivo al que aspira.

Para ser un líder eficaz en la ejecución de estrategias, tendrá que entender cómo funciona el cambio de comportamiento. Nir Eyal es un joven empresario de éxito que ha ganado mucho dinero con sus propias *startups* y que ahora da clases en Stanford. Publica y habla públicamente sobre la interacción de la tecnología, la psicología y los negocios y cómo esto provoca cambios de comportamiento en clientelas y plantillas.

En su blog *The strange (but effective) way i stick to hard goals,* cita en primer lugar una definición del psicólogo Benjamin Gardner, del King's College de Londres: «El hábito funciona generando un impulso para realizar un comportamiento con poco o ningún pensamiento consciente».[149] Así que los hábitos son simplemente lo que el cerebro aprende a hacer sin tener que sopesar sus acciones deliberadamente. No todos los comportamientos se convierten en hábitos. A continuación, Eyal da algunos buenos consejos sobre cómo desarrollar nuevos comportamientos. Para empezar, aprender nuevos hábitos no es ciencia espacial. Si se desea llevar una dieta más sana, no deben comprarse alimentos poco saludables. Es la mejor manera de evitar otro paso en falso la próxima vez que apetezca un tentempié a medianoche. «No te dejes arrastrar por la tentación», escribe.

Eyal también habla de escribir un libro. Escribir es un trabajo duro que requiere mucha disciplina diaria. Si espera a que llegue la inspiración, probablemente ese libro nunca verá la luz. Quizá convenga reservar un momento concreto del día a la escritura.

Esto tiene grandes implicaciones. Formar nuevos hábitos es muy distinto de seguir un ritual. Para empezar, hay que aceptar que los nuevos comportamientos no se aprenden con disciplina.

Elimine la disciplina de la ecuación a la hora de fomentar un nuevo comportamiento. Si el comportamiento que intenta fomentar entre su plantilla requiere demasiado pensamiento consciente, es poco probable que se convierta en un hábito arraigado. Al final, todos volverán a los viejos comportamientos. La solución es asegurarse de que los nuevos comportamientos no dependan de la disciplina de los empleados. Una plataforma informática, por ejemplo, puede requerir que las personas completen ciertos pasos antes de poder continuar. En Turner, no recibes un código de facturación por escribir horas facturables hasta que no has introducido hasta el último detalle de los datos del nuevo cliente. Como se puede imaginar, la introducción de datos no es una tarea fácil para profesionales altamente cualificados. Aun así, este ejemplo ilustra una característica importante de muchos procesos empresariales nuevos, y es que la informática desempeña un papel importante, aunque no exclusivo, en el refuerzo de los nuevos comportamientos.

Los nuevos hábitos también deben ser reforzados por la cultura y la dirección. Las normas y valores culturales son una poderosa herramienta para influir en el comportamiento, pero también tienden a estar arraigados. Si lleva años insistiendo en el control del riesgo y ahora, de repente, quiere fomentar una mayor asunción de riesgos en la innovación, no será fácil. También la dirección debe fomentar nuevos hábitos. En mi investigación, me encontré con muchas situaciones en las que la necesidad de una mayor alineación entre ventas y operaciones se abordó mediante la creación de equipos multidisciplinarios de clientes formados por empleados tanto de ventas como de *marketing*.

Sin embargo, algunos comportamientos dependerán de la disciplina. Algunos comportamientos nunca se convertirán en hábitos, pero son necesarios de todos modos. Son los rituales y rutinas indispensables. Cada nuevo proceso viene acompañado de una serie de tareas que sí requieren un nuevo comportamiento, pero que nunca se convertirán en un hábito.

Aplicación con éxito del bloque 7 (inicio excelente)

Estudio de caso. Búsqueda empírica de avances en Würth.

Gran avance. Würth es una empresa alemana proveedora de accesorios y elementos de fijación para la construcción y otras industrias. Su modelo de negocio orientado al cliente –a quien realmente pone en primer lugar– exigía mucho del *back office*. Esto ocurría tanto en la gestión de categorías como en la entrega. Mientras tanto, los márgenes eran cada vez menores. La empresa realmente necesitaba apretarse el cinturón, pero no podía permitirse iniciar grandes programas de segmentación de carteras o clientes que causaran grandes trastornos e interrumpieran las operaciones diarias. El cambio tendría que producirse en la organización de línea, donde la plantilla utilizaría las operaciones del día a día como campo de pruebas.

Impacto. Las mejoras prácticas en el proceso primario mejoraron los ingresos. Se analizaron y simularon los procesos empresariales existentes. Resultó ser un excelente comienzo. Los experimentos con el prototipo y la nueva manera de trabajar durante la ejecución generaron información sobre lo que funcionaba y lo que no. Las mejoras sugeridas tenían que ser fácilmente aplicables (en cuestión de días). A continuación, estas ideas se sometían a una simulación informática y, si esta resultaba positiva, se ponían en práctica a nivel de cuenta, surtido o entrega. Los pequeños cambios eran fundamentales y su efecto práctico era fácil de controlar, incluso por personal de otros departamentos de la empresa.

Nos guste o no, todo proceso incluye algunas rutinas inevitables; por ejemplo, escribir horas facturables o archivar informes de progreso. Esto debe gestionarse para garantizar que se hace. La autogestión funciona mejor, pero los altos directivos también tienen que controlarla. A nadie le gustan las listas de control ni vigilar a la gente, pero es lo que hay. Las tareas forman parte del trato.

5.4   Bloque 8: implicación psicológica

Este elemento consiste en que el responsable de la ejecución (director de proyecto o de programa) y otros actores clave de la coalición de ejecución se identifiquen con la iniciativa y sus objetivos. El líder, junto con el patrocinador principal de la ejecución, necesitará llevar la iniciativa en el proceso de cambio para que otros miembros de la coalición de ejecución y más allá también tomen parte en la iniciativa y la hagan suya.

5.4.1   Escribir una historia

Al tratar el acelerador 1, expliqué la importancia de una historia que acompañe a la estrategia. Al igual que se necesita un gran porqué y un pequeño porqué, también se necesita una gran historia y una pequeña historia. Escriba la historia de cada iniciativa, preferiblemente en forma de carta de presentación de una página o como mensaje de vídeo de un minuto. Debe hacerlo sin dificultad. Si no se le ocurre una historia atractiva que acompañe a la iniciativa, algo va mal. Cualquier iniciativa que sea clave para una estrategia y con la que las personas de la organización se hayan comprometido explícitamente, debe tener una narración. Su historia sobre una iniciativa de optimización en el *back office* de Hacienda debe ser tan persuasiva como la de un proyecto *sexy* de integración tras una adquisición espectacular que dominó las portadas del *Financial Times* durante meses.

5.4.2   Coalición de ejecución: fomentar la apropiación de la ejecución y los beneficios

En esencia, lo que quiere es fomentar la apropiación. Por eso hay que asegurarse de que las funciones clave que son vitales para el objetivo principal de una determinada aceleradora estén ocupadas por actores excelentes.

En el capítulo dedicado al acelerador 1, desmitifiqué el fenómeno de la apropiación y lo presenté de una manera más aceptable. En esa fase, los papeles de patrocinador jefe de ejecución y copatrocinador fueron los más esenciales. En el caso del acelerador 2, la atención se ha centrado principalmente en el papel del líder de ejecución. El líder debe asumir toda la responsabilidad de la ejecución. Lo ideal es que sea alguien de la organización de línea que también será responsable de la materialización de los beneficios en una fase posterior. El líder elige un pequeño equipo de unos pocos actores clave con los que ejecutar esta fase. Estos miembros de este equipo son responsables conjuntos de la ejecución. La ejecución en esta fase significa entregar los resultados del acelerador 2, es decir, un diseño ambicioso pero factible y un PMV. La figura 30 muestra los cinco papeles clave de la iniciativa y su relación con la propiedad durante el acelerador 2.

La *coalición de ejecución* se encarga de llevar esta a cabo. Dirigir la ejecución, o el liderazgo del cambio, consiste en forjar la coalición de ejecución para la iniciativa específica que ahora comienza. Esto puede sonar sensiblero, pero la formación de equipos y la cooperación durante la ejecución es un factor innegociable para el éxito. Y la ejecución empieza ahora, así que es la única oportu-

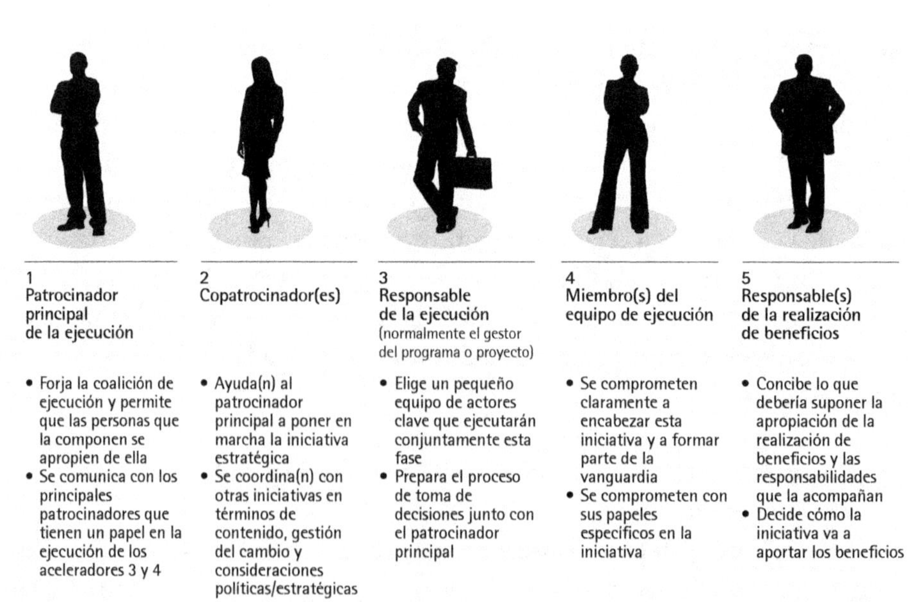

1 Patrocinador principal de la ejecución	2 Copatrocinador(es)	3 Responsable de la ejecución (normalmente el gestor del programa o proyecto)	4 Miembro(s) del equipo de ejecución	5 Responsable(s) de la realización de beneficios
• Forja la coalición de ejecución y permite que las personas que la componen se apropien de ella • Se comunica con los principales patrocinadores que tienen un papel en la ejecución de los aceleradores 3 y 4	• Ayuda(n) al patrocinador principal a poner en marcha la iniciativa estratégica • Se coordina(n) con otras iniciativas en términos de contenido, gestión del cambio y consideraciones políticas/estratégicas	• Elige un pequeño equipo de actores clave que ejecutarán conjuntamente esta fase • Prepara el proceso de toma de decisiones junto con el patrocinador principal	• Se comprometen claramente a encabezar esta iniciativa y a formar parte de la vanguardia • Se comprometen con sus papeles específicos en la iniciativa	• Concibe lo que debería suponer la apropiación de la realización de beneficios y las responsabilidades que la acompañan • Decide cómo la iniciativa va a aportar los beneficios

Figura 30. Coalición de ejecución: apropiación y beneficios que proporciona el acelerador 2.

Fuente: Turner, 2016.

nidad de hacerlo bien. La fuerza de la coalición de ejecución depende del nivel de compromiso de sus miembros. McKinsey ha demostrado que si los profesionales asumen realmente la responsabilidad y tienen suficiente autonomía, las probabilidades de éxito son del 79 %. Compárese con el típico porcentaje de fracaso, que oscila entre el 60 y el 90 %. La psicología del comportamiento corrobora estos resultados: si elegimos hacer algo por voluntad propia, estamos cinco veces más comprometidos que cuando nos obligan a hacer algo. «Querer» motiva mucho más que «tener que».

Pero la motivación intrínseca por sí sola no es suficiente. En este acelerador, el liderazgo del cambio también significa que el patrocinador jefe de la ejecución y el líder de la ejecución trabajen juntos para llegar a las personas ajenas a la coalición y conseguir también su compromiso. Se necesita el compromiso de cualquier parte de la organización a la que, en algún momento, se quiera ampliar. Es un trabajo duro, pero merece la pena optimizar el compromiso mediante la comunicación y la cocreación con las partes interesadas externas. El mismo estudio de McKinsey citado anteriormente revela que las organizaciones que hacen esto tienen cuatro veces más éxito que las que no lo hacen.[150]

Una coalición de ejecución maximiza sus posibilidades de éxito porque puede garantizar no solo la alineación entre dirigir la empresa y cambiarla, sino también la alineación horizontal entre disciplinas y la alineación vertical entre cadenas de valor. En este acelerador, la alineación consiste principalmente en alinear las distintas dependencias que existen entre iniciativas paralelas con objetivos y logros estrechamente relacionados.

5.4.3 Hacer que cada miembro de la coalición de ejecución se implique

No hay apropiación sin compromiso y viceversa. Es fundamental que todas las personas implicadas se sientan responsables de la ejecución y de los objetivos que se pretenden alcanzar. Esto se aplica a las cinco funciones de la coalición de ejecución. El sentido de pertenencia determina si la ejecución de la estrategia está dirigida por un genio con mil ayudantes –lo que no logrará nada– o por un líder o lideresa que entiende que los resultados dependen de que todos los miembros de la coalición sientan que son personalmente dueños. Sin embargo, el compromiso sólido también tiende a causar cierta fricción, porque cada profesional que se compromete realmente con algo también tiene una opinión firme al respecto. He aprendido a apreciar eso, pero tengo que admitir que también puede ser un poco molesto. Esta es una de las cuestiones más difíciles que los líderes tienen que aprender a superar: saben que deben establecer un marco claro y asignar tareas claras, pero también saben que nada funciona si un líder potencial no está motivado. Y la motivación de un líder depende del grado de autonomía que tenga para llevar a cabo la tarea. Un líder potencial que se comprometa con una tarea la tratará como si fuera asunto suyo, y eso es exactamente lo que usted busca. Sin embargo, esto requiere tiempo y esfuerzo por su parte. No puede llamar a un posible líder desde el coche el día antes del inicio de la campaña y decirle: «Queremos que dirija un proyecto importante. Sé que es con poca antelación, pero queremos que lo haga. ¿Puede estar mañana en el saque inicial? Ah, ¿y puede dirigirse al equipo también entonces?». Por supuesto, algo así está destinado al fracaso. Como dijo un profesional: «Estimado directivo, si dedica más tiempo a decidir qué Aston Martin comprar que a aclarar el papel que le gustaría que yo desempeñara, entonces no me interesa». Véanse también los consejos prácticos al final de este capítulo.

5.4.4 Ampliar la apropiación más allá de la coalición de ejecución
Aumentar la apropiación externa mediante la retroalimentación, la comunicación y la interacción. En otros tiempos, esto se habría incluido bajo el epígrafe *Comunicación,* pero como establecimos en el acelerador 1, la comunicación es un tráfico unidireccional y, como tal, demasiado poco comprometido, especialmente cuando su objetivo es conseguir la apropiación de la ejecución y los beneficios. La comunicación es solo una de las herramientas que necesita para crear apropiación. Será mejor que se acostumbre a este enfoque multiherramienta, porque es algo que también resultará útil en los demás aceleradores.

Este acelerador trata de allanar el camino para la inclusión de más actores clave en una fase posterior. Para ello, hay que elegir y organizar actividades con los actores clave actuales y valerse de la propia iniciativa para evaluar qué grupos, equipos o departamentos se verán afectados por ella más adelante. Así sentará las bases para implicar a más gente en la ejecución más adelante.

Para ello, hay que tomar algunas decisiones claras. ¿A qué grupo de destinatarios quiere llegar, cuándo, con qué mensaje y para qué objetivo interactivo? ¿Y qué información, recursos y formatos son apropiados para ello? Sobre todo esta última pregunta es crucial. El *quid* de la cuestión es encontrar la combinación adecuada de actividades que equilibre la difusión amplia y la restringida, y la comunicación unidireccional y la interacción. El esquema de la figura 19 (pág. 131) puede ayudarle a crear la combinación adecuada. Esta figura muestra qué formatos y recursos son apropiados para fomentar la identificación con cada objetivo y grupo destinatario.

El tono y el formato son tan importantes como el contenido del mensaje. Las actividades que seleccione para fomentar la implicación deben reiterar y reforzar sus objetivos. Los participantes deben comprender inmediatamente por qué se les ha invitado, qué pueden esperar que ocurra y cuál es el resultado previsto, para que puedan adoptar una postura sobre la iniciativa desde el principio. De este modo, pueden prepararse y hacer preguntas y expresar las dudas que puedan tener. Solo entonces podrán hacer suya la iniciativa. También es importante que todo sea personal. Utilice diversas técnicas de influencia personal, social y estructural para lograr un cambio de comportamiento duradero. Durante cada actividad, compruebe la motivación y la capacidad. Como ha demostrado David Maxfield, los gestores del cambio con éxito utilizan sistemáticamente diversas fuentes de influencia.[151] Veamos algunos ejemplos de formas atractivas de implicar a la gente en el debate y conseguir que cambien su comportamiento.

La gamificación ya forma parte del trabajo en las organizaciones. Sobre todo en el ámbito de los recursos humanos, donde ofrece una nueva dimensión

---

Aplicación con éxito del bloque 8 (implicación psicológica)

Estudio de caso. Universidad de Ciencias Aplicadas de Utrecht, Departamento de Naturaleza y Tecnología.

Gran avance. Los equipos de mejora de procesos de los programas educativos, en un esfuerzo por frenar el declive de los resultados educativos de la facultad, empezaron por implicar activamente al personal docente para que se comprometiera a mejorar. De este modo, todos los implicados se unieron en torno a una idea compartida de las causas del problema y las soluciones que podrían conducir a un mayor éxito docente, así como a una claridad sobre las formas en que se esperaba que contribuyeran los miembros del equipo.

Impacto. En todas las vías educativas del departamento, el personal colaboró en la mejora de los resultados del estudiantado. Los equipos de mejora de procesos estaban motivados para aumentar el número de personas que se graduaban.

a los tipos tradicionales de formación. La formación tradicional no ha perdido su valor, pero tiene que adaptarse a la era digital. La formación genérica es bastante inútil. La gamificación hace que la formación sea más específica y orientada a la ejecución. Funciona especialmente bien porque las personas retienen mejor y durante más tiempo la información que aprenden de forma lúdica. Se trata, por supuesto, de una cualidad muy pertinente para su uso en la ejecución de estrategias y la gestión del cambio.[152]

Si algo nos han enseñado las leyes del cambio es que los cambios duraderos son difíciles de conseguir. Para ilustrar algunas de las leyes del cambio, se puede intentar lo siguiente en una reunión inicial para un proyecto de renovación. Divida al grupo en parejas y pídales que se pongan frente a frente. Pídales que se den la vuelta y cambien cinco cosas de sí mismos. A continuación, pídales que se den la vuelta y nombren los cambios que ha hecho el otro. Este ejercicio demuestra que es difícil abandonar lo conocido y que es más difícil hacer cambios radicales que cambios graduales. También demuestra lo rápido que tendemos a volver a nuestro antiguo comportamiento, porque en cuanto termina el ejercicio, la mayoría de la gente se quita rápidamente la cinta de Jimi Hendrix de la cabeza y devuelve la corbata a su sitio, debajo del cuello de la camisa.

Viva el proceso. Mi última sugerencia para influir en el comportamiento de la gente es utilizar el vídeo. Grabe el proceso anterior, luego prepare una simulación del nuevo proceso y grábela también. Luego hágase pasar por un analista de laboratorio y estudie de cerca las diferencias mientras se hace la gran pregunta: «¿Hemos logrado un gran avance?». Este análisis y su diseño inicial le ayudarán a evaluar el impacto de la ejecución.

Consejos útiles para un liderazgo de éxito

Cada capítulo concluye con varias ideas prácticas y probadas que han ayudado a líderes y profesionales a marcar la diferencia en situaciones del mundo real. También puede utilizarlas como mini casos prácticos y puntos de aprendizaje.

1. **Observe qué hacen los demás.** Como me dijo un asesor estratégico de un consejo de administración: «Normalmente, los análisis fundamentales de la gente están bien. No es un problema. Pero sus análisis suelen ser demasiado lineales. Yo siempre organizo un par de visitas a otras empresas o

instituciones de un campo o sector totalmente distinto. La idea es ver cómo hacen las cosas allí e inspirarse. La mayoría de las veces, volvemos con *nuevas perspectivas* interesantes que pueden dar lugar a avances refrescantes».

2. **Menú de análisis.** En palabras de un director de programa: «El 80 % de los análisis que hacemos son muy parecidos, pero la gente seguía reinventando la rueda. Ya estaba harto, así que les pedí que elaboraran un *menú* con los análisis más frecuentes. Elegir los análisis que necesitamos de ese menú nos ahorra literalmente semanas de tiempo».

3. **Base de datos de ideas.** «A un tonto se le pueden ocurrir más ideas que a una docena de genios ponerlas en práctica –me dijo una vez un director de operaciones–. Pero la cuestión es que hay que seleccionarlas y espaciarlas. A menudo se evaporan. Así que he creado un *repositorio de ideas,* que actúa como un amortiguador. Tiene un efecto tranquilizador en la organización. Poner una idea en la base de datos da a la gente la sensación de que obtienen un recibo mental».

4. **Base de datos de mejores prácticas y próximas prácticas.** Otro directivo me dijo que había creado una base de datos de mejores prácticas y *próximas prácticas.* Es importante distinguir entre ambas, subrayó. Las próximas prácticas aún no existen, por lo que dirige su atención a la siguiente renovación en lugar de limitarse a hacer circular las mejores prácticas existentes.

5. **La sala PMV.** Prácticamente todo el mundo reconoce que no tiene sentido diseñar planes exhaustivos. Un PMV es la mejor manera de empezar a probar una idea en el mundo real. Aun así, a menudo un PMV sigue siendo una abstracción porque solo existe en la pantalla o en el papel. «La ejecución funciona mejor si primero das vida al PMV en un *espacio equipado* con herramientas físicas de diseño. En esa sala de PMV se puede dibujar, fotografiar o pintar el proceso del cliente, o realmente hacer cualquier cosa que contribuya a la verosimilitud del escenario», me dijo un profesional.

6. **El arranque inteligente: predictor 1.** Si las señales no son positivas, detenga el proceso. Nunca desperdicie una puesta en marcha. Una direc-

tora de programa me contó una vez que, cuando descubrió que tenía que luchar por el tiempo y los recursos necesarios para una buena puesta en marcha, y se suponía que debía estar contenta con la escasa asistencia al acto, lo canceló. Si la inauguración iba a ser solo su fiesta, no habría fiesta. Hoy en día, incluso cancela el acto si el patrocinador principal y otras personas clave de la organización no muestran suficiente *compromiso*. «Una puesta en marcha inteligente es una gran oportunidad para avanzar en los objetivos duros y sentar las bases de la implicación y el compromiso en los objetivos blandos. El primer golpe es la mitad de la batalla. Suponiendo que se dé en el blanco».

7. **Un café para implicarse.** Lo más importante es que la gente se implique de verdad y se comprometa con la ejecución y sus objetivos. Querer es mucho más eficaz que tener que hacerlo. Así lo expresó un alto directivo: «Dedico mucho tiempo a eso y también intento que sea divertido. Mi manera favorita es lo que yo llamo *café del compromiso*. Invito a todas las personas clave, una por una, a tomar algo conmigo. Pido un plato de aperitivos y hablamos seriamente del reto al que nos enfrentamos. Quiero averiguar si ese jugador clave quiere aprovechar la oportunidad y qué necesita para hacer el trabajo. Si noto falta de compromiso, retiro la oferta».

Todas estas ideas exigen implicarse a fondo. Y eso requiere mucho tiempo. En gran medida, la eficacia de una estrategia depende del tiempo que exija. Vale la pena pensar un poco en cómo aprovecharlo mejor.

Y por último, los bloques 7 y 8 son universalmente aplicables al cambio de tipo 1 (mejora), del tipo 2 (renovación) y del tipo 3 (innovación). Sin embargo, no es algo a medida, «una talla» para todos: por supuesto, es necesario diferenciar, adaptar y ajustar.

6

Acelerador 3: cosechar

La reforma de una cocina cuesta 38.769 dólares en lugar de 18.658 / Un loco solitario / Con la vista puesta en el premio / Métricas de vanidad / El principio de las dos pizzas / Un distribuidor de lotes de bienvenida para bebés

¿Cuándo es relevante este acelerador y por qué?
Seamos sinceros: los aceleradores 1 y 2 resultan divertidos para la mayoría de directivos y profesionales. Ambos requieren curiosidad, creatividad, capacidad innovadora y habilidad conceptual. Pero en el acelerador 3, que trata de cómo concretar y ejecutar un diseño, mucha gente pierde el interés. Es una lástima, porque en esta fase se necesita compromiso. De lo contrario, no se llegará a la parte de ejecución de la estrategia. El acelerador 3 deja bien claro quiénes son los verdaderos líderes del cambio.

Asignación máxima recomendada de tiempo y recursos para este acelerador
Plazo de tiempo: cinco semanas para elaborar el diseño y cinco semanas para cada fase de ejecución.

Aunque este capítulo es más breve que los dedicados a los aceleradores 1 y 2, no se deje engañar: este es el acelerador al que debe dedicarse más tiempo. De hecho, es el mayor factor que determina sus probabilidades de éxito: dedicar el 80 % del tiempo y los recursos a la ejecución pura y dura.

Y no es de extrañar: nos acercamos al meollo de la cuestión. Ha llegado el momento de mostrar determinación y ejecutar realmente los planes previstos en lugar de pensar en nuevas ideas mientras las primeras ondas cerebrales aún no han tenido la oportunidad de producir ningún beneficio.

Bloques duros del acelerador 3: beneficios y desarrollo continuo
Todos los aceleradores constan de dos bloques duros y dos blandos. Los dos primeros bloques del acelerador 3, beneficios y desarrollo continuo, son duros. En el **bloque 9 (beneficios)** se comienza a monitorear y cosechar los beneficios al llevar el PMV a través de su primera fase de ejecución. En el **bloque 10 (desarrollo continuo)** se ajustará el PMV a partir de los comentarios de la clientela, así como de diversas consideraciones prácticas.

6.1   Bloque 9: beneficios

Ahora que el PMV se encuentra en su primera fase de ejecución, ha llegado el momento de supervisar y cosechar beneficios. Este módulo aborda la diferencia entre los objetivos y el potencial de mejora, la importancia de la gestión de la realización de beneficios, la necesidad de un método de medición práctico para supervisar la ejecución, el modo en que las métricas ayudan a validar el aprendizaje y a la manera de medir y cosechar correctamente desde la primera fase de ejecución.

6.1.1   Tomarse en serio la gestión de la realización de beneficios
Hay una distinción elemental entre los objetivos de una iniciativa y su potencial de mejora. No se deben confundir estas dos nociones. El potencial de mejora es un valor absoluto y se refiere al mejor resultado posible. El objetivo es de otro orden: se refiere a la parte de la mejora potencial que se desea alcanzar en una fecha determinada de su ejecución. Determinar la mejora potencial ayuda a distinguir entre niveles de viabilidad, lo que a su vez permite fijar un objetivo en función de la urgencia y la viabilidad. Estos objetivos, ya se dirijan a un equipo o a una persona en particular, suelen denominarse *metas.*

Esta distinción entre mejora potencial y objetivos no es solo una diferencia importante en cuanto al fondo: también sirven para gestionar las expectativas. Si en la empresa circulan rumores de alguna mejora potencial extremadamente alta sin mencionar que no se trata del objetivo de ejecución, costará mucho encauzar la situación. Cualquier opción más realista –y, por lo tanto, más modesta– se considerará como un revés.

Los objetivos cuantitativos deben preceder siempre a los cualitativos. Si nos centramos primero en el aspecto cualitativo de la fijación de objetivos, corremos el riesgo de pasar por alto el aspecto cuantitativo. Por lo tanto, tiene sentido empezar con las cifras concretas y luego encontrar la manera de convertirlas en cualitativas.

Los objetivos óptimos deben superar en un 10 % a los resultados óptimos. No hay que fijar objetivos demasiado altos porque eso desanimaría a cualquiera. Pero tampoco hay que fijarlos demasiado bajos exactamente por esa misma razón. Hay que crear una cierta tensión entre lo que la gente considera óptimo y lo que se considera satisfactorio en última instancia.

Cuidado con la falacia de la planificación al prever los beneficios. El premio Nobel Daniel Kahneman lo denomina *paradoja de la planificación:* la tendencia a sobrestimar los beneficios y subestimar los costos. Un interesante estudio de 2012 demostró que, en términos generales, los estadounidenses esperaban que la reforma de su cocina costara 18.658 dólares, cuando en realidad el precio medio fue de 38.769 dólares. De una manera análoga, muchos ejecutivos de alto nivel asumen que sus proyectos aportarán muchos más beneficios de los que realmente aportan. Al menos, eso es lo que hacen en privado. Cuando se comunican con el consejo de administración y los analistas, tienden a dejar algo de margen.

Gestión de beneficios y de la realización de beneficios. Los beneficios son los cambios mensurables y planificados que se derivan de una iniciativa estratégica y se consideran beneficiosos para las partes interesadas.[153] Los beneficios son resultados netos: lo que queda después de deducir los costos y los beneficios negativos, que no son lo mismo que los costos. Los costos son cosas como las inversiones en un programa destinado a permitir que la empresa logre los beneficios. Los beneficios negativos, por su parte, pueden ser la pérdida de ingresos como resultado de la retirada de un mercado concreto.

En la ejecución de la estrategia, la gestión de la realización de beneficios se refiere al establecimiento, la puesta en funcionamiento y el uso de un sistema de medición de beneficios. También se conoce como *gestión de casos empresariales* o *seguimiento de objetivos.* Pero ¿qué diferencia hay entre una denominación y otra? Ambas implican que se usen métricas para medir los resultados de las iniciativas estratégicas. Yo utilizo el término *gestión de la realización de beneficios*. En general, suele hablarse de *gestión del rendimiento empresarial,* que consiste en medir los resultados de la gestión ejecutiva diaria (dirigir la empresa) y de la gestión de la mejora, la renovación y la innovación (cambiar la empresa). Puede determinar cómo se traducen en sus KPI en términos de satisfacción de clientela y plantilla, ingresos, beneficios, etc. Pero hacer un seguimiento de las mejoras (cambio de tipo 1), renovaciones (tipo 2) e innovaciones (tipo 3) por derecho propio es mucho más difícil. Y, sin embargo, eso es exactamente lo que quiere hacer.

Tendrá que dedicar cada vez más tiempo, dinero y energía a mejorar, renovar e innovar. Al fin y al cabo, los resultados le permitirán competir mejor y sobrevivir. Pero para conseguirlo necesita saber exactamente qué funciona y qué no, y también diferenciar entre cada tipo de cambio. No es lo mismo medir un proyecto de mejora y extraer conclusiones basadas en esos datos que medir el progreso e interpretar los datos en un proyecto de innovación radical que da lugar a nuevos modelos de negocio.

Estructura del árbol de beneficios. Analice detenidamente los KPI que decida utilizar para obtener métricas sobre los beneficios. No todos los indicadores de rendimiento son adecuados para medir si está obteniendo los resultados deseados. A veces es necesario utilizar sub-KPI que más tarde podrá combinar para medir su KPI final. Si a esto añadimos que muchos KPI están interrelacionados, nos hacemos una idea: hay que tenerlo muy en cuenta. Cuando diseñamos el prototipo con el acelerador 2, el equipo dedicado a las métricas y el equipo dedicado al diseño del plan establecieron la mayoría de las variables y las relaciones que mantienen entre unas y otras. Por ejemplo, más visitas a un sitio web se convierten en más solicitudes de presupuesto y estas, a su vez, se convierten en más ventas. En última instancia, usted querrá construir una estructura de árbol de KPI que incluya todos sus objetivos estratégicos finales, sus beneficios, sus KPI y las relaciones entre ellos. En el recurso 9 del apéndice se ofrece una visión general de los KPI o indicadores más utilizados.

Compare también los beneficios con las partes interesadas y marque las intersecciones de unos y otros con un código que indique si un beneficio tiene un impacto positivo, neutro o negativo en todas y cada una de ellas. Es posible que acabe con una relación bastante desequilibrada en la que haya muchas marcas verdes en la columna del accionariado, muy pocas en la referida a la clientela y ninguna en la asignada a la plantilla.

La propiedad de los beneficios es clave en la gestión de la realización de beneficios. Si hay un aspecto clave en la realización de beneficios, es la propiedad de beneficios específicos. Esto hay que trabajarlo bien. Encuentre a alguien que considere que cumple los requisitos desde el principio y dele la oportunidad de comprometerse personalmente con este beneficio. Así aumentará al máximo sus posibilidades de que realmente lo acepten. En la misma línea, debe desglosar la responsabilidad general en responsabilidades más concretas, que atañen tanto al equipo como a cada uno de sus integrantes. ¿Se preocupan todas las personas adecuadas de las responsabilidades adecuadas o todo recae sobre un «loco solitario»? Esto marca la diferencia entre que todo un equipo celebre la realización de los beneficios o que lo haga un solo individuo.

Nunca pierda de vista el objetivo. Compruebe constantemente si los objetivos y los beneficios de esa iniciativa están en consonancia con los objetivos generales de la organización. Toda iniciativa debe contribuir al «premio». Pero no pierda de vista los efectos secundarios, como los beneficios casuales. Un amigo mío creó una plataforma publicitaria internacional para la industria del juego y, durante el proceso, adquirió enormes cantidades de datos sobre esa industria. Esos datos resultaron ser más valiosos que su modelo de ingresos basado en comisiones publicitarias. Les sacó provecho y los integró en su modelo de negocio.

La gestión de la realización de beneficios puede ser difícil. Puede ser difícil determinar qué parte del aumento de los ingresos se debe a su proyecto de eficacia de ventas, porque es difícil aislar la contribución de ese proyecto de otras variables como las fluctuaciones inesperadas del mercado —distintas de las fluctuaciones estacionales normales—, el regreso de su mejor vendedor de un año sabático o el impacto inmediato que los indicadores económicos trimestrales tienen en el gasto de los consumidores. Algunas personas se quedan tan paralizadas por estos factores que deciden no medir nada en absoluto, pero otras tienen el valor de hacer suposiciones, objetivar lo subjetivo lo mejor que pueden y ser transparentes sobre cómo lo hacen. Luego plantean hipótesis y realizan análisis de sensibilidad, lo que aumenta su capacidad de aislar y medir la contribución de un proyecto. Recomiendo encarecidamente adoptar un enfoque valiente.

Designe a un gestor y a un equipo de realización de beneficios independiente, pero asegúrese de mantener un estrecho contacto con sus gestores de proyectos y programas. La gestión de la realización de beneficios proporciona información directa para la gestión de acciones, riesgos y progresos. Si se trata de un programa complejo, conviene crear un pequeño equipo de métricas. Pero el equipo debe mantenerse en estrecho contacto con la oficina de gestión del programa, porque el personal de métricas y el gestor del programa deben consultar periódicamente lo que hay que hacer. Si considera la posibilidad de combinar la gestión de la realización de beneficios para el funcionamiento de la empresa y el cambio de la empresa, asegúrese de que la responsabilidad de ambos recae en la misma persona.

Los beneficios no deben interponerse en el camino de otros beneficios. A veces un proyecto despega de verdad y consigue grandes beneficios mucho antes de lo esperado. Aun así, sus procesos primarios deben seguir siendo siempre su máxima prioridad, porque el día a día del funcionamiento de la empresa debe continuar a toda costa.

6.1.2   Establezca un sistema de medición práctico

Utilice un sistema de medición sencillo. Una vez que haya traducido el máximo potencial de mejora de una iniciativa en un objetivo de ejecución concreto, necesita una forma de medir lo bien que lo está haciendo. Su análisis y diseño deben basarse en un fundamento cuantitativo expresado en una serie de hojas de cálculo sustanciales. Por ejemplo, un programa destinado a reducir costos y mejorar la calidad de la gestión administrativa mediante objetivos de eficacia y eficiencia necesita, sin duda, análisis independientes y puntos de referencia sólidos. En última instancia, hay que condensarlos en una serie de resúmenes que ofrezcan de un vistazo una visión concisa de los objetivos, análisis, diseños y argumentos comerciales. Estos resúmenes suelen servir para definir un objetivo para cada proceso y, por supuesto, para vincularlo a los responsables de la ejecución y los beneficios.

¡Mida! La clave está en empezar a medir inmediatamente la iniciativa que se está ejecutando. Los líderes eficaces supervisan el progreso de toda la cartera trimestralmente y las iniciativas actuales cada mes. Es mejor enfrentarse al diablo que andar a tientas con los ojos vendados.

Como vimos en el acelerador 2, hay que fijar objetivos tanto por lo que respecta a la estrategia como a la iniciativa. Si su objetivo es lograr un crecimiento del 10 % en un mercado en consolidación, probablemente tendrá que combinar los tres tipos de iniciativas de cambio. Todos los líderes saben cómo forjar objetivos de crecimiento abordándolos desde varios ángulos al mismo tiempo. Permítanme darles tres ejemplos prácticos.

Ejemplo de iniciativa de mejora (tipo 1). Proyecto de mejora destinado a conseguir más contratos y aumentar así los ingresos procedentes de los mercados y clientes existentes. El cambio de tipo 1 (mejora) tiende a centrarse en objetivos únicos y se ejecuta en un único proceso dentro de una única disciplina. La claridad de su alcance hace que una iniciativa de este tipo sea fácil de medir. En este ejemplo, una organización de servicios profesionales puso en marcha un proyecto Lean para mejorar su tasa de conversión de ofertas. Antes de la iniciativa, su índice de conversión era de uno de cada siete. Un equipo de mejora de procesos analizó la situación e identificó algunas victorias rápidas y algunas mejoras menores y mayores que debían introducirse en el proceso de ventas. Las mejoras tenían que ver con optimizar la traducción de las peticiones de los clientes en entregables; incorporar tiempo para la consulta iterativa con el cliente —en lugar de pretender que una sola discusión es base suficiente para hacer una oferta— y formular explícitamente una visión sobre la petición del cliente en lugar de limitarse a copiar la petición.

Al introducir estos cambios, la empresa mejoró su conversión de licitaciones a una de cada cinco en solo tres meses, y a una de cada cuatro al cabo de seis meses. Sin pecar de falsa precisión, el equipo de mejora de procesos había hecho una medición de referencia y establecido un sistema de medición claro con tres correcciones sencillas incorporadas: una para las fluctuaciones estacionales; otra para el crecimiento orgánico y lo que el día a día de la dirección de la empresa contribuía a ello, y otra para la rotación del personal (la organización estaba creciendo y contratando a gente nueva). El equipo también introdujo varios puntos de medición objetivos. Una vez al mes, se medía la contribución del proyecto de mejora al objetivo de crecimiento. Obviamente, el equipo también se ocupó de los aspectos básicos de la gestión del cambio (las habilidades blandas o *soft skills*). A mucha gente le cuesta, pero se trata simplemente de implicar a todos los profesionales de la venta, sobre todo a los que no participaron en los primeros análisis. Es tan sencillo como eso, así que no lo complique en exceso.

Ejemplo de iniciativa de renovación (tipo 2). Proyecto de integración posterior a una fusión cuyo objetivo es la sinergia de ventas. Las renovaciones suelen centrarse en la consecución de varios objetivos simultáneamente y a menudo afectan a múltiples procesos, disciplinas y departamentos. En este caso, el proyecto de integración siguió a la absorción de un mayorista por otro mayorista. Las fusiones y adquisiciones suelen denominarse *fusiones y plagas* por su escaso éxito a la hora de crear sinergias reales. Obviamente, la razón principal de este fracaso es la falta de esfuerzo de integración tras la fusión. La ausencia de una sección de integración posterior a la fusión en el informe de diligencia debida que precede a la operación suele presagiarlo. En este ejemplo, sin embargo, tanto los objetivos como el mandato de integración posterior a la fusión estaban claramente definidos. Había objetivos explícitos en términos de sinergia de ventas. Los dos mayoristas se preguntaron a qué mercados y a qué clientes podrían atender conjuntamente de forma más eficiente y cómo conseguirlo. Las fusiones suelen provocar una pérdida de clientes a corto plazo porque las empresas se centran demasiado en sí mismas, pero en este caso había un plan para evitarlo. Una de las medidas fue crear un plan de tratamiento de alfombra roja para las diez principales cuentas de ambos mayoristas, a cargo de equipos de cuentas dedicados de ambas organizaciones. Otro problema habitual tras la fusión es la fuga de talentos. Para solucionarlo, la nueva organización puso en marcha un proceso de gestión del talento. Identificaron a los cincuenta mejores empleados de ambas empresas y organizaron para cada uno de ellos una entrevista personal con un representante de la nueva dirección y su nuevo responsable. Fue toda una hazaña, teniendo en cuenta el tiempo que puede tardar una empresa fusionada en encontrar a sus cien mejores empleados. Sin embargo, la nueva organización dio máxima prioridad a completar el proceso en menos de dos meses. E incluso en los casos en que las cosas no acababan de cristalizar, las entrevistas siguieron adelante de todos modos. Aunque los objetivos de esta iniciativa posterior a la fusión afectaban a los procesos estratégicos, de ventas, *marketing* y recursos humanos, se mantuvieron mensurables.

Ejemplo de iniciativa de innovación (tipo 3). Proyecto de innovación destinado a crear nuevos modelos de ingresos y de negocio que deben contribuir de forma cuantificable a los objetivos de crecimiento de la organización. En su versión más extrema, la innovación radical no afecta a ningún proceso, disciplina o departamento existente. Al fin y al cabo, se trata esencialmente de la creación de un nuevo modelo de negocio. Sin embargo, medir sus efectos no es tan sencillo. Como mencioné en el acelerador 1, tiene mucho sentido utilizar el modelo Lean Startup de Eric Ries para la innovación radical. No solo es un excelente método de innovación, sino que también explica muy bien cómo medir la ejecución. Ries advierte contra las métricas de vanidad y recomienda crear una verdadera contabilidad de la innovación en referencia a los modelos de negocio digitales. Las métricas de vanidad miden el número total de personas usuarias registradas y el número total de clientes. No son parámetros inútiles *per* *se,* pero también se necesitan métricas procesables.[154] Sin embargo, la verdadera contabilidad de la innovación implica establecer un sistema disciplinado para determinar si estamos logrando lo que nos proponemos mediante el aprendizaje validado a través de la experimentación. La empresa de inversión Andreessen Horowitz ha elaborado una lista de 32 métricas para *startups,* pensadas específicamente para la innovación digital. Estas métricas abarcan desde métricas financieras y empresariales hasta métricas de producto y compromiso. Merece la pena estudiar esta lista, que se incluye en el recurso 9 del apéndice.[155]

6.1.3   Utilizar el aprendizaje validado

El aprendizaje validado en los proyectos de innovación consiste en mostrar pruebas de progreso al tiempo que se afrontan las condiciones de incertidumbre en las que operan la mayoría de las nuevas empresas.[156] El aprendizaje validado es el proceso de recopilación de pruebas basadas en la práctica de verdades sobre su clientela actual y futura. Es mucho más concreto, preciso y rápido que los pronósticos de mercado o la planificación empresarial clásica. Se trata de aprender. Todo lo que no sea aprender de sus usuarios queda eliminado. En otras palabras, el aprendizaje validado es el que se basa en el desarrollo real de su organización y se apoya en datos reales de los clientes. Una *startup* debe realizar experimentos que permitan a la organización aprender y navegar con éxito por aguas inciertas.

Convierta sus suposiciones de salto de fe en un modelo cuantitativo.[157] La contabilidad de la innovación consta de los siguientes pasos: 1) utilice su primer PMV para recopilar datos reales sobre su línea de base; 2) afine su motor desde el principio ajustando su PMV, y 3) itere su PMV para optimizarlo mediante aprendizaje validado. Cuanto más se acerque al punto óptimo, más rápido podrá decidir si persevera o cambia.[158]

Los tests multivariables o pruebas divididas y los análisis de cohortes son dos de las herramientas más importantes del método Lean Startup. En lugar de mirar un gráfico acumulativo de los ingresos o el número de visitas, hay que mirar grupos separados de clientes (cohortes).

Las métricas permiten medir el progreso. Las métricas deben cumplir tres requisitos. En primer lugar, deben ser procesables; deben mostrar una relación causal (por ejemplo, visitas diarias). En segundo lugar, deben ser accesibles. Solo así pueden analizarse, y si no son accesibles son una pérdida de tiempo. En tercer lugar, deben ser verificables. Tiene que estar seguro de que son precisas y puntuales. Cualquier métrica que no cumpla estos tres requisitos es una métrica de vanidad, una métrica que no es procesable.[159]

Evite las métricas de vanidad. Una gran editorial científica tuvo cuidado de evitarlas. La organización tenía una cartera equilibrada de iniciativas de innovación. Consciente de que innovar con éxito no es nada fácil, la empresa aplicó religiosamente los principios que Eric Ries especifica en Lean Startup. Su cartera mostraba una amplia y extensa exploración de ideas en toda la empresa, una selección de ideas basada en el valor para el cliente y las oportunidades, y bosquejaba ciertas líneas en las que experimentar. El número de experimentos que llevaron a cabo se basó en un simple cálculo: ¿cuántos experimentos necesitamos para acabar teniendo suficientes con éxito? ¿Qué podemos manejar y qué es medible? La editorial también se aseguró de que hubiera un equilibrio entre los experimentos de innovación generados internamente y las nuevas empresas, las empresas derivadas y las adquisiciones. En la figura 15 de la página 121 se recuerda cómo organizar la innovación radical. El editor de este ejemplo utilizó métricas para supervisar el progreso de la ejecución de los experimentos de innovación.

6.1.4 Medir y cosechar

En el acelerador 2 comenzó la primera fase de ejecución. Esto vale su peso en oro para su objetivo principal de realizar sus objetivos estratégicos, pero también para alimentar su proceso de aprendizaje y medición. Descubrirás lo que funciona y lo que no. Y se aprende a medir con eficacia (véase la figura 31).

Habrá que plantearse, además, como aplicar los fundamentos de la gestión del rendimiento. La gestión del rendimiento es un tema muy estudiado. La mayor parte de la información disponible trata sobre los sistemas de gestión del rendimiento en entornos habituales de la gestión de la empresa. La mayoría de los factores de éxito de este sistema también pueden utilizarse para medir su ejecución, pero algunos se aplican exclusivamente al entorno del cambio en la empresa:[160]

1. *Lograr una discrepancia realista entre los objetivos ambiciosos y los factibles.* Regla empírica: asegúrese de que cuatro o cinco de sus 20 a 25 indicadores clave de rendimiento son realmente ambiciosos, mientras que el resto son realistas.

	Objetivos	Contribución de la excelencia en la gestión a los objetivos y al progreso	Formato de ejecución (proyecto/programa/ fusiones y adquisiciones)	Contribución de la excelencia en la ejecución a los objetivos y al progreso	Valoración
1	1 Margen EBIDTA: +2,5 %, 20 => 22,5 %	1 %	Proyecto de excelencia comercial	Objetivo: 1,5 %, progreso al 25 % de ejecución: 0,5 %	●●○
2	Innovación: 10 % de ingresos de productos < 2 años, 5 => 15 %	Ninguno	Proyectos de innovación	Objetivo: 10 % de aumento, progreso al 10 % de ejecución: 2 %	●●○
3	Satisfacción del cliente: NPS 8 => 9	0,5 puntos NPS	Proyecto de excelencia comercial	Objetivo: 0,5 puntos NPS, progreso al 35 % de ejecución: 0,2	●●○
4	Fiabilidad de las entregas +10 %, 85 => 95 %	Ninguno	Programa de la cadena de suministro	Objetivo: aumento del 10 %, progreso al 75 % de la ejecución: 8 %	●●○

Figura 31. Cómo medir el grado de realización de una iniciativa con independencia del trabajo diario que se destina a la consecución de los objetivos.

Fuente: Turner, 2016.

2. *Asegurarse de que los KPI seleccionados tienen una base real:* sea realista.
3. *Ser siempre claro y específico* tanto en términos de contenido como de calendario de sus objetivos. «Unos cuantos» no es un número y «lo antes posible» no es una fecha fija.
4. *Mantener el margen necesario* para traspasar los límites disciplinarios y departamentales.
5. *Establecer un equilibrio saludable en los objetivos,* lo que requiere tener al menos dos objetivos. Incluso un programa de reducción de costos debe tener un objetivo de continuidad y otro de renovación, de modo que los recortes se hagan con vistas a mantener el talento y las capacidades para el crecimiento futuro.
6. *Ponerse unos objetivos definidos* desde el punto de vista de las partes interesadas y desde fuera hacia dentro, y piense bien en sus consecuencias.
7. *Disponer de un plan sencillo,* tanto por lo que se refiere a su ejecución como a su medición.

Aplicación con éxito del bloque 9 (beneficios)

Estudio de caso. Banco internacional: los beneficios visibles ayudan a «vender» el cambio.

Gran avance. Cosecha de beneficios a corto plazo. En varias divisiones de un banco internacional se han iniciado varios proyectos de cambio que deben implantarse en todos los países en los que opera la empresa. Los cambios implican un nuevo modelo operativo objetivo *(target operating model,* TOM) y un programa destinado a romper silos para generar el máximo valor para el cliente (PRIME). Aunque las TI suelen ser un factor clave en el sector de los servicios financieros, el banco ha decidido implantar únicamente soluciones no tecnológicas, sencillamente porque un proyecto de desarrollo de TI llevaría demasiado tiempo. El programa se dirige centralmente, pero el mandato recae en la organización de línea de cada país. Por lo tanto, es allí donde también se obtienen los beneficios. Existe un calendario de implantación para los distintos grupos de países.

Impacto. Un enorme impulso en la realización de la estrategia. Mediante el seguimiento internacional de los beneficios, el equipo visualizó cómo el incentivo para participar era directamente proporcional a los beneficios previstos. Aunque los beneficios en un país no significan nada para las posibilidades de éxito en otro, medir los beneficios es clave para inducir la voluntad de cambio de las sucursales. El programa mide los efectos directos e indirectos y los indicadores cuantitativos y cualitativos de satisfacción del cliente, reducción de costos y simplificación. La dirección del programa ha diseñado un panel de transición mundial que muestra tanto el esfuerzo de cambio (en tiempo y dinero) como las métricas por país. Las revisiones semanales y la atención prestada a la correlación demostrable entre esfuerzo y efecto han hecho avanzar el programa sin contratiempos. El equipo está logrando excelentes resultados operativos; cada seis meses atraviesa el mundo bancario como un cuchillo caliente la mantequilla.

8. *Pensar una y otra vez.* Incluso los debates sobre objetivos suelen ser demasiado superficiales.
9. *Alinear los objetivos con los KPI* y los objetivos actuales de su sistema de gestión del rendimiento.
10. *Configurar el sistema como un sistema dinámico.* El objetivo de la medición es que permita realizar ajustes.

6.2 Bloque 10: desarrollo continuo

Ahora concretaremos los recursos necesarios para la implantación y estableceremos un sistema de seguimiento de los casos empresariales. La alineación continua con otras iniciativas y disciplinas debe convertirse en algo natural. Seguiremos desarrollando el PMV basándose en las necesidades y las respuestas de la clientela. A continuación trataremos temas como la preparación del PMV para la implementación, la alineación del PMV, los recursos de ejecución y el desarrollo posterior del PMV mediante principios ágiles.

6.2.1 Concretar y alinear el PMV

El PMV no está listo para la ejecución a gran escala. Esto es cierto para todas las iniciativas, independientemente de si son de tipo 1, 2 o 3. Todavía existe una brecha entre ese PMV –su primer diseño de la solución y su prototipo del nuevo proceso empresaria– y la ejecución. El nivel de especificidad necesario para implicar a grupos más amplios de empleados tras su fase de ejecución inicial suele ser mayor que el alcanzado en el acelerador 2. Y su objetivo también es diferente; en el acelerador 2, este era concretar lo suficiente para poder iniciar la ejecución y hacer un primer experimento con un pequeño grupo de usuarios. Una vez conseguido esto, su siguiente objetivo es disponer de un diseño conciso, o PMV, listo para la siguiente fase de ejecución. Las personas puntillosas de su equipo aprovecharán esta oportunidad para hacer análisis más profundos y sacar conclusiones más detalladas. Las personas flexibles y expeditivas considerarán que es el momento de lanzarse de cabeza a la ejecución. De usted depende salvar la distancia entre ambos. Créame, ¡hay una media de oro que alcanzar!

6.2.2 Definir los detalles de los recursos de ejecución

Las organizaciones suelen tratar los recursos de ejecución como los primos pobres de la estrategia y la ejecución. Un PMV concretado no se convierte en ejecutable agitando una varita mágica. Se necesitan recursos para ejecutarlo. Esto es crucial, porque no quieres tener que depender únicamente de instrucciones orales. Es cierto que las personas son las que realmente lo ejecutan y, por eso, la ejecución oral y personal son los formatos más importantes, pero la ejecución no debe depender por completo de estos formatos. Su PMV también debe ser legible por sí mismo y, de hecho, debe estar tan bien escrito que induzca la mayor parte de su capacidad de ejecución. Debe ser tan inspirador que las personas que lo lean se mueran por participar en la siguiente fase de ejecución.

En cuanto a los recursos de ejecución, necesita tanto recursos basados en el contenido como recursos orientados al cambio: una lista de comprobación digital práctica para un nuevo proceso; un pequeño protocolo con una versión simplificada de todos los procesos implicados; una carta de credenciales en formato de vídeo; un formato de manifiesto personal, y una base de datos de preguntas y respuestas.

Un recurso indispensable para la ejecución es el kit de herramientas de ejecución. Está diseñado para presentar todo el diseño y el PMV en bandeja de plata a cualquiera que sea nuevo en la iniciativa. Este kit de herramientas debe ser a la vez informativo y tentador. Su estructura –cabeza, cola y cuerpo– debe estar bien pensada. Consta de un decálogo claro en el que se detalla el quién, qué, por qué, dónde, cómo y con quién de la iniciativa; una carta de presentación convincente del patrocinador principal de la ejecución, preferiblemente en formato de vídeo, y un resumen cuidadosamente equilibrado del contenido y los análisis que le han llevado hasta ahí. En resumen, debe contener una mezcla de objetivos duros y elementos blandos orientados al cambio.

6.2.3   Proseguir con el desarrollo del PMV
Los modelos de negocio nuevos o rediseñados son digitales por definición. Como vimos en el acelerador 2, el desarrollo continuo de su PMV es relevante para cualquier tipo de despliegue, pero sobre todo para los casos en los que el PMV y su proceso de negocio dependen en gran medida de las TI. Este será a menudo el caso, porque en estos días casi todos los procesos son intensivos en datos y la digitalización se está extendiendo como un reguero de pólvora a través de los modelos de ingresos y de negocio existentes y nuevos.

El desarrollo continuo no siempre implica una ampliación. Desarrollar nuevas versiones del PMV (1.0, 2.0, 3.0) es algo completamente distinto a escalar una única versión. De esto último hablaremos en la segunda parte del acelerador 3, dedicado a las habilidades blandas o *soft skills*. Aquí nos ocuparemos de lo primero. Pero ¿cómo seguir desarrollando el PMV en nuevas y mejores versiones? La clave es utilizar los datos de los clientes para una iteración ágil.

No intente reinventar la rueda a la hora de elegir un método de desarrollo. A lo que me refiero es a los métodos de desarrollo conocidos por ofrecer modelos de negocio renovados o innovadores cada vez más exitosos. El desarrollo ágil abarca muchos métodos diferentes, de los cuales Scrum es el principal. El siguiente apartado ofrece una visión general de los conceptos clave del desarrollo ágil en general (Agile), y de Scrum en particular.

6.2.4 Conocer la metodología Agile

Agile es una escuela de pensamiento muy influyente. Su manifiesto fue redactado por un grupo de desarrolladores de *software* en Utah en 2001:

- Individuos e interacciones por encima de procesos y herramientas.
- *Software* de trabajo frente a documentación exhaustiva.
- Colaboración con el cliente frente a negociación de contratos.
- Responder al cambio antes que seguir un plan.

El manifiesto se basa en doce puntos:

1. Nuestra máxima prioridad es satisfacer al cliente proporcionándole *software* de calidad de manera continuada.
2. Aceptamos que cambien los requisitos, incluso en fases avanzadas del desarrollo. Los procesos ágiles aprovechan el cambio y otorgan ventaja competitiva del cliente.
3. Entregamos *software* que funcione con frecuencia, desde un par de semanas hasta un par de meses, aunque preferimos los plazos más cortos.
4. Los empresarios y los desarrolladores deben trabajar juntos a diario durante todo el proyecto.
5. Construimos proyectos con personas motivadas. Debemos proporcionarles el entorno y el apoyo que necesitan, y confiar en que harán el trabajo.
6. No hay nada como una conversación cara a cara para mantener a un equipo de desarrollo bien informado.

7. El *software* que funcione es la principal medida del progreso.
8. Los procesos ágiles promueven el desarrollo sostenible. Patrocinadores, desarrolladores y personas usuarias deben ser capaces de mantener un ritmo constante indefinidamente.
9. La atención continua a la excelencia técnica y al buen diseño mejora la agilidad.
10. La simplicidad –el arte de maximizar la cantidad de trabajo no realizado– es esencial.
11. Las mejores arquitecturas, requisitos y diseños surgen de equipos autoorganizados.
12. A intervalos regulares, el equipo reflexiona sobre cómo ser más eficaz y, a continuación, afina y ajusta su comportamiento en consecuencia.[161]

El desarrollo ágil se basa en incrementos en lugar del enfoque tradicional en cascada por fases. Cada incremento entrega una parte realizada del modelo de negocio definitivo o PMV. El primer incremento es el PMV, el segundo la primera iteración y así sucesivamente. Un incremento nunca es una etapa final estable; es la base para su próxima iteración e innovación.

En cambio, una fase tradicional ofrece un resultado provisional del producto final previsto, medido en función de criterios de tiempo y costo (por ejemplo: diseño, preparación, realización, implementación). Un incremento, en cambio, es la entrega en un plazo determinado de las funcionalidades del cliente con la máxima prioridad. Cada incremento también consta de diseño, preparación, realización e implementación. Puede parecer una diferencia semántica menor, pero el impacto en el cliente es inmenso.

Hay algunos libros excelentes que describen el desarrollo y la gestión de proyectos ágiles, como *Agile project management,* de Jim Highsmith; *Essential Scrum,* de Ken Rubin; *Learning Agile,* de Andrew Stellman,[162] o *Managen van agile projectenn* de Bert Hedeman, Henny Portman y Ron Seegers.[163] Este último ofrece una visión clara de los tipos de gestión ágil, su interrelación y sus principios clave. También incluye un claro contraste entre el modelo tradicional de proyectos de desarrollo (informático) en cascada y el modelo ágil (véase la figura 32).

Tras sustituir en la lista anterior el término original *(software)* por *producto,* se puede ver que los principios ágiles son igualmente aplicables al desarrollo (iterativo) de proyectos no informáticos. Los proyectos pueden

Modelo en cascada	Modelo ágil
Gestión y control por el director del proyecto	Equipos autogestionados
Desarrollo secuencial	Desarrollo iterativo
Progreso basado en el porcentaje de actividades realizadas	Progreso basado en el porcentaje de producto realizado
Hitos cuando el trabajo está hecho	Cajas de tiempo con evaluación intermedia del producto
Fases con resultados intermedios	Incrementos con entrega de producto parcial
Control de tiempo, dinero y calidad	Control mediante funcionalidades entregables
Los resultados se entregan al final del proyecto	Los resultados se entregan por incrementos
El responsable del proyecto dirige	El responsable del proyecto facilita

Figura 32. Diferencias entre el modelo en cascada y el modelo ágil.

Fuente: Hedeman, Portman y Seegers, *Managen van agile projecten*, 2014.

pertenecer a procesos de *marketing,* operativos o de innovación, porque en realidad los principios ágiles son aplicables a cualquier proyecto o programa en el que:

- Los miembros del proyecto o programa y la organización de línea tienen que colaborar desde el principio para lograr resultados sostenibles.
- Un *big bang* es imposible o plantea demasiado riesgo de resultado erróneo o de fracaso.

En el recurso 5 del apéndice se ofrece una visión general de los elementos operativos clave de Agile y Scrum, que pueden ayudarle en la selección y configuración de un enfoque de desarrollo de este tipo.

Bloques blandos del acelerador 3: escalado y creación de puentes
Cada acelerador tiene dos componentes duros y dos blandos. Los bloques blandos del acelerador 3 son escalar y crear puentes. El **bloque 11 (escalado)** sirve

para seleccionar, concretar y poner en práctica los métodos de escalado y despliegue más apropiados para su iniciativa. En el **bloque 12 (creación de puentes),** la dirección del cambio y la coalición de ejecución eliminan los obstáculos y celebran los éxitos conseguidos hasta el momento. Se trata de añadir valor y fomentar la positividad.

Aplicación con éxito del bloque 10 (desarrollo continuo)

Estudio de caso. Universidad de Ciencias Aplicadas de tamaño medio en los Países Bajos.

Gran avance. Durante años, la programación de las clases había sido un reto para esta universidad de rápido crecimiento. Llegó un momento en que se convirtió en un problema importante y, en última instancia, en una crisis en toda regla. Su impacto fue enorme, porque los problemas de programación provocaron una creciente insatisfacción entre alumnado y profesorado. Al inicio del proyecto, el estudio de viabilidad dejó claro qué mejoras eran necesarias. Los objetivos más importantes eran que el horario contuviera menos errores y cambios y que el proceso de programación estuviera mejor controlado y fuera menos caótico. La consecución de estos objetivos se supervisó en momentos clave. Después de cada paso importante del proceso de programación, las partes interesadas examinaron cómo se habían alcanzado los objetivos y qué cambios se requerían.

Impacto. La capacidad de utilización de las aulas supera ahora el 80 %. La atención permanente y las actualizaciones periódicas de los objetivos principales, especialmente durante la ejecución, han dado a los principales interesados (alumnado y profesorado) una visión inmediata de las mejoras realizadas y de los cuellos de botella que seguían existiendo. La programación se ha convertido en un proceso tranquilo y sin pánico. La comprensión de que los problemas eran obra de la propia institución, porque la gente no proporcionaba datos correctos, ha calado realmente en todos los niveles y puede haber sido el avance clave. Los patrocinadores estuvieron bien informados durante todo el proyecto y supieron exactamente qué parte de la misión se había cumplido en cada momento de la ejecución.

6.3   Bloque 11: escalado

Ha llegado el momento de seleccionar, concretar y poner en práctica los métodos de ampliación y despliegue más adecuados para la iniciativa. Es posible que en esta fase tenga que pasar de una plantilla de 15 personas a otra de 1.500. Dé gracias de que no todas esas más de mil personas hayan participado en el análisis y diseño iniciales. En este bloque se tratarán cuestiones como la necesidad de una mentalidad moderna en relación con la gestión del cambio, los métodos de ampliación existentes y la manera de organizar la retroalimentación entre el equipo de ejecución, la clientela y la plantilla.

6.3.1   Difundir la palabra

Promueva una mentalidad moderna en la gestión del cambio. Muchas escuelas de gestión del cambio consideran que la ampliación y el despliegue son pecados capitales. En su opinión, cada empleado debe ocuparse de mejorar su propio proceso. Puede que esto haya funcionado alguna vez, pero ya no. Tenemos que ver el cambio ascendente y el tabú sobre la ejecución detallada y planificada como lo que son: dogmas anticuados. Como líder, tiene que defender una visión más moderna de la ejecución de la estrategia. La llamada a la acción debe incluir los siguientes elementos: 1) todo el mundo participa tanto en el funcionamiento de la empresa como en su transformación. Por tanto, todo el mundo contribuye ya a ejecutar y mejorar su trabajo y la organización en su conjunto. 2) En lo que respecta al cambio en la empresa, no siempre se nos adjudica el mismo papel. A veces somos el primer violín y participamos desde el primer día en el análisis y el diseño; otras veces, somos el segundo violín y solo se nos pide que participemos en la fase de ejecución. 3) Si a usted le ha tocado ser el segundo violín, haga lo que tenga que hacer. No intente hacerse un hueco. Puede evaluar si el trabajo del primer violín es lo suficientemente completo y hacer preguntas, pero solo para pedir aclaraciones. No se trata de ponerlo todo en duda y buscar lagunas y escapatorias.

Dese cuenta de que esta llamada a la acción no le convierte –ni nos convierte– en don Quijote. Es humano querer influir y no pretendo invalidarlo. Pero en la era digital, las organizaciones que recen al dios del cambio ascendente no sobrevivirán.[164] El síndrome de «eso no va conmigo» es incompatible con las organizaciones ambiciosas que buscan ser eficientes, eficaces y ágiles. Hay mucho margen de influencia sin necesidad de reinventar la rueda por principio.

La fórmula $E = Q \times A$ sigue siendo válida, pero la A está cambiando. La ejecución *(E)* es igual a la calidad del contenido *(Q)* multiplicada por el grado de *aceptación* de la organización *(A)*. Pero es necesario considerar la variable *A* de manera diferente. En general, los profesionales ya no aceptan la ausencia de un marco claro; lo consideran un signo de liderazgo negligente. Y cuando dirigen una iniciativa, no se toman bien que sus compañeros no hagan sugerencias útiles, sino que les hagan perder el tiempo con preguntas vagas sobre «qué le gustaría». Se enfadan cuando alguien evita dar demasiados detalles para dejar margen a la interpretación, y más cuando está claro para todos los presentes que esa persona simplemente no ha hecho su trabajo.

En la mayoría de las organizaciones, es imposible que todo el mundo participe en todas las iniciativas desde el principio. Y no pasa nada. Pero se necesita un método de ejecución claramente definido, por dos razones: primero, porque indica un impulso saludable para empezar a ejecutar y, segundo, porque la experimentación proporciona una retroalimentación rápida que demuestra lo que funciona y lo que no, lo que permite el desarrollo continuo de su PMV y sus versiones posteriores.

6.3.2   Amplíe su ámbito de ejecución

Es importante decidir qué partes ejecutar y en qué fases, porque lo pequeño puede ser grande. En el bloque 10, aprendimos lo que se necesita para concretar y desarrollar aún más el PMV. En este apartado se analizan diferentes métodos de ampliación, criterios de selección y cómo completar los detalles.

Los métodos de desarrollo de PMV están inextricablemente ligados a los métodos de escalado, pero no deben confundirse entre sí. La distinción es quizás artificial hasta cierto punto, sobre todo en las iniciativas de renovación e innovación. Una nueva versión, o lanzamiento, de su producto o servicio digital también ha sido probada e implementada por todos sus nuevos clientes. Pero este no es el caso en la mayor parte de las iniciativas de mejora, renovación e innovación. Por lo general, se ha probado un nuevo proceso de negocio y se ha desarrollado un nuevo proceso empresarial con un grupo selecto de clientes y empleados. En ese punto, es necesario ampliarlo y extenderlo a una base de clientes más amplia y a toda la plantilla, y a menudo también a todos los integrantes de la cadena de suministro y las organizaciones asociadas. Por eso es bueno echar un vistazo a los distintos métodos de ampliación que existen.

Hay muchos métodos de ampliación y despliegue de eficacia probada. Los criterios de selección siempre se reducen a qué método de escalado garantiza la ejecución más rápida, controlable y sostenible en ondas del resultado previsto. La escala siempre se reduce a los trozos de contenido en los que mejor puede dividirse y ejecutarse el diseño. Al tomar estas decisiones, hay que plantearse cuestiones como: ¿para qué grupos de profesionales?, ¿qué unidades organizativas?, ¿y en qué orden?, ¿cómo combino un proceso empresarial existente con uno nuevo en una sola fase?, ¿es necesario que el cambio se produzca en el plazo de una sola fase? Esto suele ocurrir en los proyectos de TI. Imagino que algunos de ustedes pensarán que esto solo es relevante para grandes empresas con decenas de miles de empleados. Tenga la seguridad de que esto es relevante dondequiera que el equipo original de diez a quince personas haya diseñado un PMV que eventualmente necesite ser implementado por más de cien empleados.

Hay que basar la elección del método de escalado en las siguientes variables: capacidad de ejecución, urgencia, ambición y riesgo de dañar la reputación. Estos son los factores que determinan la rapidez con la que puede escalar, en qué trozos y en qué unidades organizativas. La figura 33 muestra seis métodos arquetípicos de ampliación. Hay que elegir con conocimiento de causa, y eso siempre implica escoger el menor de dos males. O dicho de forma más positiva, se trata de elegir el método que represente la combinación óptima de estas cuatro variables. Recuerde que nueve de cada diez veces, cuanto más manejables sean los trozos y las partes, más éxito tendrá su ejecución.

- El primer método es el método *big bang*. Es el que se utiliza cuando la urgencia y la capacidad de ejecución, o capacidad de cambio, son altas.
- El segundo consiste en una secuencia de ondas de choque, que se elige cuando la capacidad de ejecución es mediocre o incierta y existen grandes diferencias entre las unidades organizativas en las que hay que implantar los cambios.
- El tercero es la *ampliación exponencial*. Es el que se elige cuando se desconoce el riesgo potencial o las probabilidades de éxito del diseño o cuando hay mucho por decidir y el prototipo debe concretarse durante la ejecución. Dependiendo de si el prototipo da resultados positivos, el siguiente incremento puede ser mayor.
- El cuarto es el método *lineal secuencial,* o método en cascada, que resulta apropiado cuando la capacidad de ejecución es baja o muy incierta y

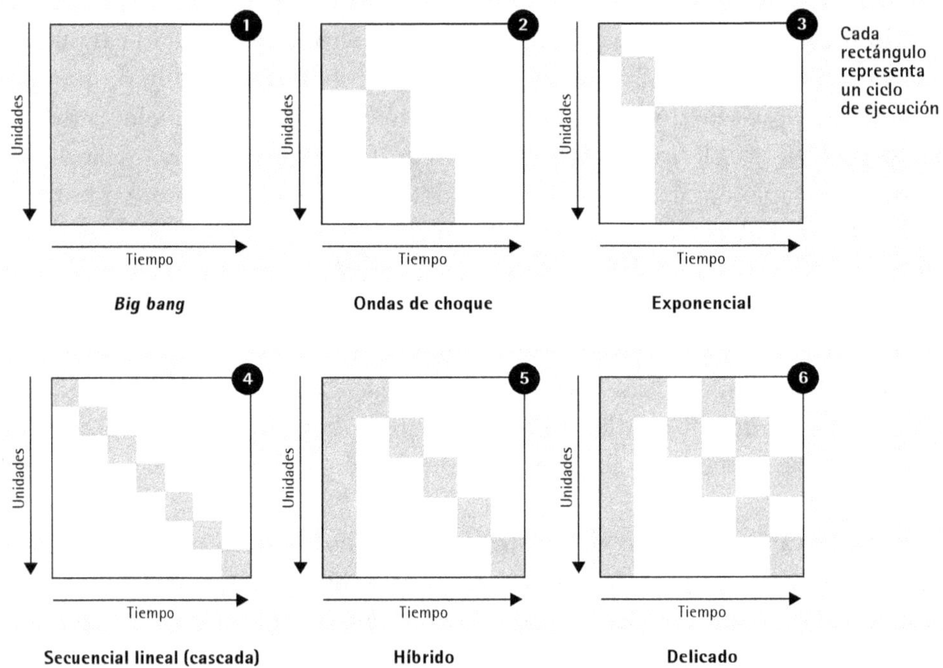

Figura 33. Elija con cuidado su método de escalado: ¿qué trozos y en qué fases? Lo pequeño puede ser grande.

Fuente: Turner, 2016.

existen grandes diferencias entre las unidades organizativas en las que hay que implantar los cambios. Cada unidad organizativa requiere una gran dedicación a la ejecución.

- El quinto es el método *híbrido*. Es similar al método de la cascada, pero es apropiado para situaciones de gran urgencia que requieren aceleración para las partes críticas del prototipo.
- El sexto es el método *delicado*. Es el método más adecuado si su capacidad de ejecución es extremadamente baja y su diseño tiene un alto riesgo de dañar su reputación. En este método, usted divide su prototipo en dos o más trozos. Por ejemplo, una empresa proveedora de servicios jurídicos quería desplegar un nuevo proceso de negocio a más de 700 abogados. El diseño diferenciaba tres procesos distintos: un nuevo proceso de ventas, un nuevo método de tramitación de casos jurídicos y un nuevo proceso de

gestión. Aunque estas tres partes variaban radicalmente en cuanto a complejidad y probabilidades de éxito, todas formaban parte de un mismo prototipo. Su interrelación lo justificaba, pero este es el tipo de situación que pide a gritos el este último método, el sexto.

Cada rectángulo en estos métodos representa una onda de ejecución y consiste en las actividades detalladas en el ciclo de ejecución en acelerador 2, bloque 7 (véase pág. 172). La elección del método de escalado se aplica a una única versión de su prototipo. Este proceso de selección debe repetirse en cada nuevo despliegue de otra versión de su prototipo. Lo que sucedió en los escalados anteriores debe tener una fuerte influencia en su elección del método para el siguiente.

Al igual que en los aceleradores 1 y 2, este es el momento de utilizar SECA.NU. Esta herramienta le ayudará a actualizar su evaluación de la capacidad de ejecución de su organización, que es una de las principales variables para seleccionar su método de ampliación.

El diablo está en los detalles. Cuando empiece a escalar el prototipo con la ayuda del método que haya elegido, se encontrará programando actividades de manera bastante lineal. Lo que está tratando de hacer es encontrar el mejor equilibrio entre varias variables que compiten por un tratamiento prioritario. Y eso está bien. Deje que la práctica decida cómo aplicar mejor la teoría.

A la hora de implantar algo, «tirar» *(pull)* funciona mejor que «empujar» *(push)*. He visto más de una vez que una división o departamento geográficamente alejados pregunta por qué son los últimos de la fila, porque han oído hablar muy bien de los primeros resultados. Eso siempre es una buena señal. Si puede hacer algo al respecto ascendiendo a esta división a un lugar más alto, hágalo. Pero si no tiene las manos atadas, explíqueles cuidadosamente por qué. Mantenga su compromiso y aclare el proceso. Lo mismo puede ocurrir dentro de una misma sede, cuando un departamento está más retrasado que otro.

A veces, es necesario interrumpir la cohesión de un incremento porque la ejecución requiere trozos más pequeños. Incluso si una implantación parece ir perfectamente, puede ser necesario dividirla en incrementos más pequeños. Volvamos al ejemplo del sector de los servicios jurídicos, en el que el nuevo proceso empresarial aumentó la eficacia y la productividad. Desde el punto de vista del contenido, estos dos objetivos eran muy armónicos, pero como la implantación se habría complicado demasiado, se trataron como dos incrementos separados. Así que primero se abordó la eficacia y luego se repitió el proceso centrándose en la productividad.

Sea sensato a la hora de recalibrar sus planes de ampliación. La práctica de la ejecución es su mejor maestro. Por ejemplo, puede que descubra que es posible pasar del tercer método (exponencial) al cuarto (cascada), pero solo si ha hecho caso del lema «lo pequeño puede ser grande» desde el principio. Siga evaluando el método de escalado elegido y cambie de rumbo si es necesario. No es solo el diseño lo que se beneficia de este enfoque de conseguir pequeños trozos y fases de ejecución. El propio enfoque es también un proceso de aprendizaje. El método seleccionado inicialmente puede adaptarse sobre la marcha. Dependiendo de lo rápido y bien que vayan las cosas, se puede acelerar o ralentizar. Pero no hay que precipitarse. A pesar de todo el cuidado y la profundidad de los análisis aplicados durante el diseño y el rediseño, la gente tiende a impacientarse en la fase de implantación y a precipitarse, poniendo en peligro el resultado final. Este riesgo es especialmente alto en organizaciones muy descentralizadas y heterogéneas, por ejemplo, una empresa con muchas filiales diferentes y muy autónomas y empresarios locales. En esos casos, una implantación *big bang* (primer método) está abocada al fracaso.

Hay que discernir bien a la hora de aplicar los principios a las distintas cuestiones e iniciativas. Una pregunta frecuente es si todo esto de dividir la ejecución en trozos es realmente necesario. Seguro que solo es útil en organizaciones muy complejas con muchas divisiones, unidades de negocio o filiales, donde existen enormes diferencias, ¿verdad? Mi respuesta es: no. Es esencial dividir la ejecución en partes manejables. Siempre. Más del 60 % de las estrategias de ejecución fracasan. Y uno de los principales factores que contribuyen a ello es el despliegue demasiado rápido. Obviamente, siempre hay algunas cuestiones binarias, como la introducción de un nuevo nivel superior o el cambio de la estructura de gestión y jurídica tras una fusión o adquisición. Pasa lo mismo con los embarazos: no se puede estar «más o menos» embarazada. O lo estás o no lo estás. Pero la mayoría de los problemas se pueden cortar por lo sano. Las duras lecciones aprendidas durante décadas de ejecución de estrategias han demostrado que esta es la forma más eficaz de hacerlo. Lo pequeño puede ser grande. De todos modos, el desarrollo iterativo en ciclos cortos se ha convertido en algo habitual, sobre todo en la innovación radical (véase también el modelo Lean Startup de Eric Ries). Resulta que esto también funciona muy bien para proyectos de mejora más pequeños (cambio de tipo 1) y programas de renovación más drásticos (tipo 2).

6.3.3   Organizar y utilizar la retroalimentación

Recapitulemos lo que ha sucedido hasta ahora en términos de ejecución de la estrategia. El ciclo de ejecución introducido en el acelerador 2 (pág. 172) detalla los pasos que usted debe seguir para ejecutar el PMV con el primer grupo de clientes y empleados. El método de desarrollo descrito en el bloque 10 genera versiones o lanzamientos mejores y más viables del PMV. Los métodos de escalado del bloque 11 le permiten llevar cada versión mejorada de su PMV a la ejecución completa.

La ampliación de su nuevo producto o servicio a toda la clientela y plantilla genera comentarios muy útiles para futuras adaptaciones e iteraciones. He aquí diez prácticas recomendadas para organizar y utilizar estos comentarios.[165]

1. **Asegúrese de que los equipos de desarrollo y de ejecución son distintos.** El primero tiene un enfoque y una dinámica diferentes a los del segundo. El análisis y el diseño no son fácilmente compatibles con la ejecución práctica. Muchos directivos me han preguntado si las mismas personas pueden hacer ambas cosas. Mi respuesta es que, como mucho, el 15 %. Algunos pueden, pero nunca simultáneamente.

2. **Procure que los equipos sean pequeños.** De cinco a siete personas para el desarrollo y lo mismo para la ejecución. Como dijo Jeff Bezos, fundador de Amazon, cada equipo debe ser tan pequeño que puedas alimentarlo con dos pizzas.

3. **Tienda puentes entre los equipos de desarrollo y ejecución, y organice un bucle de retroalimentación continua entre la ejecución y el diseño.** El responsable del equipo de ejecución debe asistir al inicio, a la evaluación intermedia y a la evaluación final de los *sprints* del equipo de desarrollo. Y viceversa.

4. **Obligue a que el equipo de ejecución indique lo que funciona y lo que no en el diseño del PMV o en una versión posterior.** Esto proporciona al equipo de desarrollo, que también trabaja con los clientes, información específica sobre lo que estos y la plantilla consideran que funciona, y lo que no, en una nueva propuesta o proceso empresarial.

5. **Sea práctico.** En el caso de las iteraciones que no requieran mucha mano de obra ni mucha tecnología, el equipo de desarrollo puede incluso realizar ajustes entre las fases de ampliación y ponerlos a disposición del equipo de ejecución.
6. **Procure que los resultados de ejecución y ejecución se prueben.** No se contente con un extenso análisis y diseño del PMV. Se trata de la creación rápida del máximo valor y agilidad; priorizar la adaptación rápida y eficaz de su PMV basada en la retroalimentación de la ejecución tiene prioridad sobre su programación.
7. **Trabaje a corto plazo.** Y más a la hora de ajustar el PMV y las sucesivas fases de ejecución. Recuerde que las ondas cortas llegan más lejos.
8. **Mantenga el equilibrio entre disciplina y libertad.** La clave aquí es la ejecución disciplinada de una iniciativa estratégica en fases fijas y estandarizadas. Dentro de esas fases, debe dar a los profesionales que llevan a cabo la ejecución suficiente libertad para tomar sus propias decisiones sobre dónde perseverar, pivotar o escalar. Asegúrese de que el desarrollo

---

Aplicación con éxito del bloque 11 (escalado)

Estudio de caso. NVWA, organismo regulador y ejecutor de la seguridad alimentaria (es la equivalente neerlandesa de la FDA, la Food and Drug Administation estadounidense).

Gran avance. Gran ambición, pequeños pasos. En esencia, una implantación complicada y a gran escala se dividió en pequeños trozos. Las primeras fases tenían que demostrar su éxito antes de permitir cualquier ampliación. Así se creó un motor de implantación y renovación. El verdadero avance se produjo en un número cuidadosamente seleccionado de mataderos en los que los riesgos para la seguridad alimentaria eran mayores: el éxito en un área en la que menos se esperaba aceleró el resto de la operación.

Impacto. La Universidad de Leiden midió de forma independiente los resultados, que son sustanciales y sostenibles. El planteamiento es un ejemplo de renovación sostenible a gran escala en el sector público.

ágil en ciclos cortos no se utiliza como excusa para no analizar, diseñar y planificar.

9. **Aprenda todo lo necesario acerca de la gestión de contenidos y cambios, pero también de la gestión de proyectos.** Cada fase le enseña la cantidad de esfuerzo que se requiere de todos los participantes. Utilícelo para que las siguientes fases sean más fáciles de planificar, controlar y gestionar.

10. **Siga siempre los procesos de ejecución.** Esta forma de trabajar es un soplo de aire fresco tanto para los diseñadores como para los ejecutivos, como han demostrado muchos estudios de casos. No hay nada más satisfactorio que conseguir que una buena idea funcione. Este método ofrece a las personas la mejor oportunidad de hacerlo.

6.4   Bloque 12: creación de puentes

En este bloque, los líderes del cambio eliminan los obstáculos y celebran los éxitos. Se trata de añadir valor y ejercer una influencia positiva. La coalición de ejecución y los profesionales que se han unido recientemente al esfuerzo se convierten en ávidos embajadores del cambio, ayudando a que este sea irreversible. En este apartado, aprenderá por qué es importante ampliar la coalición de ejecución y crear un amplio sentido de propiedad, y cómo institucionalizar los métodos ágiles mediante la creación de funciones semipermanentes de ejecución de la estrategia.

6.4.1   Análisis del número creciente de partes interesadas

En primer lugar, asegurar los papeles clave en la coalición de ejecución. La vanguardia del acelerador 2 sigue formando el núcleo de la coalición. Pero en el acelerador 3 han ocurrido muchas cosas. Los miembros de la coalición son los principales partidarios del diseño, pero incluso ellos pueden diferir en opiniones e intereses. ¿Quién está plenamente comprometido y quién no? Esa es la cuestión principal en este momento.

En un proceso de ampliación típico, el número de partes interesadas crecerá rápidamente. Esto es cierto tanto para los ejecutivos de ejecución como para los de realización de beneficios. A menudo, el gestor del proceso o del programa tomará las riendas de la ejecución en este punto, pero a veces es necesaria una reorganización. Este podría ser el caso si la persona responsable de ejecución de la fase anterior se seleccionó en función de su experiencia especializada, su capacidad analítica o su competencia en el rediseño de procesos. Quien dirija la ejecución en sentido estricto debe ser elegida principalmente por su capacidad para recabar el apoyo necesario para ejecutar el diseño y convertirlo en un éxito. Solo el 15 % de las personas son buenas en ambas cosas. Cuando se trata de cuestiones de ejecución que implican a mucha gente, lo mejor es tener equipos de desarrollo y ejecución separados.

Por lo general, nuevos actores clave se unirán a la coalición de ejecución en este punto. Si es posible, haga que se incorporen de forma aún más explícita. Los anteriores tuvieron el privilegio de tocar el violín en primer lugar. El nuevo escalón será, por definición, el segundo violín y estará ahí para implementar el diseño. Pueden ser, por ejemplo, ejecutivos de línea que tendrán que utilizar el diseño para alcanzar sus objetivos. Está en la naturaleza humana querer idear el propio diseño o rediseño. Pero ese es uno de los mayores escollos y factores de fracaso. Por eso el compromiso y la implicación de las personas recién llegadas son de suma importancia para el éxito general de su ejecución.

También es un buen momento para actualizar el análisis de las partes interesadas. Las organizaciones están, sobre todo, llenas de personas. Y todas ellas tienen una personalidad y una serie de intereses que determinan su actitud. Así que, antes de empezar a escalar, sería prudente realizar un análisis clásico de las partes interesadas.

El cubo de las partes interesadas de la figura 34 es muy práctico y fácil de utilizar. Pegue una copia de ese cubo en el folio giratorio y escriba los nombres de las personas en cada una de sus ocho esquinas. Añada ahora el comportamiento real que le llevó a asignar a esa persona esa esquina. Determine quiénes son sus principales defensores activos (partidarios) y sus principales oponentes activos (bloqueadores). Se han escrito libros enteros sobre tales cuestiones, pero en esencia se trata de una comunicación cuidadosa, persuasión personal y una intervención ocasional. Ni que decir tiene que el estatus y el cargo no tienen nada que ver. Sin embargo, hay situaciones en las que hay que tomar decisiones difíciles, y ese es el único momento en el que estaría justificado tirar de rango.

Tampoco descuide a los apoyos insignificantes y los bloqueos activos y pasivos. Un análisis de estas partes interesadas proporciona información valiosa

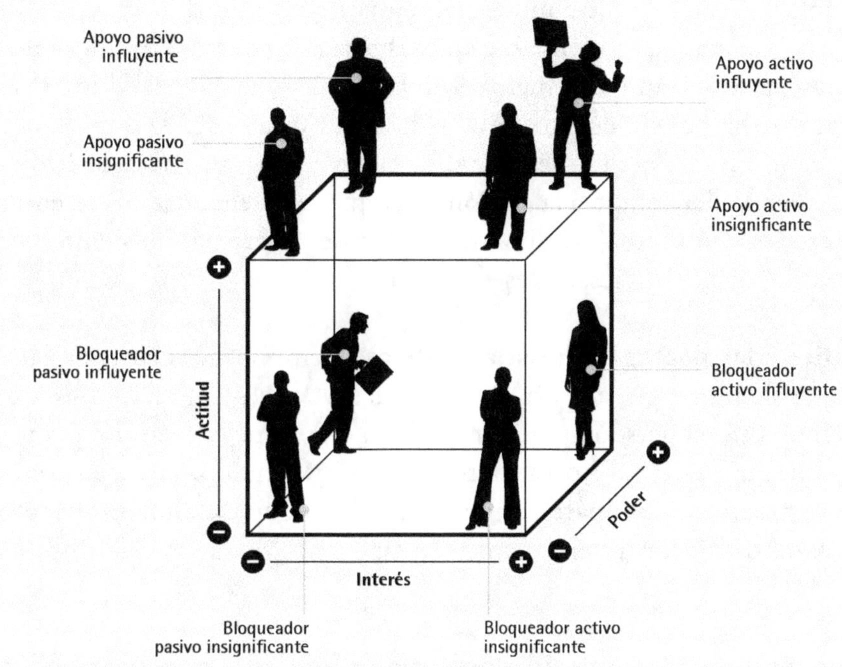

Figura 34. Las diferencias de actitud, interés y poder determinan el impacto de las partes interesadas. El cubo de las partes interesadas.

Fuente: Lynda Bourne, *Stakeholder Relationship Management.*

para las actividades de comunicación y revisión. Pero no se exceda: el tiempo es su recurso más valioso. Cada minuto cuenta.

Siempre es interesante ver que los nombres de este diagrama son comunes a todos los programas y líneas de organización. Es posible que identifique bloqueadores activos en el corazón mismo de la organización de su programa. Esto no tiene por qué significar un desastre. Al contrario, siempre abogo por sacar a la superficie la resistencia y acercarla a la organización del programa. Un detalle conmovedor es cuando el patrocinador principal de la ejecución acaba en el rincón de los partidarios pasivos influyentes. Lo normal sería que estuviera en el rincón de los partidarios activos influyentes, ¿verdad?

Un análisis de las partes interesadas, o la gestión de las relaciones con las partes interesadas, no es un ejercicio aislado, sino un trabajo duro y continuo. Tiene que averiguar si los principales oponentes están atrincherados o si es probable que cambien de opinión. Pero un directivo me dijo: «Eso no ocurre de la noche a la mañana». Conseguir que las partes interesadas importantes que no forman parte del equipo principal se incorporen es un trabajo duro. Precisamente por eso el método de este libro insiste una y otra vez en la importancia de la alineación. En la práctica, desde la dirección de programa se debe dedicar al menos un tercio del tiempo a la gestión de las partes interesadas. «Pero entonces nunca terminaré mi trabajo», dijo un director de programa. Lo siento, pero la gestión de las partes interesadas es el trabajo.

Normalice a las partes interesadas críticas. Siempre me sorprende la resistencia que sienten algunas partes interesadas. A veces convierten esta resistencia en un drama personal, preguntándose: «¿Por qué critican mi plan? ¿Por qué no intentan entenderlo primero?». Es muy sencillo; en situaciones en las que se mantiene a las partes interesadas al margen, se alimenta su propio miedo. Como dijo un líder: «Temes la hipotética estrategia del hipotético bloqueador».

Hay que ser humilde, pero sin alardear de ello. En mi clase magistral sobre ejecución de estrategias, suelo referirme a un gestor de programas experimentado y de gran éxito que identifica sistemáticamente a sus interlocutores y se toma la molestia de visitarlos. Una de sus partes interesadas –un bloqueador influyente– le dijo una vez: «Sé lo que está haciendo, y puede venir a hablar conmigo hasta que el infierno se congele, pero nunca cambiaré de opinión. Este proyecto apesta». El director del programa siguió haciendo visitas y repitiendo sus buenas intenciones, pero lo más importante es que demostró esas buenas intenciones. Y en una fase de ejecución posterior, este interesado se convirtió en uno de sus mayores embajadores. El responsable del programa fue lo suficientemente inteligente como para recalcar que nunca hay que presumir de ello.

Fomentar la ejecución y la apropiación de los beneficios nunca debe convertirse en manipulación. Más de una vez me han preguntado en qué momento el análisis sistemático de las partes interesadas deja de ser una buena práctica y se convierte en simple manipulación. Es una pregunta importante, porque es una línea que no conviene cruzar. Las razones pueden ser obvias, pero las explicaré de todos modos. En primer lugar, no se cruza esa línea porque se quiere ser ético y actuar con integridad. La motivación intrínseca para mostrar integridad es una cuestión personal. En segundo, porque la gente sabe cuándo está siendo manipulada. La manipulación siempre es contraproducente. Téngalo en cuenta en todo momento.

Hay que supervisar siempre el compromiso de las partes interesadas influyentes. Me refiero al compromiso constructivo. En el capítulo 2, en el factor de éxito 4, ya mencioné que se tiende a dedicar demasiado esfuerzo a fomentar el compromiso genérico en lugar de fijarse en si el comportamiento de las personas se corresponde con sus palabras y si su compromiso beneficia a su empresa. Esto no tiene sentido. Algunos tipos de compromiso destructivo son tan malos que cabe preguntarse: con amigos así, ¿quién necesita enemigos? El compromiso constructivo, por el contrario, es a la vez crítico y positivo, y en absoluto «busca agradar». Sin duda ayuda a mejorar las cosas. Hay que controlar el compromiso de las partes interesadas influyentes y decidir si su compromiso es constructivo y se traduce en apoyo y receptividad. Eso le dirá si está leyendo el mismo guion de ejecución de la estrategia y si está trabajando para alcanzar los mismos objetivos.

6.4.2 Coalición de ejecución: ampliar la ejecución y la apropiación de los beneficios

Preste mucha atención a su coalición de ejecución. En esencia, lo que desea es fomentar la propiedad, y con esto me refiero a la propiedad de la ejecución y los objetivos de cada iniciativa estratégica. Por eso, en cada acelerador, se le pide que reconsidere cómo ha cubierto las funciones clave y cuáles deberían ser sus prioridades.

La coalición de ejecución dirige y ejecuta. En este punto del proceso, el liderazgo del cambio requiere mucha gestión dedicada para escalar y supervisar simultáneamente si se están obteniendo los beneficios. Asegúrese de prestarle toda su atención. El efecto Hawthorne (o efecto observador) ha demostrado su valor una y otra vez. En tiempos de Lean Six Sigma, el análisis de valor nunca ha sido tan preciso –desde el momento óptimo de las pausas hasta el lugar perfecto para el dispensador de agua– pero recuerde que la esencia del efecto Hawthorne es que, independientemente de lo que haga, lo que mejora el rendimiento es saber que le observan.[166] La figura 35 muestra la coalición de ejecución durante el acelerador 3 y los tipos de propiedad y funciones que se necesitan aquí.

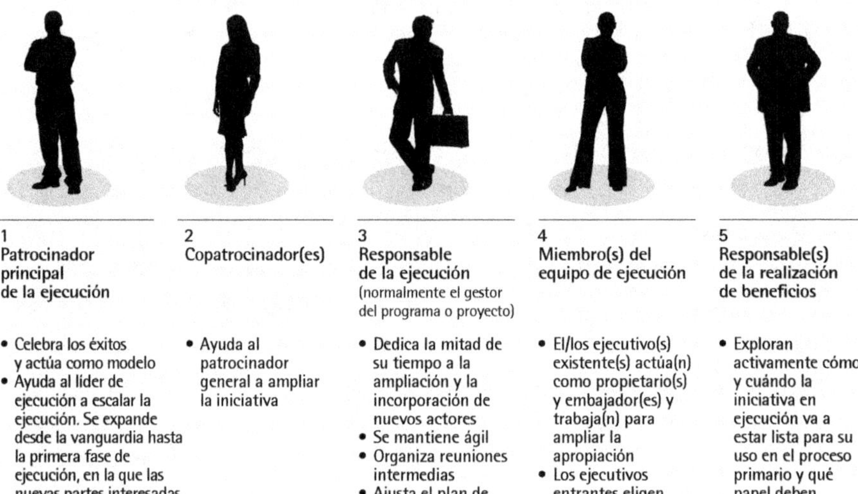

Figura 35. La coalición de la ejecución: ejecución y apropiación de beneficios durante el acelerador 3.

Fuente: Turner, 2016.

El poder de la coalición de ejecución radica en que alinea la gestión de la empresa con el cambio de la empresa y aumenta las posibilidades de éxito de una iniciativa en todas las disciplinas y cadenas verticales. En este acelerador, la alineación se refiere sobre todo al creciente número de dependencias causadas por la ampliación. Estas dependencias no se han especificado sobre el papel, por supuesto, pero existen en la práctica. Aunque se ha mantenido informado a recursos humanos durante los aceleradores 1 y 2, el departamento puede haber adoptado una especie de actitud de «esperar y ver», pero ahora tiene que tratar con las personas afectadas por la iniciativa. Anticípese. Sea proactivo.

Acentúe lo positivo. El liderazgo del cambio en esta fase significa eliminar obstáculos y acentuar y celebrar los éxitos. Como muchos otros estudios, nuestra investigación ha demostrado que acentuar lo positivo en la ejecución mejora aún más las posibilidades de éxito de la iniciativa. Y es igual de importante disfrazar la aburrida verdad de algo *sexy*. Es decir, seguir explicando el porqué hasta que al menos el 25 % del público no pueda soportarlo más. Si usted solo quiere aprecio y aceptación, debería haber aceptado un trabajo como distribuidor de cajas de bienvenida para bebés. Lidere el cambio, pase a la acción. El cambio engendra cambio.

No hay nada como una historia para acelerar el proceso. Recopile historias sistemáticamente. Hay muchas por ahí. Basta con acercarse al dispensador de agua o al *office* durante el almuerzo para escuchar las historias que importan. Al mismo tiempo, vale la pena utilizar la *sociotecnología*. Es una herramienta poderosa que puede ayudarle a recoger muchas aportaciones garantizando al mismo tiempo a los participantes el anonimato y la seguridad suficientes. Contextualice las historias que recoja y deles un buen uso.

Una historia necesita un marco para acelerar la ejecución de una iniciativa. Si nadie la asocia con la iniciativa, pierde sentido. Por tanto, las historias necesitan un contexto y deben consistir en algo más que unas cuantas anécdotas al azar. Imagínese que se encuentra con una historia disparatada sobre la queja de una cuenta A que se convirtió en una gran oportunidad (y eso pasa; lo sabemos). Casualmente, también hay una iniciativa de eficacia de ventas en marcha. Sería una verdadera lástima que no utilizase el vínculo entre la iniciativa y esa historia loca que escuchó. Tiene que establecer esa conexión.

6.4.3   Considerar la posibilidad de establecer un desarrollo ágil semipermanente
Cada vez más gente está de acuerdo en que toda organización debería estar permanentemente orientada al cambio. Es una creencia muy extendida que el cambio es la única constante. Puede prepararse para el cambio permanente añadiendo funciones estructurales o semiestructurales al lado del cambio de su organización, separadas del funcionamiento cotidiano de la empresa. Las tribus y capítulos basados en Scrum son un buen ejemplo de ello. Pero también se pueden instituir funciones y unidades organizativas más o menos estructurales en los niveles superiores de la organización, como responsables de una dirección de innovación, una dirección digital o una de cambio. A menudo, las organizaciones también engendran algún tipo de organización interna del cambio, como oficinas de gestión de programas, centros de experiencia, centros de excelencia y departamentos de desarrollo de negocio y fusiones y adquisiciones.

Las ventajas de estas funciones y departamentos son obvias: se señala lo que es importante y se le da más importancia. También hay algunos inconvenientes; crean una excusa para que la gente de operaciones y gestión diaria se eche hacia atrás y eluda la responsabilidad de cambiar el negocio. Sin embargo, es posible disfrutar de las ventajas sin los inconvenientes si se cumplen las cinco funciones de la coalición de ejecución de forma adecuada para cada acelerador.

Es lógico que las empresas decidan cada vez más instituir estos papeles más estructurales. Mejorar, renovar e innovar —los tres tipos de cambio que se distinguen en este libro— se han convertido en una responsabilidad estructural constante y cotidiana.

Al mismo tiempo, *estructural* se ha convertido en una noción relativa. Incluso el día a día de la empresa utiliza estructuras fijas solo temporalmente. Las empresas de alta tecnología, como ASML, trabajan en asociación en nuevos desarrollos tecnológicos. Su enfoque es muy estructurado, pero temporal, porque en un par de años es probable que esas asociaciones incluyan socios totalmente diferentes.

Funciones clave en la iteración del diseño. Desde 2015, ING Bank de los Países Bajos ha adoptado la metodología ágil en toda la organización. Trabajan con equipos autogestionados, multidisciplinarios y autónomos que tienen objetivos ambiciosos y responsabilidades de principio a fin, como afirma el banco en su sitio web. «En el método Agile, todo el mundo trabaja en escuadrones: unidades autónomas autogestionadas con responsabilidad de principio a fin para un proyecto específico centrado en el cliente. Una brigada reúne a colegas de todas las disciplinas necesarias para llevar a buen término el proyecto. Al final del proyecto, la brigada se disuelve y sus miembros se ponen a trabajar en otras brigadas. Una brigada trabaja junta en un espacio compartido. Para facilitarlo y ofrecer espacios de trabajo inspiradores, la sede central de ING en Ámsterdam se ha renovado por completo, al igual que nuestra oficina de Leeuwarden. Nadie en ING Países Bajos tiene ya su propia oficina, ni siquiera los miembros del consejo de administración. Los escuadrones forman parte de una entidad mayor que funciona de manera similar. Las brigadas que se dedican a la misma área de trabajo forman parte de una tribu global. En principio, todas las actividades se organizan en brigadas, pero hemos creado centros de experiencia para conocimientos escasos o especializados».[167]

ING modeló su organización a partir de Spotify. Spotify muestra cómo las metodologías Agile y Scrum permiten a una empresa organizar sistemáticamente la innovación en toda la organización, utilizando Scale-Scrum. En un magnífico libro blanco, Henrik Kniberg y Anders Ivarsson describen cómo todo Spotify trabaja de forma ágil.[168] Los autores terminan su artículo describiendo la forma en que Spotify trabajaba en 2012. Cuando lea esto, su forma de trabajar habrá cambiado. Incluso Agile es ágil. La figura 36 muestra cómo funciona Agile como metodología de cambio semipermanente.

La organización ágil no es una panacea, aunque algunos tiendan a considerarla como tal. Uno de los altos directivos a los que entrevisté me advirtió de lo contrario: «Analice detenidamente qué tipo de asunto requiere qué tipo de método. Las cuestiones muy ambiciosas y de alto riesgo que afectan a varias disciplinas

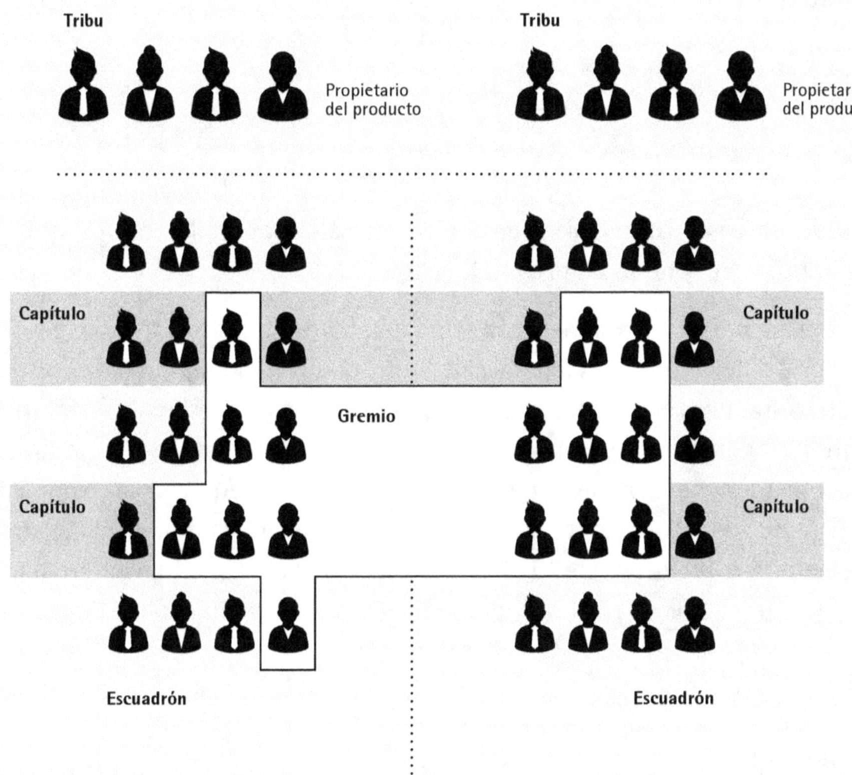

Figura 36. Agile como método de cambio semipermanente: el modelo Spotify. Tribus, escuadrones, capítulos y gremios.

Fuente: Henrik Kniberg y Anders Ivarsson, *Scaling Agile @ Spotify. With the Tribes, Squads, Chapter and Guilds*, Spotify, octubre de 2012.

siguen requiriendo un enfoque de programa o proyecto bien equilibrado, con un principio y un final, resultados predefinidos y una cascada de actividades lógicas y secuenciales diseñadas para alcanzar los objetivos. No hay más que pensar en las integraciones posteriores a una fusión, o en la adecuación a las normas bancarias Basilea II o III. Hay organizaciones en las que se ha convertido en tabú *no* utilizar la escala ágil, porque la gente teme que la llamen anticuada».

En el recurso 11 del apéndice se ofrece una visión general de cómo se relacionan los papeles o funciones de los distintos métodos (Agile, Scrum, etc.) con los cinco roles de la coalición de ejecución.

Consejos útiles para un liderazgo de éxito

Cada capítulo concluye con varias ideas prácticas y probadas que han ayudado a líderes y profesionales a marcar la diferencia en situaciones del mun-

---

Aplicación con éxito del bloque 12 (creación de puentes)

Estudio de caso. Arbo Unie [consultores de salud laboral] consiguió un buen equilibrio entre sentido empresarial y empatía.

Gran avance. Los profesionales de salud laboral de Arbo Unie ayudan a los trabajadores a llevar una vida laboral saludable. Como cualquier organización, esto requiere prácticas empresariales sólidas. Pero muchos profesionales sanitarios se sienten divididos entre el sentido empresarial y la empatía. Sin una gestión eficaz, se pierden ingresos; las actividades no siempre se planifican, las planificadas no siempre se llevan a cabo; además, no siempre se registran, y las registradas no siempre se facturan. En 2012, Arbo Unie corrigió esta situación de manera positiva. Los cambios se aplicaron basándose no solo en un análisis duro y basado en hechos, sino también analizando y debatiendo la mentalidad subyacente de los profesionales, que a veces no facturaban las horas porque «todo formaba parte del trabajo» o no facturaban determinadas acciones porque ellos y el paciente «venían de lejos». Un equipo de profesionales sanitarios locales desarrolló una nueva manera de trabajar, describiendo el comportamiento necesario para introducir mejoras. La implantación del nuevo proceso de trabajo permitió a este equipo mejorar su productividad en un 15 %.

do real. También puede utilizarlas como mini casos prácticos y puntos de aprendizaje.

1. **Olvídese de la puesta en marcha.** Un alto directivo descubrió el valor del saque inicial. «La gente se obsesiona con el saque inicial, pero lo que realmente marca la diferencia es el saque adelante». En secreto, disfrutaba sorprendiendo a su gente con su aparente indiferencia, que en realidad no era más que una negativa a obsesionarse con la puesta en marcha.

2. **Sesiones clave con actores clave.** Cuando una directiva tuvo la corazonada de que las cosas se estaban atascando, se las arregló para revitalizar a la gente preguntando a sus actores clave quiénes creían que debían reunirse para hablar de las cosas, y de qué debían hablar. Otro directivo llama a esto su «hora de antena semanal». Distinto nombre, mismo juego.

El verdadero avance se produjo cuando el proceso se amplió al ámbito nacional. Arbo Unie utilizó una estrategia de cambio dual lanzada por la directora de Operaciones. Ideó el marco y explicó claramente el proceso (el porqué, la urgencia, el calendario). Y lo que es más importante, hizo un llamamiento al compromiso. El cambio dependía de la participación de todos los profesionales sanitarios. Para conseguir su cooperación, los miembros del equipo original hablaron personalmente con sus colegas de otros equipos. Comentaron su valor añadido y su repercusión en sus pacientes, y les preguntaron qué les había llevado a decidir no facturar un determinado servicio. Se les dio suficiente margen –dentro de los límites del marco– para que sintieran que se les tomaba en serio, lo que les indujo a apropiarse del cambio. Este método puede suscitar más preguntas y dar lugar a repeticiones que pueden causar retrasos, pero el resultado neto sigue siendo mejor. Crear más apoyo y un alto grado de compromiso aumenta, en última instancia, la rapidez del cambio.

Impacto. Al eliminar eficazmente un problema crucial, pero difícil, aumentó el compromiso de los profesionales. Como consecuencia, todos se sintieron mejor acerca de las capacidades de la organización: «Si somos capaces de superar este obstáculo, podemos hacer cualquier cosa». Además, las personas usuarias de Arbo Unie apreciaron la mayor claridad y fiabilidad de los servicios.

3. **Almuerzo para unir fuerzas.** No es mi idea favorita, el almuerzo de alineación, pero puedo ver inmediatamente por qué funcionaría. Los líderes en la ejecución de estrategias demuestran su valía trabajando incansablemente para reunir a la gente. Una vez a la semana, la persona que acuñó la expresión «almuerzo de alineación» invita a almorzar a dos actores clave que son piezas clave en la ejecución. Es franco con ellos sobre por qué lo hace y dice: «¡Nunca debe parecer manipulador!».

4. **La agenda A y B de la gestión equilibrada de la ejecución.** La agenda A consiste en dirigir la empresa, mientras que la agenda B consiste en cambiar la empresa. Este consejo es tan vital que lo he incluido como un elemento fijo en el acelerador 1 (véase también el apartado 4.2.4 en la pág. 120).

5. **Dosificar el intercambio digital.** Las organizaciones se ven abrumadas por una sobrecarga de información. Es mucho mejor intentar hacer llegar información específica a quienes la necesitan, cuando la necesitan. El CEO que dio este consejo intenta ser lo más parco posible con la información y la comunicación sobre los programas de cambio. Su lema era: «No hagas a los demás lo que no quieras que te hagan a ti».

6. **Semanas dedicadas por completo a la ejecución.** Son semanas dedicadas por completo a la ejecución, con la excepción del trabajo relacionado con los clientes, que debe continuar a toda costa. La idea es similar a la *sexy hack week* de Spotify, en la que todo el mundo piensa durante toda una semana en ideas innovadoras y sexis (pruébela al poner en práctica el acelerador 1). Sin embargo, en el acelerador 3 no se trata de generar ideas, sino de ejecutarlas.

7. **Sensor E2 (ejecución y energía).** Un CEO de gran éxito siempre dibuja dos columnas en una hoja de papel. La primera columna representa el progreso de la ejecución (en términos de objetivos y entregables), y la segunda representa el nivel de energía de las personas. Un bajo nivel de energía no es motivo para alarmarse. Al fin y al cabo, la ejecución es a veces como una caminata por el Sahara. El cansancio es inherente, pero no debe ser un estado permanente. Este director general se ha vuelto bastante bueno prediciendo los niveles de energía por fase de ejecución y ha aprendido a anticiparse a ellos. Asegúrese de no dar a la gente la idea de que siempre deben estar completamente entusiasmados con el proceso y fingir que están llenos de energía. Esto les somete a una presión poco realista, que es contraproducente para el cambio.

8. **Comprobación del guion.** Una alta directiva de una empresa proveedora de servicios financieros comprueba periódicamente si todo el mundo sigue leyendo el mismo guion. Sabe que las ideas y expectativas de la gente tienden a divergir cada tres o cuatro semanas. Esto no es necesariamente malo, porque es un buen indicador de si el proceso de ejecución sigue por buen camino, pero puede ir mal si se pierde el foco en la ejecución. «Tomarse una hora para comprobar si todos estamos de acuerdo hace milagros.»

9. **Médico de la consulta (alias Killer).** La persona a la que se le ocurrió esta idea tiene aversión a las reuniones. «La lista de acciones no para de crecer, nunca se acorta.» Bloquea una hora en su calendario cada trimestre para lo que él llama ambiguamente una «consulta de reuniones». Se trata de un recordatorio para revisar rigurosamente todas las reuniones y consultas programadas y decidir cuáles son imprescindibles, cuáles pueden anularse y cuáles deben celebrarse pero hacerlo de modo más eficiente y eficaz.

Todas estas ideas exigen implicarse a fondo. Y eso requiere mucho tiempo. En gran medida, la eficacia de una estrategia depende del tiempo que exija. Vale la pena pensar un poco en cómo aprovecharlo mejor.

7

Acelerador 4: asegurar

¿Cuándo y dónde es relevante este acelerador?
Este acelerador describe la manera de conseguir que esta parte de la ejecución de la estrategia sea tan impactante como al principio y mantener el ritmo de aceleración. Al fin y al cabo, aquí es donde realmente se cosechan todos los beneficios de la iniciativa, se garantiza la plena integración en el proceso principal y se aprende de la ejecución. Esto produce valiosos conocimientos que mejoran su capacidad de ejecución para la siguiente iniciativa.

Asignación máxima recomendada de tiempo y recursos para este acelerador
Plazo de tiempo: cinco semanas.

Este es el capítulo más corto del libro, pero no se equivoque: este acelerador es una pieza de vital importancia en la ejecución de la estrategia, así que resista la tentación de saltárselo. Este acelerador consiste en terminar, integrar y asegurar lo que se ha conseguido.

Si sumamos todos los plazos de una iniciativa relativamente compleja y complicada, como un programa de transformación a gran escala en una organización con miles de empleados, obtendremos el siguiente calendario:

- Acelerador 1, establecimiento de la estrategia: 5 semanas.
- Acelerador 2, elaboración, para cada iniciativa: 3-6 semanas.
- Acelerador 3, ampliación en diez *sprints* de 5 semanas: 50 semanas.
- Acelerador 4, aseguramiento y aprendizaje: 5 semanas.

Así pues, el establecimiento de la estrategia (acelerador 1) dura 5 semanas, mientras que la ejecución completa (aceleradores 2, 3 y 4) dura entre 58 y 61 semanas. Los primeros resultados deberían verse en los tres primeros meses. Tradicionalmente, las transformaciones a gran escala solían ejecutarse en programas de dos a tres años. A menudo se tardaba más de un año en empezar a ver los resultados, y eso es una estimación generosa. Las transformaciones comparables, cuando se ejecutan sin los aceleradores de este libro, pueden llevar incluso más tiempo.

Obviamente, estos plazos son promedios. He incluido este cálculo para mostrar que ir a por todas en la ejecución afecta a su asignación de tiempo y recursos, así como al enfoque de sus líderes y ejecutivos durante la ejecución de la estrategia. Como suele decirse popularmente, «enséñame tu calendario y te diré cuáles son tus prioridades».

Bloques duros del acelerador 4: ajuste y arquitectura abierta
Todos los aceleradores tienen dos bloques o componentes duros y otros dos blandos. Los dos primeros bloques del acelerador 4, ajuste y arquitectura abierta, son duros. El **bloque 13 (ajuste)** subraya la necesidad de dar espacio a los profesionales para que gestionen sus responsabilidades. El autocontrol es más eficaz que la supervisión. El método de supervisión que ha adoptado les ayudará a hacerlo. Utilice la gestión visual en la medida de lo posible. El **bloque 14 (arquitectura abierta)** trata de la importancia de una arquitectura sencilla y abierta. Esto facilita la institucionalización, el seguimiento y el ajuste de la nueva manera de trabajar (el diseño).

7.1   Bloque 13: ajuste

Este bloque se centra en asegurar los beneficios de su iniciativa, la importancia de la gestión visual y la autoorganización, el ajuste durante la ejecución de la estrategia y las características específicas del seguimiento y el ajuste en las nuevas organizaciones que utilizan modelos de negocio digitales.

7.1.1   Asegurar los beneficios

Aquí es donde los gestores de la realización de beneficios hacen su última contribución en el contexto de la iniciativa. Merece la pena crear un buen kit de herramientas para aquellos que continuarán el trabajo una vez que se disuelva el equipo de métricas. Esto es más importante de lo que se piensa. Métricas y métodos que tienen mucho sentido para el equipo de métricas y sus usuarios pueden ser un galimatías para quienes acaban de subir a bordo. De hecho, la gestión de beneficios debe asegurarse e integrarse en sus procesos habituales de planificación y control, porque la gestión de beneficios nunca se detiene.

La gestión de beneficios continúa más allá del alcance de cualquier proyecto o programa. Si todo funciona según lo previsto, la gestión de beneficios simplemente prosigue. Sin embargo, no querrá acumular nuevos procedimientos de control además de su sistema habitual de gestión de beneficios. Por eso, al final de cada proyecto o programa, debe integrar los nuevos mecanismos de supervisión en su sistema habitual de gestión del rendimiento. Se trata de un paso vital, pero que a menudo se omite.

Refuerce los beneficios. Los elementos blandos de este capítulo describen cómo aprender de la ejecución y reforzar los beneficios. Los beneficios deberían ser el punto principal del orden del día de cualquier sesión de aprendizaje y refuerzo. Pero puedo decirle que he asistido a sesiones de refuerzo en las que se trataban todo tipo de cosas menos estas cuestiones vitales: ¿cómo garantizar que los beneficios obtenidos se mantengan e incluso mejoren?, ¿qué se necesita para garantizar que los beneficios sean permanentes?, ¿qué resultó más fácil de lo esperado y qué más difícil?, ¿por qué?, ¿qué lecciones aprendidas de la gestión de la realización de beneficios se pueden trasladar a iniciativas posteriores? Estas sesiones deben centrarse en evaluar qué beneficios ha obtenido la iniciativa y cuáles no.

7.1.2   Visualizar y supervisar la realización del objetivo

El diseño lo es todo: la supervisión real es una supervisión atractiva. «El diseño no es lo que parece, el diseño es cómo funciona», dijo Steve Jobs. Esto es cierto no solo para los productos y servicios, sino también para la ejecución de la estrategia. Para hacer justicia a todo el trabajo que se ha invertido en la ejecución de la estrategia, hay que hacer algo más que medir si se han cumplido los objetivos y las metas. Hay que hacerla atractiva, incluso seductora. Por lo tanto, no se limite a enumerar y distribuir datos de progreso correctos, sino preséntelos en un formato que llame la atención. No se trata de disfrazar «datos malos», sino de aumentar las posibilidades de que la gente preste atención a los datos que tiene. Si sus datos son buenos, una presentación atractiva es la guinda del pastel. Esto aumenta exponencialmente sus posibilidades de capitalizarlos y aprovecharlos.

Utilice una presentación atractiva, no porque sea *sexy*, sino porque funciona. Pregunte a cualquiera que haya asistido a una conferencia sobre gestión del cambio. Le confirmarán que una imagen vale más que mil palabras. La gente oye lo que ve. La informática Michelle A. Borkin estudió este fenómeno y descubrió que las visualizaciones memorables «de un vistazo» permiten a la gente recordar y describir su mensaje con más detalle.[169] La mejor forma de transmitir lo que es un círculo, por ejemplo, es dibujar un círculo. Eso funciona mucho mejor que dar la definición, es decir: un círculo es una forma geométrica bidimensional en la que un conjunto de puntos en un plano son todos equidistantes de un punto central. Esta es una lección que hay que tomarse muy en serio en la ejecución de estrategias.

Borkin y sus colegas etiquetaron y estudiaron cientos de visualizaciones y siguieron los movimientos oculares de docenas de sujetos cuando miraban esas visualizaciones. Determinaron qué componentes de la visualización atraían la atención de los sujetos y qué información codificaban y retenían en su memoria. Sus hallazgos confirman y enriquecen lo que sabemos instintivamente: «1) los títulos y el texto de apoyo deben transmitir el mensaje de una visualización; 2) si se utilizan adecuadamente, los pictogramas no interfieren en la comprensión y pueden mejorar el reconocimiento, y 3) la redundancia ayuda a comunicar eficazmente el mensaje». Las visualizaciones sin ayuda de texto también son capaces de transmitir gran parte del mensaje. En otras palabras, la gestión visual es mucho más importante de lo que muchos dirigentes creen. Pero la visualización no suplanta al texto. Al contrario, las organizaciones que se rigen por la tiranía de la visualización son más pobres por ello. «Los cómics son para lectores perezosos», solía decir mi padre. Sin embargo, hay temas que requieren absolutamente una comunicación visual (véase la figura 37).

Póster del proyecto

Su concepto de alto nivel a tamaño póster. Si no cabe a ese tamaño, algo falla

Ejecución

Ejecución en 10, 30 y 60 segundos. Una buena comunicación interna se estructura como una pirámide: si quieres saber más, profundiza

Manual de ejecución

Formato gráfico ajustado con contenido directo e hipervínculos que permiten encontrar toda la información sobre la ejecución en un máximo de tres clics de ratón

Infografía

Utilizar los datos para comprender

Salvamanteles de procesos empresariales

Utilización de diferentes colores para resaltar diversos temas: cuellos de botella, soluciones, procesos clave, prioridades, fragmentación

Muro de la innovación

Muro de la mejora, la renovación y la innovación. Una forma atractiva y accesible de que los empleados expresen sus ideas y opiniones

Muro de los lamentos y las alegrías

Análisis de la situación existente: ¿qué gusta y qué disgusta actualmente a clientela y plantilla?

Quién es quién

Una forma de subrayar el hecho de que son las personas las que marcan la diferencia

Cuadro de mandos

Breve bucle de retroalimentación entre análisis, diseño y resultados. Cuanto más inmediata sea la retroalimentación, mayor será la implicación y, por tanto, los resultados

Hojas informativas

Informes de progreso que invitan a estudiarlos

Barómetro

Toda iniciativa debe tener un único objetivo principal. Mida los progresos en este ámbito en un lugar visible para todos los empleados

Navegador Google Earth

Facilite la navegación por enormes cantidades de información

Listas de comprobación

Todo el mundo puede utilizar listas de comprobación en momentos clave. Pero sin excederse

Dibujos animados o tiras cómicas sobre el proceso

Cuanto más vívido sea el análisis o diseño de un proceso, mayor será su impacto. Utilice animaciones, dibujos animados o tiras cómicas

Pictogramas

Crea uno para cada conclusión, solución y acción

Figura 37. En tiempos de sobrecarga de información, las técnicas de gestión visual son cruciales.

Fuente: Turner, 2016.

Inculcar la autogestión. Una buena gestión visual ayuda a inculcar un hábito del que toda organización se beneficia: la autogestión o la autoorganización. A los profesionales no les gusta que les digan lo que tienen que hacer. La gestión visual es una forma de comunicación mucho más directa, que incita a la acción y a la autogestión.

7.1.3   Ajustar el curso

Piense detenidamente qué y cómo ajustar. En una vuelta de tuerca a la famosa plegaria de la Serenidad del teólogo Reinhold Niebuhr, yo diría: «Ten la serenidad de aceptar lo que hay que cambiar, el valor de aferrarse a lo que hay que mantener y la sabiduría de saber la diferencia». Dependiendo de los intereses y puntos de vista de la gente, siempre habrá muchos argumentos a favor de uno u otro. Así que objetivice, adopte una postura y prepárese para defender su posición. Eso no significa necesariamente que sepa a ciencia cierta que está haciendo lo correcto. Esa es una certeza que casi nunca tendrá. La objetivización empieza por ser explícito sobre sus progresos y la evolución de sus conocimientos. ¿Qué ha aprendido sobre sus objetivos y su PMV que no supiera en la fase anterior? Reúna datos, haga un análisis en profundidad cuando sea necesario, identifique las incertidumbres sobre toda la iniciativa o parte de ella, y enumere las opciones y los criterios de decisión. Hágalo de forma sistemática y continua. Así es como se crea un golpe de suerte, porque, como dijo Ralph Waldo Emerson «*suerte* no es más que otra palabra para referirse a la tenacidad».

Razones para perseverar:
- El contratiempo es temporal. Ahora sí que hay que seguir empujando. Esto es normal.
- Cada problema y objeción que se plantea ha sido exagerado por nuestros detractores.
- La necesidad de perseverar no ha hecho más que aumentar.

Razones para pivotar:
- El contratiempo que estamos experimentando demuestra que el PMV está equivocado. Mejor dar marcha atrás mientras podamos.
- Incluso las personas que estaban a favor al principio, ahora se muestran críticas y preocupadas.
- La urgencia ha ido en aumento y hemos generado mejores ideas para abordar estos problemas.

Elija su intervención con precisión quirúrgica. Algo que suele fallar en esta fase de la ejecución de la estrategia es que no está claro qué hay que ajustar y qué no. Comunique como el expresidente Obama, porque aunque se haga la distinción, solo será eficaz si todas las partes interesadas lo perciben así. Lo que cuenta es lo que la gente oye, no lo que usted dice.

Además, asegúrese de que el orden del día de cada comité ejecutivo o equipo de dirección se establece para tratar la ejecución de la estrategia, y de que distingue entre dirigir la empresa y cambiar la empresa, y entre los tres tipos de cambio: mejorar, renovar e innovar. Ese es el trabajo prioritario de cualquier líder. No me canso de insistir en lo práctica y eficaz que resulta una agenda estandarizada (véase la figura 38 para un ejemplo de agenda).

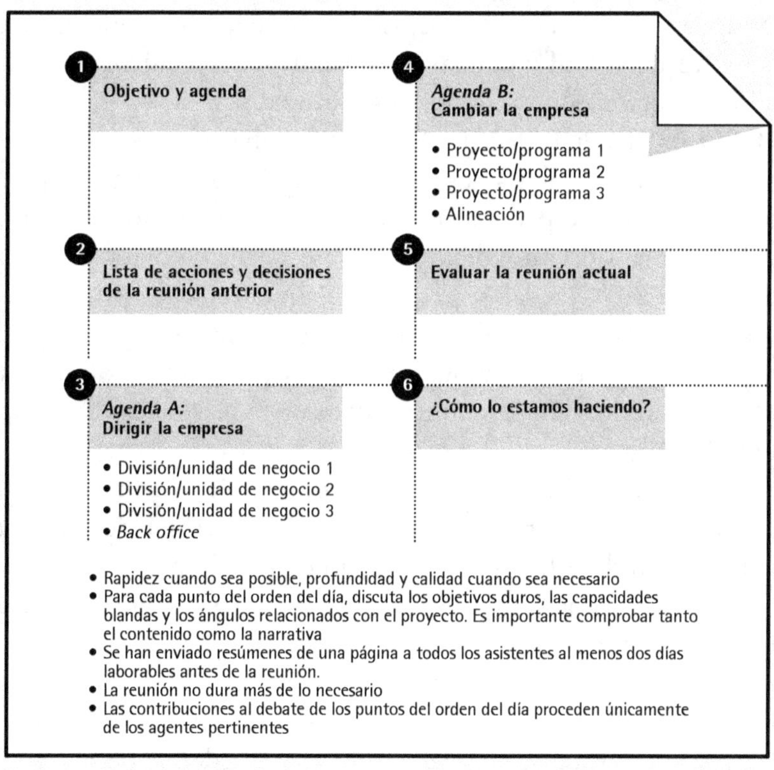

Figura 38. Utilice las agendas de gestión A y B en la ejecución de la estrategia.

Fuente: Turner, 2016.

Más microgestión, por favor. Una de las preguntas que me hacen a menudo es si la alta dirección también debe utilizar una agenda práctica y basada en la ejecución. Por supuesto. De hecho, cuanto más alto es el nivel directivo, más pertinente es. He entrevistado a muchos directivos que utilizan deliberadamente una agenda que no es solo estratégica y táctica, sino también operativa (véase el ejemplo de Unilever en el apartado 2.5.1, en pág. 71, donde la alta dirección espera intensidad operativa en cada reunión, a todos los niveles).

La intensidad operativa es crucial para introducir y mantener en la organización una cultura orientada a la ejecución. Lo único que es diferente es el nivel de detalle. Los líderes deben tener siempre presente el panorama general a la hora de tomar decisiones sobre la ejecución. Siempre tendrán que enfrentarse a las objeciones de personas a las que les gusta microgestionar y a las que les cuesta distinguir entre cuestiones importantes y menos importantes. La clave está en dejar pasar eso. Siempre habrá gente así. La única manera de deshacerse de su mentalidad es deshacerse de ellos. Lo cual puede no ser malo. La mayoría de los microdirectivos confunden la necesidad de ser específicos y detallistas con ser puntillosos, pero créame, son dos cosas muy distintas.

El ex CEO de General Electric, Jack Welch, alias Neutron Jack, es famoso por la forma en que trataba a sus empleados. Dividía a toda su plantilla en segmentos. Cada año, despedía al 10 % de los más rezagados. Este método de recorte y despido ha sido muy denostado y no puede emularse en todas partes debido a los derechos laborales, pero esencialmente es un principio positivo que optimiza la plantilla. Y su plantilla puede ser la variable más importante en la ejecución de la estrategia. Después de todo, «quién» es más importante que «qué, por qué, cuándo, dónde y cómo», como vimos en el capítulo 2 sobre los seis factores de éxito.

A Jack Welch también le encanta la microgestión, según su blog.[170] Obviamente, su blog no celebra a los microdirectivos demasiado entusiastas que prefieren hacerlo todo ellos mismos, no tienen nada mejor que hacer o no confían en nadie más que en sí mismos. Welch tampoco habla de microdirectivos evidentemente excelentes que intervienen porque sus subordinados aún no están a la altura de la tarea. Todo eso es liderazgo situacional normal. De lo que Welch habla en su blog es del «principio del acordeón», o de líderes que se acercan a su gente y al trabajo cuando saben que pueden aportar algo valioso y se retiran cuando saben que no pueden hacerlo.

¿Cómo añaden valor los líderes? Cuando tienen conocimientos, experiencia, conexiones o autoridad que pueden evitar un fracaso innecesario o, mejor aún, acelerar la ejecución. Esto también envía una señal importante: «Me tomo esta iniciativa muy en serio y haré todo lo que esté en mi mano para contribuir a que sea un éxito». Así es como los líderes ayudan a su organización y a su gente. Serían tontos si no lo hicieran. Así que, cada vez que sienta la tentación de intervenir, hay una sencilla pregunta que debe hacerse: ¿va esto en interés de la organización y es ético? La respuesta correcta debería ser obvia. El uso que Welch hizo de la palabra microgestión debió de resultar provocador. De lo que está hablando es simplemente de buen liderazgo. Y una buena microgestión requiere compromiso. Si está comprometido, sabrá exactamente si está tomando decisiones equivocadas o si está acertando de pleno.

La ejecución suele fracasar porque las iniciativas se desvanecen precisamente en el momento decisivo. Y también porque en esta fase se dedica muy poco tiempo y atención al proceso de aprendizaje. Se trata de uno de esos «agujeros negros» de la ejecución estratégica, lagunas altamente destructivas que hay que colmar con intervenciones contundentes. Así lo confirma un amplio estudio de McKinsey sobre las cualidades de liderazgo más importantes. Se pidió a 189.000 encuestados de 81 organizaciones que eligieran entre veinte cualidades de liderazgo. Mostraron una clara preferencia por las competencias típicas de la ejecución, como el apoyo, una fuerte orientación a los resultados, un enfoque que baraje diversas perspectivas a la vez y de manera continua, y una resolución eficaz de problemas. Todas ellas son cualidades que cuentan, sobre todo en el acelerador actual.[171]

El siguiente apartado tratará con más detalle cómo gestionar la innovación. Todos los líderes con los que hablamos luchan con esto, así que pensé que sería bueno dedicarle una sección aparte.

7.1.4 Supervisar y ajustar el rumbo en los modelos de negocio digitales

Las nuevas organizaciones destacan en la supervisión y el ajuste del rumbo. Los fundadores de nuevas organizaciones de éxito son refrescantemente diferentes en el modo en que controlan y ajustan el rumbo. Tienen un conocimiento actualizado de los objetivos de su organización a todos los niveles y para cada persona empleada, tanto en términos de objetivos duros como de capacidades blandas, y controlan firmemente si las cosas siguen por buen camino cada semana. Esta actitud comprometida e implacable es, sin duda, lo que Chris Zook y James Allen denominan «mentalidad del fundador».

Esta mentalidad se siente como un soplo de aire fresco, sin nada de la aprensión que muchas empresas establecidas sienten hacia una gestión demasiado cuantitativa o vertical. En las nuevas empresas, los empleados aceptan la necesidad de equilibrio entre los resultados cuantificables y la energía personal cualitativa, y entre la gestión descendente y la aportación ascendente. Es una mentalidad que también se ve en personas que han trabajado tanto para organizaciones antiguas como nuevas y conocen la diferencia. Me abrió los ojos el hecho de que las empresas establecidas tienden a buscar este equilibrio simplemente como escaparate o para proyectar una imagen políticamente correcta en el ámbito de la gestión del cambio. Sobre todo quieren evitar estigmatizar al equipo directivo como gestores verticalistas y duros.

Soy escéptico cuando los directivos de organizaciones consolidadas afirman que lo harían mucho mejor en una nueva organización. Para este libro, hablé con los fundadores de organizaciones que en su día fueron nuevas, pero que ahora son grandes y están consolidadas. Se trata de empresas que actualmente emplean a cientos de personas en múltiples ubicaciones. A pesar de que estas *startups* han crecido hasta convertirse en empresas establecidas, sus fundadores siguen gestionándolas de esa manera fresca. Esto me lleva a concluir que la gestión fresca tiene tan poco que ver con trabajar en un ático o un garaje como con un suministro regular de *brownies* o donuts. Es evidente que los fundadores a los que entrevisté son capaces de mantener su estilo de liderazgo y gestión, lo que significa que las «viejas» empresas establecidas también deberían ser capaces de adoptar este estilo de liderazgo y gestión. Le recomiendo encarecidamente que lea el recurso 13 del apéndice, que contiene docenas de citas de varios altos directivos. Los dos primeros son líderes de nuevas organizaciones digitales cuyas observaciones ilustran perfectamente mi punto de vista. Se ha escrito mucho sobre la adopción de una mentalidad de *startup,* pero su esencia es la frescura a la que me refiero aquí.

Las nuevas organizaciones tienden a utilizar un conjunto limitado de KPI. Muchas utilizan el modelo de objetivos y resultados clave (OKR, por *objectives and key results),* que se originó con Intel y que también aplican Google y Uber, entre otros. El modelo OKR permite establecer y supervisar objetivos claros hasta el nivel del individuo. Un ejemplo de KPI *top 3:* NPS, margen y facturación. Y si se me permite convertir esto en un *top 5,* añadiría: repetición y rentabilidad sobre los activos o ROA.

El seguimiento y la gestión en las nuevas organizaciones se asemeja al comercio de alta frecuencia. La frecuencia con la que las nuevas empresas controlan y ajustan sus objetivos puede parecer frenética para un directivo de una empresa establecida, pero es completamente normal para un emprendedor digital. Si usted dirige una organización establecida que experimenta con modelos de negocio digitales, será mejor que se acostumbre a este ritmo. Las nuevas organizaciones que visitamos se gestionan casi en «tiempo real».

El activo número 1 de las empresas digitales es la velocidad con la que pueden adaptarse para seguir siendo competitivas. Estos jóvenes directivos controlan sus objetivos operativos semanalmente y sus objetivos estratégicos trimestralmente. Están al tanto del rendimiento de su negocio por categoría, canal, segmento de clientes y segmento de productos. Su lema es: «conozca sus ratios y sea consciente en todo momento, o al menos una vez a la semana, lo bien que lo está haciendo». «Si no puedo controlarlo y ajustarlo semanalmente, no sirve para nada», afirma un joven directivo.

Por muy acelerado que sea el entorno, la distinción entre dirigir la empresa y cambiarla sigue siendo pertinente. De hecho, en la mayoría de las nuevas empresas ni siquiera son las mismas personas las que dirigen y las que cambian el negocio, aunque algunas de las que se ocupan del día a día también participan en proyectos de cambio. Es su manera de asegurarse de que las personas adecuadas ocupan los puestos adecuados y de que su atención se centra firmemente en dirigir o cambiar la empresa. En nuestra investigación, descubrimos que en las nuevas empresas con nuevos modelos de negocio, muchas de las personas que dirigen el negocio participan en las iniciativas de cambio. Una media del 80 % de las personas que trabajaban en las operaciones diarias también participaban en el cambio.

Las nuevas empresas quieren alejarse de ciertas tendencias de las empresas establecidas que son anatema para ellas. Son casi unánimes en su determinación de mantener su enfoque hacia el exterior. No hay nada más fácil que analizar su propia base de datos, pero el truco está en evitar perder la perspectiva hacia el exterior. Otra tendencia de la que quieren alejarse es la sustitución de la energía por el resentimiento.

Cuando pregunté a un joven directivo contra qué características típicas de las organizaciones establecidas quería protegerse en su propia organización, me dijo: la autocomplacencia (nadie puede vivir de eso), la escasez de hechos, la escasez de cifras y las reuniones interminables e inútiles. Me contó que solía irrumpir al azar en las reuniones para preguntar si eran necesarias. Esto se volvió

Aplicación con éxito del bloque 13 (ajuste)

Estudio de caso. La editorial internacional de información fiscal y jurídica Wolters Kluwer introduce nuevos conceptos de servicio.

Gran avance. La división Legal & Regulatory de Wolters Kluwer, empresa proveedora global de servicios y soluciones de información para profesionales del derecho y la fiscalidad, ha implantado nuevos conceptos de servicio para cada uno de sus segmentos de clientes en una de sus áreas geográficas. Esta medida forma parte de una transición hacia una estrategia de lanzamiento (G2M o *go-to-market)* más eficaz. Los nuevos conceptos pretendían hacer justicia al valor de la clientela actual y potencial. El objetivo era aumentar la presión sobre el mercado al tiempo que se reducían drásticamente los costos de venta relativamente elevados derivados de las visitas comerciales de los gestores de cuentas. Otro objetivo era mejorar la mensurabilidad de los esfuerzos y resultados de ventas de la empresa para tener un control más firme de la operación y aumentar la agilidad. Estos objetivos se alcanzaron introduciendo equipos de ventas remotos responsables de las ventas a clientes de los segmentos medio y bajo. Los equipos de ventas remotas también se responsabilizaron de la gestión de cuentas en estos segmentos. Al mismo tiempo, la editorial reforzó su estrategia de ventas en línea y dotó a sus equipos de ventas de mejores cuadros de mando de ventas, salas de reuniones virtuales y otras herramientas digitales.

Impacto. La introducción de los equipos de ventas remotos llevó a un aumento de la cobertura de clientela en los segmentos medios y bajos del 40 % al 70 % en los primeros seis meses, con un costo significativamente menor. El valor de la cartera de clientes a los que se dirige el equipo de ventas a distancia es considerable y ha seguido creciendo. Los cuadros de mando en tiempo real muestran cifras como el número total de llamadas al día y el número de llamadas por empleado, que se comparten en grandes pantallas en la oficina. Esto permite a los profesionales vigilar su propio rendimiento y el de su equipo y hacer ajustes rápidos si es necesario. Esta exitosa implantación se ha extendido a otros países en los que opera la división Legal & Regulatory de Wolters Kluwers. El personal de estos países ha recibido un cuaderno de estrategias o *playbook* específico de G2M.

un poco agobiante, así que dejó de hacerlo, pero podría reanudar esta práctica si lo considera necesario.

Otro empresario dijo: «Antes de que se dé cuenta, vuelven a colarse prácticas arcaicas no deseadas: complejidad, oficialidad, burocracia, rigidez y lo peor de todo: una cultura de 9 a 5». Prefiero que alguien se vaya a las cuatro de la tarde que a las cinco menos un minuto», exclamó.

Es estupendo tener un nuevo modelo de negocio que funcione y una empresa moderna para la era moderna, pero lo mejor puede ser que esta sea una oportunidad para introducir procesos modernos, tecnología moderna, un nuevo estilo de gestión y una cultura totalmente nueva. Esto último, en particular, es un lujo extraordinario. Mientras tanto, no hay que olvidarse de mantener la eficacia, la rapidez, la sencillez y la agilidad, por supuesto.

Hay aspectos operativos básicos de los que ni siquiera las nuevas empresas pueden prescindir. Digámoslo así: sin estos elementos básicos, corren el riesgo de descender al infierno hípster. Hablamos con el fundador de un moderno negocio de venta digital que ha vuelto a plantearse y responder preguntas estratégicas básicas. Por ejemplo, ¿cuál es nuestra propuesta de valor única y a qué nuevos productos y mercados debemos dirigirnos? Sabe que su organización no puede competir en precio con Amazon, porque es mucho más pequeña y no tiene el mismo poder adquisitivo. Otros elementos básicos son los análisis periódicos para estar al día de dónde se encuentra la empresa, a qué aspira y cómo va a conseguirlo. Suba al estrado todos los meses y explique su visión y su misión basándose en un proceso sólido de gestión y liderazgo, y en procesos sólidos de evaluación y remuneración de la gestión de recursos humanos. Estos son solo algunos ejemplos.

7.2   Bloque 14: arquitectura abierta

Una arquitectura sencilla y abierta facilita el desarrollo continuo. Debe ser fácil y evidente seguir desarrollando, actualizando y manteniendo el diseño. Así se asegura, supervisa y, si es necesario, adapta la nueva manera de trabajar.

7.2.1   Mantener el contenido
Merece la pena encontrar un formato para registrar y mantener todas las ideas y soluciones sugeridas para su diseño inicial y su PMV original e

iterado. Aunque todo está sujeto a cambios en esta era digital, hay que mantener el diseño y asegurarse de que se puede transferir y mantener en el futuro. Apunte alto en términos de flexibilidad, accesibilidad y transferibilidad. La mejor solución es optar por una arquitectura única. Tenga en cuenta que hay muchas opciones y que todas ellas son discutibles; elija la que elija, a algunas personas les encantará y otras la odiarán.

Las organizaciones tienen muchos métodos, técnicas y herramientas entre los que elegir. Por ejemplo, un modelo de arquitectura empresarial.[172] Pero los sistemas ERP o de planificación de recursos empresariales también pueden gestionar algo más que la automatización de procesos y ofrecen muchas opciones para describir los procesos empresariales. Además, hay muchas opciones de *software* especializado (basadas en la nube o no) que admiten flujos de trabajo.

En cualquier caso, es imprescindible elegir uno y aplicarlo en todos los ámbitos. Cualquier organización con más de 25 personas se beneficiará de ello. Después de todo, si alguien se va, no querrá que sea insustituible. Una única metodología y herramienta de arquitectura garantiza que cualquier diseño y cualquier proceso tengan un respaldo vivo, respaldado por un arquitecto principal y patrocinadores, o «padrinos/madrinas». Esas personas seguirán siendo las responsables de mantener el diseño mucho después de su ejecución.

Crear un bucle de mantenimiento vivo y cerrado. Asegúrese de que el equipo de ejecución mantiene un estrecho contacto con el equipo de diseño del PMV durante y después de cada oleada de ejecución. El equipo de diseño del PMV y el equipo de ejecución suelen solaparse, pero rara vez son idénticos. En cualquier caso, los diseñadores y los propietarios de los procesos deben coordinar sus acciones para garantizar que los nuevos procesos se institucionalizan en las operaciones empresariales habituales y pasan a formar parte de un proceso de mejora continua.

Bloques blandos del acelerador 4: aprendizaje y la milla extra

Todos los aceleradores tienen dos bloques o componentes duros y otros dos blandos. Los bloques blandos del acelerador 4 son aprendizaje y la milla extra. El **bloque 15 (aprendizaje)** muestra cómo las organizaciones rara vez se toman el tiempo de aprender en detalle de las iniciativas completadas. Esto tiene que cambiar, porque el aprendizaje aumenta enormemente la capacidad de

Aplicación con éxito del bloque 14 (arquitectura abierta)

Estudio de caso. Laboratorios Alcontrol (laboratorios de análisis medioambientales y alimentarios).

Gran avance. Para mantener y mejorar un nuevo proceso empresarial, los equipos operativos de Alcontrol celebran reuniones diarias y utilizan una arquitectura de procesos clara que les proporciona una visión general coherente. Esa es la esencia de una arquitectura bien elegida: permite a la organización trabajar desde una posición de visión de conjunto y control. Y esos equipos trabajan duro. Todas las mañanas, cada equipo operativo de la organización celebra una reunión de diez minutos con su jefe de equipo para aprender del trabajo realizado ayer y planificar lo que se hará hoy. Siempre que es posible, las acciones se asignan directamente a uno de los miembros del equipo, mientras que las iniciativas de mejora se asignan al equipo de mejora de procesos. En caso necesario, los problemas se remiten en menos de una hora a los responsables de departamento o de equipo directivo. Los tableros de mejora apoyan la gestión visual. Hay un equipo de mejora vertical que se ocupa del desarrollo continuo a nivel de organización y garantiza que las mejoras de procesos desarrolladas por los distintos equipos se institucionalicen e integren verticalmente. Este equipo de mejora vertical presenta una nueva versión de la arquitectura de procesos cada seis meses y se asegura de que la organización de línea aplique esta versión.

Impacto. La introducción de los *standups* ha mejorado la eficiencia y la eficacia de la organización. Tanto cada persona individualmente como los equipos tienen una mayor visión de conjunto y un mayor control de su trabajo, lo que les permite reducir los tiempos de ejecución (el 96 % de los análisis se entregan a tiempo), los residuos (reducción del 5 % al año) y los costos, y aumentar la seguridad. Los KPI son diferentes para cada proceso y se ajustan a los objetivos fijados por la dirección. La arquitectura de procesos proporciona un marco estable para el mantenimiento y el desarrollo posterior.

ejecución. En el **bloque 16 (la milla extra),** el éxito de la institucionalización depende de lo bien que se integren los nuevos procesos en su organización de línea. Ir más allá es la mejor manera de conseguirlo.

7.3   Bloque 15: aprendizaje

El aprendizaje es lo que mejora su capacidad de ejecución, pero, por extraño que parezca, las organizaciones rara vez explican las lecciones aprendidas de sus iniciativas finalizadas. Las organizaciones que hacen ese esfuerzo mejoran de modo demostrable la ejecución de la estrategia después de cada iniciativa, porque aplican las lecciones que han aprendido en su siguiente iniciativa.

7.3.1   Elija el momento, el método y el formato de enseñanza

Es ahora o nunca. Las organizaciones parecen reacias a aprovechar este momento de aprendizaje. Siempre es el último de la lista, aunque sea una de esas raras oportunidades que le sitúan en una posición única para evaluar. Las lecciones que hay que aprender están ahí, delante de sus narices. Hay que aprovechar el momento. Dentro de tres semanas será demasiado tarde, porque se verá arrastrado por la siguiente iniciativa. Ese momento «ajá» será un recuerdo lejano y habrá perdido el enfoque que tiene ahora mismo.

Los líderes que aprovechan la oportunidad de crear una sesión de aprendizaje cosecharán los beneficios más adelante, y sus organizaciones también. Una vez que haya decidido dar el paso y todos hayan reservado una fecha concreta en su calendario para evaluar y aprender, intente que sea una experiencia positiva. Una agenda atractiva y unos puntos de partida positivos harán que no sea una tarea pesada, sino una inspiración. Haga hincapié en que está allí para aprender, no para señalar con el dedo. Las cosas habrán salido mal, obviamente, y algunos aspectos de la ejecución seguirán siendo críticos en esta fase, por lo que es importante convertirla en una indagación apreciativa, utilizando un formato moderno.[173] También puede resultar refrescante celebrar esta sesión de aprendizaje fuera de las instalaciones, no en su oficina habitual.[174]

La figura 39 muestra un ejemplo de orden del día de una jornada de aprendizaje. El beneficio total de esta jornada solo se hace visible cuando las lecciones

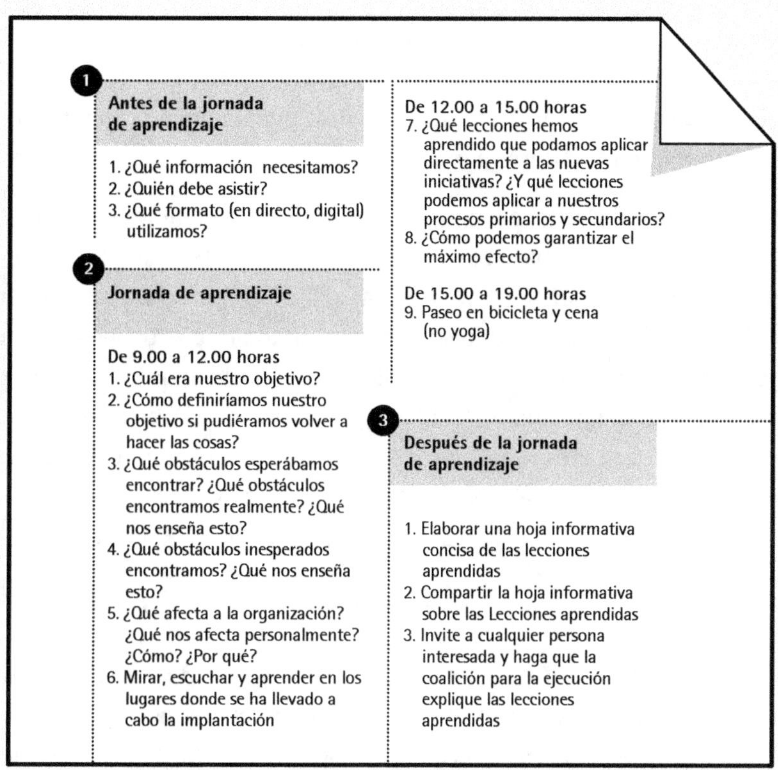

Figura 39. La agenda definitiva del día de aprendizaje: aprendizaje basado en la acción.

Fuente: Turner, 2016.

aprendidas se aplican directamente en el acelerador 1, durante el establecimiento de la cartera, y en el acelerador 2, al redactar el plan de ejecución de cada iniciativa.

Asegúrese de que el proceso de aprendizaje se centra en el aprendizaje de lecciones duras, blandas y basadas en proyectos para evitar que todo el mundo se centre únicamente en cuestiones interesantes de gestión del cambio. Evite el camino de menor resistencia. No se limite a filosofar sobre dónde fueron mal las cosas. No se centre en «ellos». Asegúrese de evaluar «nosotros». Tómese el sistema de gestión de proyectos utilizado, la gestión de las acciones y los formatos de los informes de progreso tan en serio como el duro sistema de casos empresariales y el lado blando y cultural del cambio.

Aplicación con éxito del bloque 15 (aprendizaje)

Estudio de caso. Cooperativa Royal Cosun, ejecución de la estrategia de crecimiento mediante adquisiciones.

Gran avance. Royal Cosun, cooperativa agroindustrial de ámbito internacional que fabrica productos de base biológica para aplicaciones alimentarias y no alimentarias, ha optado por seguir una estrategia de crecimiento basada parcialmente en adquisiciones. Las adquisiciones pretenden que la cooperativa crezca tanto en tamaño como en valor. Para ello, la organización introdujo un marco estandarizado de integración de fusiones y adquisiciones. Dentro de este marco, las adquisiciones recientes se evaluaron sistemáticamente en función de cómo se gestionaron y cuánto valor añadieron. La idea de esta evaluación no era «ajustar cuentas», sino aprender de los errores anteriores y aplicar estas lecciones a las nuevas adquisiciones.

Impacto. Royal Cosun identifica, supervisa y aplica sistemáticamente los principales KPI de la integración posterior a la fusión. Por ejemplo, sus objetivos son obtener el 50 % de los beneficios de las sinergias en el primer año tras la fusión; una tasa de rotación de clientes y empleados inferior al 5 % (los clásicos factores de fracaso tras la fusión); un crecimiento del 10 % en mercados específicos, etc. La evaluación estructural de estos KPI tiene dos objetivos: moderar las expectativas de nuevas adquisiciones y permitir la mejora continua de la eficacia de los proyectos de integración tras la fusión. De este modo, la evaluación contribuye a alcanzar el objetivo general de un retorno de la inversión del 12 %.

7.4 Bloque 16: la milla extra

Al final, cada iniciativa pasa a manos de los gestores de realización de beneficios de su organización de línea. Se convierten en los nuevos propietarios de los objetivos y procesos. El aseguramiento depende de la integración en sus procesos primarios. La mejor manera de conseguirlo es hacer un esfuerzo adicional.

7.4.1   Integrar la apropiación de los beneficios

La apropiación de los beneficios y de las nuevas formas de trabajar debe integrarse en la organización de línea. Cada iniciativa debe ser finita y aterrizar en su organización de línea. Nada es tan arriesgado como los grandes programas y proyectos que empiezan a tener vida propia y se convierten en pequeños feudos dentro de un reino. Las iniciativas se seleccionan y ejecutan para mejorar, renovar o innovar sus procesos empresariales básicos. Con el tiempo, los objetivos de una iniciativa tienen que subsumirse en el sistema habitual de gestión del rendimiento de su organización (en otras palabras, la parte de la organización que se encarga de dirigir el negocio). Si esto no se ha producido de forma orgánica a lo largo del proceso, el responsable de la ejecución debe asegurarse de que se produzca cuando finalice la iniciativa. Esta integración en la organización de línea debe abarcarlo todo, desde la gestión hasta el presupuesto, pasando por la comprobación personal con los gestores de la realización de beneficios para asegurarse de que tienen expectativas realistas. Sin embargo, conviene hacer una advertencia. La idea de que ha llegado el momento de pasar el testigo a la dirección de línea también puede surgir demasiado pronto y actuar como un falso *aplausómetro,* como concluí basándome en nuestro estudio (véase el capítulo 9, en pág. 278, factores de fracaso conocidos). Pero una vez que se ha completado una iniciativa, es hora de que los gestores de línea se ocupen de ella.

Hay que tener en cuenta que los responsables de la realización de los beneficios en la organización de línea tienen que adoptar no solo los objetivos, metas y beneficios de la iniciativa, sino también la nueva manera de trabajar y asegurarse de que se implanta en la organización. Tomemos como ejemplo un programa de excelencia operativa en una gran universidad neerlandesa. El objetivo del programa era aumentar la eficiencia en la programación y planificación, lo que liberaría recursos que se utilizarían para la enseñanza. Un equipo cuidadosamente seleccionado había analizado y rediseñado los procesos de programación y planificación. Se consultó periódicamente a un grupo de revisión y asesoramiento cuidadosamente seleccionado. Nadie en su sano juicio podría calificar este enfoque de torre de marfil. Sin embargo, cabía esperar resistencia por parte de la gestión educativa que no había participado en el diseño, pero que ahora debía aceptar y aplicar este nuevo proceso de planificación y programación. No sería realista esperar que todo fuera como la seda. El «síndrome de no haber sido inventado aquí» es especialmente grave en esta fase y no se puede suavizar alardeando de cómo se ha consultado a las futuras partes interesadas, ni siquiera si se han respetado las normas y se ha consultado, revisado, enriquecido y comunicado religiosamente el diseño mientras se aplicaban los aceleradores 1, 2 y 3.

Los requisitos mínimos para concluir con éxito una iniciativa asegurando su institucionalización son un chequeo psicológico renovado, un kit de herramientas infalible y sesiones de gestión. Cada una de las funciones clave debe comprometerse de nuevo con la iniciativa en el acelerador 4. En este punto, hay que asegurarse de que todo el mundo está individualmente dispuesto a hacer un esfuerzo adicional para llevar la iniciativa a buen puerto. En esta fase del juego, el patrocinador principal de la ejecución, que en el caso de un programa estratégico suele recaer en la dirección general, tendrá que volver a visitar a todos los propietarios de beneficios implicados en la iniciativa. Querrá asegurarse de que esas personas se sientan dueñas de la iniciativa y la asuman.

También necesitará un kit de herramientas infalible. No basta con cotejar rápidamente algunas viejas hojas informativas de los aceleradores 1 y 2 para asegurarse la propiedad. En lugar de ello, la oficina de gestión del programa tiene que proporcionar al patrocinador un conjunto completo de herramientas que ponga en bandeja de plata todos los componentes del programa, adaptados a cada grupo destinatario. Este kit de herramientas debe tener un aspecto y una lectura tan frescos e inspiradores como cuando la iniciativa estaba a punto de comenzar. Algunos elementos imprescindibles son: modos de integrar la nueva manera de trabajar en las prácticas habituales de gestión —sistema de gestión del rendimiento, reuniones, comunicación— y procesos de recursos humanos, como la contratación, la formación y la evaluación del trabajo. El tercer elemento imprescindible es una serie de sesiones de gestión bien preparadas, bien organizadas y con un seguimiento exhaustivo para impulsar el espíritu de equipo, la unidad y las dependencias. El kit de herramientas contiene instrumentos prácticos que ayudan a conseguirlo. Los directivos excelentes saben que este tipo de trabajo no siempre conduce a grandes éxitos, pero no eluden trabajar sistemáticamente en todos los pasos necesarios para garantizar la institucionalización. Una dirección de excelencia encuentra la manera de convertir esto en una celebración de los beneficios reales y su materialización.

7.4.2 Coalición de ejecución: termine lo que empezó
Si alguna vez ha habido un momento en el que se le necesita como líder, es este. Sea práctico y práctico, y ate todos los cabos sueltos. Mientras se

ocupa de asegurar la ejecución, la propia ejecución suele estar aún en marcha. Si se ocupase de una gran transformación en una organización a gran escala, por ejemplo, podrías estar empezando a redondear la iniciativa mientras la división 5, unidad de negocio 4, departamento 5 está a punto de empezar a escalar. Aunque tiene sentido querer aplicar las lecciones aprendidas en el 80 % de la transformación, no olvide que el 20 % restante es igual de importante.

Haga hincapié en que la última oleada tiene el mismo valor, o incluso más, que la primera. Como se suele decir, no se acaba hasta que se acaba. Cualesquiera que sean los objetivos y beneficios duros, no debe subestimarse el efecto «blando» de los líderes que van más allá y realmente completan la ejecución. La siguiente es una cita literal que escuché durante un programa de transformación a gran escala en una empresa de trabajo temporal: «Por lo visto, se lo toman muy en serio, ¡hasta el final!». Como ve, el último golpe es la mitad de la batalla.

En esta fase de aceleración, terminar el trabajo es sobre todo cuestión de eliminar los obstáculos que puedan quedar. Estos pueden venir de más cerca de lo que se piensa. Una vez fui testigo de cómo un miembro del consejo de administración armaba un gran alboroto para poner en marcha un nuevo proyecto que se solapaba en gran medida con la iniciativa que estábamos a punto de concluir. Evidentemente, algo había ido muy mal en el establecimiento de la cartera en el acelerador 1, en las habilidades «blandas» de colaboración y comunicación, en la gestión de la ejecución de la estrategia, y probablemente en varias otras áreas.

Obviamente, destacar y celebrar los éxitos del equipo es un excelente incentivo. Muchas partes interesadas (tanto las que participan en el programa como las de la organización de línea) probablemente estén agotadas en este punto, mientras que los espectadores pueden haber perdido el interés. Corresponde a la coalición de ejecución de la estrategia organizar la celebración. Es bueno darse cuenta de que la cantidad de energía que los profesionales están dispuestos a poner en las iniciativas es proporcional a su opinión sobre cómo su organización ejecuta y completa las iniciativas y si se sienten apreciados por su papel en esto.

Y por si esto no fuera razón suficiente, también tiene más sentido desde un punto de vista estrictamente económico. Muchas organizaciones desembolsan enormes sumas de dinero en transformaciones a gran escala solo para dejar que el enfoque se disipe una vez que estas realmente despegan. Cambian el enfoque justo en el momento en que todo está finalmente en marcha, cuando todo lo que la coalición necesita hacer es aprovechar el impulso y cosechar los beneficios. De este modo se pierden muchas oportunidades. La figura 40, sobre la ejecución y la propiedad de los beneficios durante el acelerador 4, muestra los cinco roles clave de la coalición de ejecución y los tipos de propiedad en el acelerador 4.

La coalición de ejecución dirige y pone en marcha la ejecución. En esta fase, tomar la iniciativa, es decir, liderar el cambio, consiste en capitalizar lo que se ha conseguido, de modo que la organización aprenda, lo haga mejor la próxima vez y, por tanto, mejore estructuralmente su capacidad de ejecución y las capacidades duras y blandas que la acompañan. Quizá piensen que es exagerar, pero es cierto. Nuestro estudio ha demostrado que entre el 70 y el 80 % de las organizaciones con éxito aprenden de cada iniciativa completada, haciendo explícitas las lecciones aprendidas de diferentes maneras. Ejemplos concretos de mejora de las capacidades son los requisitos de competencia y formación en materia de gestión de recursos humanos; nuevas conductas explícitamente mencionadas y supervisadas en la sala de juntas y el resto de la organización;

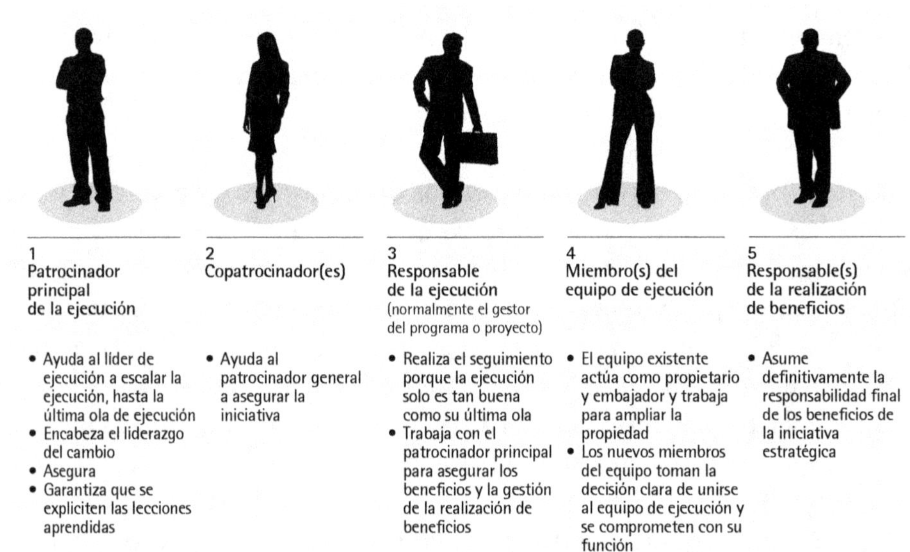

Figura 40. La coalición de ejecución: apropiación de la ejecución y los beneficios en acelerador 4.

Fuente: Turner, 2016.

una gestión más estricta de la cartera de proyectos, y mejoras en la oficina de gestión de programas.

El punto fuerte de la coalición para la ejecución es que la alineación entre la gestión de la empresa y el cambio en la empresa, entre disciplinas y en la cadena de suministro maximiza sus posibilidades de éxito. En este acelerador, la alineación consiste principalmente en coordinar las dependencias en la organización de línea con el lugar de la organización donde se ha integrado

---

Aplicación con éxito del bloque 16 (la milla extra)

Estudio de caso. El bufete internacional de abogados NautaDutilh aumenta la satisfacción de su plantilla y clientela gracias a la mejora continua.

Gran avance. Un bufete de abogados es una organización basada en profesionales. Tradicionalmente, en NautaDutilh la gestión se basaba en el contenido; los profesionales trabajaban en cuestiones jurídicas planteadas por los clientes, delegaban parte del trabajo en sus colegas y comprobaban los resultados antes de entregar las respuestas al cliente. La posible optimización de estos procesos, en beneficio tanto de los profesionales como de los clientes, no estaba en el radar. El análisis y seguimiento de estos procesos permitió a los profesionales optimizar los resultados. Con este fin, se optimizaron los procesos empresariales para crear valor añadido para el cliente (mediante Lean), y se gestionaron deliberadamente (gestión de proyectos jurídicos) y se enriquecieron siempre que fue posible con nuevas tecnologías. La institucionalización de estas mejoras en la organización se basa en dos pilares: 1) garantizar que el cliente siempre participe y contribuya a las mejoras, y 2) la Academia LEAN, un programa interno de formación en métodos Lean. Esto ha ayudado a integrar la mejora continua en la organización, ha proporcionado apoyo a los proyectos Lean y ha facilitado la iniciación de nuevos pasos.

Impacto. Este nuevo método de trabajo ha dado lugar a márgenes verificablemente más altos, una mayor calidad, un aumento de la satisfacción en el trabajo y una mejor adecuación entre el problema y la solución para la clientela.

la iniciativa. Al mismo tiempo, estas dependencias deben alinearse con posibles nuevas iniciativas que se estén preparando para su ejecución, de acuerdo con el acelerador 2. Supongamos, por ejemplo, que el proyecto finalizado es un centro de servicios compartidos y que la junta directiva está debatiendo actualmente cómo aprovechar las sinergias de una fusión reciente. Tendría sentido explorar si los procesos de negocio de la empresa recién adquirida pueden encajar con el nuevo centro de servicios compartidos. En esta fase, la alineación también consiste en integrar la nueva manera de trabajar en los procesos y estructuras habituales. Por ejemplo, una manera radicalmente distinta de gestionar equipos podría reforzarse y consolidarse integrándola en el programa de desarrollo directivo de la empresa.[175]

Consejos útiles para un liderazgo de éxito

Cada capítulo concluye con varias ideas prácticas y probadas que han ayudado a líderes y profesionales a marcar la diferencia en situaciones del mundo real. También puede utilizarlas como mini casos prácticos y puntos de aprendizaje.

1. **Semana de la puesta en práctica.** La concentración funciona. Eso vale para todo, como le dirán todos los directivos y profesionales. En la mayoría de los casos, se refieren al enfoque estratégico. Pero algunos lo aplican a todo en la ejecución operativa, con excelentes resultados, lo cual es, por supuesto, estratégico. Al fin y al cabo, ¡estrategia es igual a ejecución! Un consejo que no debe saltarse es la «semana de la puesta en práctica». Un directivo la instigó porque consideraba que no se trata solo de una secuencia de actividades, sino de una intervención de proporciones monumentales. Dedicar una semana no solo a ocuparse de la tienda, sino realmente a hacer cosas para cambiar la empresa, tiene un gran impacto. Crea concentración y se recordará durante mucho tiempo. Esta semana es una mezcla de objetivos duros y elementos blandos. Veamos un ejemplo de una semana de la puesta en práctica celebrada durante un programa de integración posterior a una fusión en una empresa proveedora de servicios:

   - *Lunes: institucionalización.* Al final del día, todas las responsabilidades se han transferido plena, clara y definitivamente de la organización del programa a la organización de línea.
   - *Martes: cabos sueltos.* Nunca se termina del todo. Organice un desayuno de trabajo de siete a nueve de la mañana con cruasanes recién hor-

neados y zumo de naranja recién exprimido para identificar lo que es críticamente necesario. A las nueve en punto, empieza el trabajo. Todo el mundo participa, desde la sala de correo hasta la sala de juntas. A mediodía, todo el mundo se toma un descanso para comer y compartir las novedades. Luego se vuelve al trabajo y, de seis a siete de la tarde, se comprueban juntos las cosas de la lista mientras se come algo para llevar. La asistencia es obligatoria. Se necesita una buena excusa para no asistir.

- *Miércoles: aprendizaje.* Debatan sobre las lecciones aprendidas mientras todo está aún fresco en la mente. A la hora de cenar, sabrá exactamente qué hacer de manera diferente la próxima vez.

- *Jueves: esfuerzo.* Nada funciona mejor que subir el listón y mantenerlo muy alto. «No se puede esperar la perfección», dice el directivo que jura por las semanas de la puesta en práctica, «pero sí se puede esperar que la gente se esfuerce por alcanzar la excelencia». Por tanto, reserve un día para ir más allá. Dedique tiempo a preguntar a sus cinco principales clientes qué más esperan de la fusión.

- *Viernes: celebración.* Afortunadamente, quien inventó este sistema no cree que «celebrar» signifique participar en alguna actividad de *team building* horriblemente embarazosa como el *paintball,* sino pasar un día fuera de la oficina para practicar deportes o juegos y dar rienda suelta a la creatividad. En otras palabras, nada que, en apariencia, tenga que ver con el desarrollo organizativo, pero que en realidad dará resultados sólidos porque proporciona tiempo y espacio para el tipo de interacción que realmente puede marcar la diferencia en el compromiso de las personas.

2. **Empujón final.** Esta idea surgió de un director de Operaciones que sabía que cualquier cambio posterior se tomaría en serio si la gente veía que los proyectos de cambio en curso se llevaban hasta el final. Se le ocurrió la idea del «empujón final», cuyo objetivo era aportar la misma energía a la última fase del proyecto que al inicio. Esto funciona muy bien. Al completar la ejecución e incrustar los cambios, se consiguen tres cosas. Se exprime hasta la última gota de resultado del proyecto en lugar de dejar que la parte de aprendizaje quede sin utilizar; se aumentan las probabilidades de que los cambios resulten sostenibles, y, lo que es más importante, se garantiza que todas las personas implicadas se sientan tomadas en serio. Esto último no siempre ocurre al final de las implantaciones.

3. **Cena informativa.** No sorprende que el directivo que pensó en tomarse un café para acercar posturas también tuviera la idea de cenar para aclarar conceptos. Estas cenas son duras evaluaciones con todos los actores clave de la iniciativa, desde el director del programa y los distintos expertos hasta el responsable de ejecución de la última implantación. La atención se centra en lo que se ha conseguido no solo para la organización, sino también en términos de desarrollo personal. La clave es hacerlo en un ambiente informal, alrededor de una mesa.

Todas estas ideas exigen implicarse a fondo. Y eso requiere mucho tiempo. En gran medida, la eficacia de una estrategia depende del tiempo que exija. Vale la pena pensar un poco en cómo aprovecharlo mejor.

8

La gestión de programas y proyectos es indispensable

La gestión de programas y proyectos ha sido tratada ampliamente por muchos autores. Sin pretensión de rehacer su excelente trabajo, permítanme resumir lo que los gestores y profesionales destacan constantemente como esencial para una ejecución eficaz. A veces incluso se ponen líricos al respecto. No es de extrañar, ya que la gestión profesional de programas y proyectos desempeña un papel clave en casi todas las iniciativas de ejecución de estrategias, ya se trate de integración posterior a una fusión, externalización, desarrollo de cualidades de liderazgo o reestructuración. Este capítulo cubre los puntos principales de cada acelerador.

La gestión eficaz de proyectos y programas tiene cuatro funciones. Esto es válido para los cuatro aceleradores. En primer lugar, es un motor: pone en marcha la ejecución y la mantiene en marcha. Segundo, es integradora: combina, alinea e integra los objetivos duros y los elementos blandos descritos en este libro. En tercer lugar, es un monitor: mide el progreso y gestiona el riesgo. Y en cuarto, cumple: garantiza la realización técnica de los resultados del proyecto y el programa, que no es cuestión de recostarse y esperar a que llegue.

Una advertencia para evitar resentimientos innecesarios entre los gestores de proyectos y programas: este capítulo será necesariamente algo técnico… y tecnócrata. Esto se debe a que la distinción vital entre los objetivos duros y los elementos blandos orientados al cambio en la ejecución de la estrategia ya se ha debatido en profundidad. Por lo tanto, todo lo que queda en esta discusión sobre la gestión de proyectos y programas es el ángulo técnico. Esto no dejará de preocupar a cualquier excelente gestor de proyectos y programas. No tienen por qué preocuparse o sentir que estoy ignorando ciertas cosas. Estoy totalmente de acuerdo en que cualquier gestión de proyectos y programas que no tenga en cuenta objetivos concretos o elementos blandos orientados al cambio carece de sentido, es una cáscara vacía. La gestión de proyectos y programas desempeña un papel fundamental y facilitador en los esfuerzos combinados y continuos para lograr resultados, instigar el cambio y alinear e integrar los proyectos y programas en la organización de línea.

Muchos profesionales y directivos preferirían ir por libre cada día y detestarían por completo la estructura, la planificación de acciones, los informes de progreso y la gestión de riesgos. Sin embargo, todo profesional y directivo de éxito ha descubierto que no puede prescindir de una gestión profesional de proyectos y programas de primera categoría. Se necesita esa base firme. Es como la de galleta Graham que sirve de base a mi tarta de queso neoyorquina favorita.

8.1 Gestión de proyectos y programas mientras se aplica el acelerador 1 (selección)

8.1.1 Seleccionar un método
Hay varios métodos buenos, algunos más estructurados como herramientas que otros. El truco está en elegir solo unos pocos. Uno no es suficiente, ya que un proyecto tecnológico complicado requiere obviamente un método diferente al de un pequeño proyecto de mejora en su organización de línea. Y no querrá matar una mosca con un bazuca. Pero limite su selección. Algunos buenos métodos de gestión de programas y proyectos son Managing Successful Programmes (MSP),[176] IPMA,[177] Agile PM y Prince2.[178] Y no olvidemos el muy practicable y accesible modelo *canvas,* obra del consultor de gestión Rudy Kor y aclamado internacionalmente.[179] Como tantos otros ámbitos de la gestión empresarial, la gestión de proyectos y programas corre el riesgo de ser poco

profesional. Así que, de nuevo, es importante evitar que los gestores de proyectos y programas den rienda suelta a sus preferencias personales a costa de un enfoque central en la organización y sus limitados recursos. No permita que las personas prueben métodos aleatorios o introduzcan un método diferente al o a los seleccionados.

8.1.2 Desarrollar las competencias básicas de las personas

Lo ideal sería que todos los empleados de todos los niveles de la organización no solo tuvieran responsabilidades de línea, sino que también participaran en al menos uno o dos proyectos de ejecución y cambio. Por lo tanto, cabe esperar que todos tengan algunas competencias básicas en proyectos. Una vez más, no se trata de recostarse y esperar. Contrate a personas que tengan estas competencias y anime a sus empleados actuales a desarrollarlas. El acelerador 1, cuando está fijando su estrategia y decidiendo su cartera de iniciativas, es un momento especialmente crucial para analizar si su organización tiene las competencias y la capacidad de gestión de proyectos y programas necesarias. Si es necesario, puede decir a sus superiores que la adquisición de dichas competencias debe incluirse como una de las iniciativas de la cartera. Y no olvide que la participación en proyectos de ejecución de estrategias puede ser la mejor curva de aprendizaje disponible. Los empleados inexpertos pero prometedores pueden aprender de las estrellas de la gestión de proyectos y programas. La gente aprende más de una situación de la vida real que de diez sesiones de formación teórica. Para crear las condiciones adecuadas, hay que centrarse en las necesidades reales. ¿Cuántos y qué tipo de gestores de proyectos y programas internos y permanentes necesita para forjar avances en la ejecución de estrategias en iniciativas organizadas fuera de su organización de línea, en proyectos o programas?

8.1.3 Los cambios complejos y multidisciplinarios requieren un enfoque basado en proyectos

En muchos consejos de administración, hay ciertas palabras que son tabú. No es de extrañar, ya que suele haber demasiados proyectos y programas en marcha que añaden una enorme presión sin ofrecer resultados reales y que a veces incluso han empezado a tener vida propia. Sin embargo, no es sensato dejar que su organización de línea ejecute todas las iniciativas de estrategia solo para evitar la ejecución de cualquier proyecto o programa. La mayoría de las iniciativas de ejecución de estrategias son cambios complejos y multidisciplinarios que solo pueden gestionarse eficazmente como proyecto o programa. Y la cuestión se complica aún más por la semántica. Basta con pensar en quién es responsable de llevar a cabo proyectos y programas. Su organización de línea, por supuesto. Así que resistirse a las palabras tabú no sirve absolutamente para nada.

Es importante seleccionar el tipo de proyecto o programa adecuado a su propósito. Las iniciativas de tipo 1, que se ocupan de mejoras incrementales, necesitan un toque ligero. El equipo central debe estar «anclado» en la unidad de negocio o departamento donde resida el problema principal, y pueden incorporarse otras disciplinas cuando sea necesario. A continuación, el trabajo puede delegarse en grupos de trabajo virtuales y temporales. No obstante, hay que asegurarse de que el equipo central sea una entidad coordinadora independiente, reconocible visualmente y centralizada. Aparte de eso, deben aplicarse los principios habituales de gestión de proyectos, como elegir un método adecuado de gestión de acciones, riesgos, progresos y proyectos; adoptar un enfoque muy estructurado; definir objetivos, funciones y tareas con claridad meridiana, y perfilar el proyecto como un empeño a corto plazo y claramente delineado, en el arranque, en las comunicaciones y en todos los demás aspectos. Los proyectos relacionados con las mejoras deben tener un horizonte de tres meses como máximo. Si para entonces no se han cosechado los beneficios, no se trata de un proyecto de mejora incremental. Esos beneficios deben subsumirse en su proceso principal cada trimestre.

Las iniciativas de renovación (tipo 2) requieren un enfoque de gestión de proyectos y programas más fuerte. Supongamos que se trata de un proyecto de integración tras una fusión. Generalmente, esto implica varias disciplinas en dos organizaciones y el objetivo suele ser lograr alguna sinergia significativa. Es obvio que esto requiere un enfoque de proyecto sólido.

En cambio, las relacionadas con la innovación radical (tipo 3) requieren tanto métodos modernos de gestión de proyectos como métodos modernos de desarrollo, como Agile y Scrum. Si una iniciativa se aparta de la organización o se trata como una *startup,* su proyecto será menos complejo, porque habrá menos dependencias de la organización existente que haya que gestionar.

Por cierto, el establecimiento de la estrategia en el acelerador 1 debe tratarse como un proyecto en sí mismo. La disciplina de la consultoría estratégica implicada determinará el rendimiento del proyecto en términos de: 1) tiempo, 2) dinero, 3) calidad, 4) información y 5) organización, y si existe un equilibrio viable entre los objetivos duros y los aspectos blandos del cambio.

8.2 Gestión de proyectos y programas mientras se aplica el acelerador 2 (iniciar)

8.2.1 La mejor manera de comenzar: tomarse tiempo para elaborar un plan de acción excelente

Distinga entre empezar y estar en marcha para cada proyecto o programa. Al principio, es imperativo ser minucioso y llegar a un plan que sea sólido tanto en términos de contenido (objetivos duros) como de gestión del cambio (el enfoque blando, centrado en las personas). Una vez en marcha, es importante establecer un ritmo eficaz tanto para las actividades duras como para las blandas.

Al igual que en el análisis estratégico y el establecimiento del rumbo a nivel de organización, la planificación a nivel de iniciativa no debe eternizarse ni precipitarse. Es esencial «vestirse despacio porque se tiene prisa». Al fin y al cabo, lo que quiere es ejecutar lo correcto.

Elija un formato y sígalo a rajatabla. Muchos directivos y profesionales tienen una relación de amor-odio con los modelos y formatos, plantillas, listas de comprobación y *canvas* (u hojas informativas, como las llamo en este libro). Sin embargo, hay que darse cuenta de que sirven para cosas muy importantes. En primer lugar, es probable que no se haya reflexionado lo suficiente sobre cualquier cosa que supere una página. Además, las hojas informativas mejoran la concentración de la gente. Vivimos en una época en la que un pececillo –no bromeo, se ha investigado– tiene una capacidad de atención mayor que la nuestra cuando hojeamos casualmente un texto. Por lo tanto, una ficha informativa permite a los interesados asimilar rápidamente la esencia de su iniciativa. De hecho, cada dato debe ir acompañado de un resumen y estructurarse como una pirámide, para que el público lector pueda decidir hasta dónde quiere profundizar. Además, las hojas informativas hacen más fiable la transmisión de conocimientos. En lugar de depender únicamente de la transmisión oral, los actores clave que necesitan continuar la ejecución de la estrategia, escalarla, comunicarla, revisarla y tomar decisiones al respecto, disponen de una fuente escrita a la que remitirse. Y por último, las fichas contribuyen a la agilidad y capacidad de iteración del método de ejecución de estrategias que presento en este libro. La ejecución de la estrategia consiste en la experimentación selectiva y la ampliación de lo que funciona. En este entorno vertiginoso, mantener una visión de conjunto es esencial. De ahí que sea crucial actualizar las hojas de datos en los momentos clave para mantenerlas al día. Así sabrá en qué punto se encuentra, qué está haciendo y por qué, y cuáles son sus principales tareas futuras. Si una cuestión principal no figura en su ficha, es que no existe. Consulte el recurso 10 del apéndice, que le llevará a la hoja informativa descargable sobre gestión de proyectos y programas y a las hojas informativas de los aceleradores 1 a 4, todas ellas centradas tanto en los objetivos duros como en los aspectos blandos de la gestión del cambio.

8.2.2 Una estructura eficaz de gestión de proyectos y programas refleja tanto el objetivo como la fase

Una estructura de proyecto y programa refleja y agiliza su objetivo. Su estructura, cuidadosamente pensada, no es ni demasiado grande ni demasiado pequeña; distingue elementos lógicos que tienen cada uno su propio paquete de trabajo lógico. Cada actor clave sabe cuál es su objetivo y su papel, y tiene una idea clara de cómo debe funcionar la estructura total del proyecto o programa.

Lo mismo puede decirse de la integración y gestión del proyecto o programa. Al fin y al cabo, una estructura de proyecto o programa perfecta que esté anclada en la disciplina equivocada o en el nivel equivocado de la organización no va a tener ningún impacto.

Al igual que en su organización habitual, la estructura que elija debe cubrir el 80 % de sus flujos de trabajo. Los proyectos y programas estratégicos emplean a profesionales altamente cualificados y autónomos que dedican la mayor parte de su tiempo a las tareas que les han sido asignadas. Se coordinan dentro y fuera de su proyecto o programa cuando es necesario. Lo ideal es que el 80 % de su trabajo esté relacionado con el proyecto o programa. Si no es así, algo falla en la estructura principal del proyecto o programa.

No es nada extraño adaptar su estructura y gestión a cada fase de ejecución. Cuando lo sugiero, las partes interesadas a menudo se resisten. «¿Quiere decir que mi estructura ya no sirve?». Mi respuesta es: «¡Exacto! Está bien por ahora, hasta el final de esta fase, pero dentro de dos semanas, al comienzo de la siguiente, ya no servirá».

Uno de los factores de éxito que reveló nuestro estudio es aprovechar todas y cada una de las oportunidades para cambiar radicalmente la asignación de recursos (tiempo, dinero y energía). Y esto lo facilita en gran medida la gestión de proyectos y programas. El papel integrador y de supervisión de la dirección es precisamente lo que permite centrarse claramente en esta asignación de recursos, tanto durante la fase inicial de planificación como durante el proyecto, a intervalos regulares de consulta e información. En esta fase del acelerador 2, es importante que sea extremadamente concreto sobre los recursos, el dinero y la capacidad que necesitan las cinco funciones clave de una iniciativa.

La experiencia reina. Algunos gestores de programas y proyectos creen seriamente que los proyectos y programas pueden ejecutarse sin ningún conocimiento experto. Evite a esas personas. Da igual que contrate a un robot o rellene formularios suministrados por programas informáticos en línea. Como ha demostrado nuestro estudio, los directores de programa excelentes siempre dan prioridad a los conocimientos y la experiencia, y siempre se remiten a ellos. Son excelentes aplicando sistemáticamente este principio a la gestión del cambio.

Si los gestores de programas y proyectos se dedican a lo que saben hacer bien, valdrán su peso en oro. Hay directores de programas y proyectos que están más allá de la tecnología o que, inspirados por cursos espirituales y la pirámide de Maslow, podrían estar en camino de trascenderla. No les interesa gestionar aspectos técnicos básicos como el progreso y la gestión de riesgos o el seguimiento del presupuesto y la gestión de acciones, y prefieren centrarse en el equipo y el desarrollo cultural del programa o proyecto que se les ha asignado. Cometen el error elemental de pensar que esos aspectos básicos ya no son relevantes porque resulta que se aburren con ellos. Sin embargo, debería ser obvio que lo básico tiene que funcionar. A la perfección.

Cuando sea necesario, complemente su plantilla con contrataciones externas a las que exija responsabilidades. Los profesionales de proyectos y programas solían ser de dos tipos: de la plantilla, y socios y proveedores externos, como consultores informáticos, estratégicos, de gestión y de gestión de recursos humanos. Los procedimientos de contratación y selección estaban bien definidos y siempre había alguna disputa amistosa, o a veces irritable, entre personal interno y externo. La colaboración entre profesionales permanentes, semiflexibles y flexibles es la nueva normalidad y ya no tiene sentido distinguir entre profesionales internos flexibles y contratados externos que trabajan por proyectos. Todos los profesionales internos y externos se seleccionan en función de las competencias y la experiencia pertinentes para el proyecto, y de eso también son responsables. Pero aquí también hay una paradoja. Cuanto más normal se vuelve esta situación, más importante se vuelve la compra de servicios profesionales. Hay que asegurarse de que los servicios profesionales se compran de forma profesional, es decir, basándose en el valor y la responsabilidad, y con una remuneración basada en parte en una cuota de contingencia, como Fiona Czerniawska y Peter Smith exponen en su excelente libro *Buying professional services.*[180]

8.3   Gestión de proyectos y programas mientras se aplica el acelerador 3 (cosechar)

8.3.1   Agile y Scrum también requieren gestión de proyectos

Mucha gente parece pensar –sospecho que dejándose llevar por la ilusión– que las metodologías Agile y Scrum hacen superfluo el trabajo basado en proyectos. Sin embargo, la gestión de proyectos es indispensable para mantener centrados los métodos Agile y Scrum y para mantener el equilibrio adecuado entre libertad y estructura. Es cierto que esto ha cambiado el papel de los responsables de la gestión de proyectos o programas. Quienes dirigen un proyecto y un programa ya no son hacedores omnipotentes que controlan los eternos cinco grandes indicadores (tiempo, dinero, calidad, información y organización), sino facilitadores que hacen que sus equipos asuman sus responsabilidades y los apoyan, especialmente en las metodologías Agile y Scrum. De ahí que ese sea también su papel durante el acelerador 3, que consiste en mucho más que el simple seguimiento de los progresos.

Hubo tiempos en que la gente mostraba desdén por la gestión de proyectos y se mofaba diciendo: «¡cualquiera puede rellenar un planificador!». Pero hoy en día, ese desprecio se considera patético. La gestión profesional de programas y proyectos es un campo vital y lleno de retos. Los patrocinadores saben que la gestión de programas y proyectos es el medio para llegar a un fin (la ejecución), y reconocen su exigencia. Se irritan con razón cuando la gestión de proyectos o programas no está en orden, incluso cuando todo lo demás va bien en términos de energía, compromiso y resultados.

8.3.2   Aspectos básicos cruciales

Asegúrese de que domina los principios básicos de la gestión profesional de proyectos y programas. Deben formar parte de todos los planes de acción y aplicarse en la estructura de seguimiento periódico de los avances. Entre los aspectos básicos importantes se incluyen los formatos de reunión, los sistemas de seguimiento de acciones y avances, los ritmos fijos y las agendas estándar durante la ejecución.

A la mayoría de los profesionales no les gustan las reuniones. Puede contarme entre ellos, sobre todo cuando se trata de reuniones que duran más de una hora. Sin embargo, las reuniones elegidas adecuadamente desempeñan un papel fundamental e integrador en las iniciativas estratégicas ejecutadas como proyectos o programas. Dependiendo del tamaño del proyecto o programa, asegúrese de que los siguientes tipos clásicos de reuniones se programan con regularidad:

- Reunión con el patrocinador.
- Reunión con el grupo de dirección.
- Reunión con el equipo central.
- Reunión con el grupo de trabajo o flujo de trabajo.
- Reunión de revisión.

Cada vez más proyectos y programas afectan a cadenas de producción que van más allá de su estructura. Esto también se refleja en su dotación de personal. Si el enfoque de cadena de producción se convierte en una característica dominante, deberá rebautizar las reuniones de su grupo directivo como reuniones a nivel de cadena.

8.3.3 Gestión de acciones y decisiones, e informes de progreso

Todas las metodologías contienen una sección sobre la gestión de acciones y decisiones. Más que una nimiedad burocrática, se trata de algo elemental. Evidentemente, no puede esperar que le alaben por lo que se conoce despectivamente como «listas de comprobación». Obviamente, no son el aspecto más inspirador de un proyecto o programa, pero estas listas merecen su atención de todos modos. Póngase una nariz roja si quiere fingir que es divertido, pero no se salte esta parte.

Los informes de progreso bien elegidos tienen una función fundamental e integradora en los proyectos y programas. Al igual que la ejecución eficaz de una estrategia, los informes de progreso de una iniciativa eficaz deben equilibrar los avances en términos de objetivos duros, cambios blandos y gestión de proyectos y programas. Dichos informes deben constar de una sola página y consistir en un breve repaso y avance de los aspectos habituales: objetivos duros (realización, contenido); objetivos blandos relacionados con el cambio (apropiación, estrategia de cambio), y avance del proyecto (en términos de los conocidos cinco parámetros: tiempo, dinero, calidad, información y organización).

Los informes de progreso son otro de esos aspectos de un proyecto o programa que gustan a pocos profesionales. Pero hay excepciones. Los buenos profesionales saben que los informes de progreso les obligan a asumir responsabilidades y a crear una visión general ampliada del proyecto o programa. Eso es crucial, porque si sigue ganando impulso sin pararse nunca a ver hacia dónde va, puede que pase por alto algunas amenazas hasta que sea demasiado tarde.

Sea breve. Los patrocinadores y otras partes interesadas solo quieren leer informes de progreso cortos, sobre todo durante el acelerador 3, que puede durar un rato. Ahórrese la molestia de escribir artículos demasiado largos y detallados, porque nadie quiere leerlos. Sin embargo, tenga en cuenta que lleva más tiempo escribir un buen informe breve que uno malo y largo.

8.3.4   Agendas estándar cruciales

Asegúrese de que el orden del día de cada reunión le mantiene centrado en lo esencial. Las agendas fijas enumeran los puntos que deben tratarse en las reuniones a intervalos regulares durante el proyecto o programa. Uno de esos puntos, todos estarán de acuerdo, es el progreso en relación con la planificación. Otro importante es el progreso de quienes intervienen: hay que comprobar si todo el mundo cumple con su parte, sin juzgar a nadie. Se trata sobre todo de prestar una atención sistemática a lo que es primordial: su capital humano. Evidentemente, no todos los puntos fijos del orden del día deben tratarse siempre; las frecuencias pueden variar.

Las agendas específicas enumeran los puntos que son relevantes durante una fase concreta. Por ejemplo, un punto podría ser cómo abordar el conflicto entre dos grandes proyectos con amplias dependencias en términos de contenido y gestión del cambio. Puede tratarse de un punto políticamente delicado, porque los proyectos pueden estar muy expuestos fuera de la organización, ya sea en el mercado o entre las partes interesadas. Este puede ser el caso de una organización pública que tiene al gobierno mirando por encima del hombro. Sin embargo, una agenda específica tiene como principal objetivo hacer frente a situaciones imprevistas. Responder con agilidad a lo inesperado es precisamente a lo que los gestores de proyectos y programas dedican la mayor parte de su tiempo.

También es útil distinguir entre temas breves y rápidos (citas rápidas) y debates más largos y profundos (tiempo de calidad). Es útil que esta distinción se reconozca visualmente en la agenda. Una reunión rápida no dura más de cinco minutos y su objetivo es informar a los asistentes o facilitar una decisión rápida. Los temas más largos y profundos requieren tiempo de calidad. No querrá que le metan prisa cuando esté considerando varios ángulos y puntos de vista. Eso puede llevar entre 30 y 60 minutos. Tenga en cuenta, sin embargo, que esta distinción no dice nada sobre la preparación necesaria para cada categoría. Cada punto del orden del día debe estar bien preparado.

8.3.5   La estructura crea más tiempo y flexibilidad

Los horarios fijos conllevan el riesgo de crear un ritual que pierda su autenticidad, o eso piensan algunas personas. A estas personas tampoco les suele gustar la estructura. Sin embargo, un enfoque muy estructurado y de intervalos fijos es una de las mejores maneras de crear tiempo para ajustes a medida, creatividad y tiempo de calidad. También permite hacer ajustes sobre la marcha (véase también el factor de éxito 6 del apartado 2.6, sobre la importancia y la utilidad de la estandarización).

8.3.6   Gestión de recursos humanos: un tema clave de principio a fin

Los gestores de programas y proyectos saben que las personas –o, en términos más técnicos, los recursos humanos– son el principal cuello de botella en prácticamente todos los programas o proyectos. «Si me dan las personas adecuadas, podré alcanzar cualquier objetivo», me dijeron algunos directores de programa experimentados durante sus entrevistas. Ahí es exactamente donde las cosas se ponen difíciles. La ejecución de iniciativas altamente estratégicas e imprescindibles suele recaer en el mismo grupo de personas. Esto está en parte justificado, porque la calidad tiende a subir a lo más alto, pero no es del todo correcto, porque se tiende a subestimar las capacidades de otras personas.

Los recursos humanos siempre han sido una manzana de la discordia, y probablemente siempre lo serán. Eso no quiere decir que no haya buenas prácticas. La gestión de recursos humanos es un tema y un proceso clave. Reconózcalo convirtiéndolo en un punto fijo del orden del día de cada reunión importante. Así evitará encontrarse con problemas de improviso y demasiado tarde. Por ejemplo, no querrá pasar por alto cómo los actores clave están sobrecargados de trabajo durante demasiado tiempo y se esfuerzan por cumplir sus obligaciones de línea, así como sus obligaciones en los dos proyectos de los que forman parte. Así es como la gente se quema, que es exactamente lo que quiere evitar. No darse cuenta de que alguien está siendo llevado al punto de la enfermedad perjudica tanto a la persona empleada como a su organización.

8.3.7   Mentalidad y espíritu empresarial
Las conversaciones con directores de programas de éxito se parecen mucho a las que se mantienen con empresarios. Los gestores de programas o proyectos normales van a trabajar y hacen un trabajo decente. Pero los directores de programas o proyectos excelentes lo dan todo y dirigen su programa o proyecto como si fuera su propio negocio. Muestran compromiso en todo momento. Derraman sangre, sudor y lágrimas junto con todos los demás, pero mantienen la distancia suficiente para cumplir a nivel operativo y para idear y aplicar las intervenciones tácticas y estratégicas adecuadas. Si es necesario, se saltan un poco las reglas. A veces, un poco de anarquía es la única manera de obtener resultados. Esta mentalidad es especialmente crucial durante el acelerador 3.

8.4   Gestión de proyectos y programas mientras se pone en práctica el acelerador 4 (asegurar)

8.4.1   La gestión de proyectos y programas da resultados
Al final del día, lo único que importa es si se han alcanzado los objetivos del proyecto o programa. Por puro orgullo profesional, los gestores de proyectos y programas se preocupan por esto más que nadie. Son la conciencia de la ejecución de la estrategia. Hay innumerables ejemplos de programas de mejora de la eficacia de las ventas en los que el director de ventas y el patrocinador abandonan en cuanto se han obtenido suficientes beneficios. Es aún peor si lo hacen después del primer revés (inevitable). En ambos casos, la verdadera realización y obtención de beneficios aún no ha comenzado.

Otras preguntas igualmente importantes son si los beneficios son sostenibles y qué lecciones se han aprendido de la ejecución. Estas preguntas deben plantearse explícitamente para aumentar significativamente las posibilidades de mejorar la forma de abordar el próximo proyecto o programa. En eso consiste el acelerador 4: en asegurar y aprender.

8.4.2   El papel del programa no termina hasta que termina
La relación entre programas y proyectos, por un lado, y la organización de línea, por otro, siempre ha sido complicada. No pierda el tiempo preocupándose por esto. Una vez decidido el enfoque de un programa o proyecto, se tiende a traspasar la tarea a la organización de línea demasiado pronto. A veces esto ocurre justo después del inicio y de los primeros pasos. «Ya es hora de que la organización

de línea se haga cargo» es una afirmación arriesgada. Por supuesto, las personas de su organización de línea tienen que hacer mucho desde el principio, a saber, dotar de personal al proyecto o programa. Pero tanto el proyecto o programa como la organización de línea deben hacer todo lo posible durante la ejecución.

Hay tres principios genéricos que siguen siendo válidos de principio a fin. El primero es que los proyectos y programas no son más que un medio para alcanzar un fin –mejorar, renovar o innovar la empresa en cuestión– y, por tanto, son temporales por definición. El segundo es que la organización de línea es responsable de la obtención de beneficios desde el principio, mientras que el programa es responsable de la ejecución hasta el amargo final. Y en tercer lugar, los enfoques eficaces reconocen tres etapas en la coproducción de la organización de línea y el programa, o la organización de línea y el proyecto. El proyecto o programa no se descarta a mitad de la ejecución, sino que desempeña un papel hasta el último día (véase la figura 41).

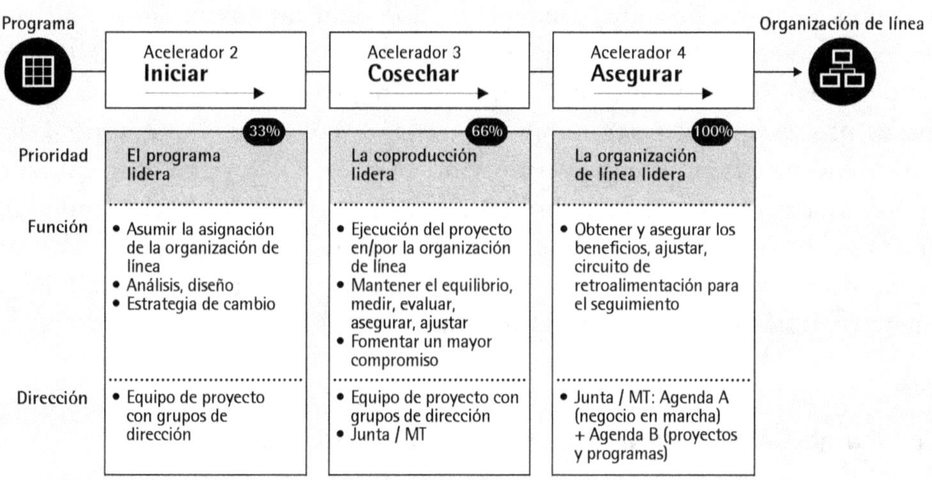

Figura 41. La organización de línea y la coproducción del programa tienen tres etapas. El papel del programa continúa hasta el final de la ejecución.

Fuente: Turner, 2016.

Alinear, a todos los niveles, en todas partes, todo el tiempo. La parte del león (alrededor del 80 %) de cualquier proyecto o programa debe correr a cargo de la estructura que haya elegido, independientemente de si se trata de cómo está estructurada su organización actual o de cuál debe ser la estructura, el mandato y el alcance de sus iniciativas estratégicas. Si no es así, ha elegido la estructura equivocada y ha asignado a las personas la tarea equivocada. Pero incluso si el 80 % encaja bien, todavía hay otro 20 % que necesita alinearse. Hay que mantenerse ágil durante toda la ejecución, aunque solo sea porque hay muchas interdependencias naturales entre las distintas iniciativas de una organización. Muchos proyectos de innovación de procesos requieren apoyo tecnológico personalizado y, por tanto, alineación.

La alineación nunca se detiene, en parte porque no puede preverse cada giro. También se trata de adaptar constantemente el modelo de negocio. Por ejemplo, un entrevistado me contó cómo el equipo de recursos humanos intervino al final de un proyecto de ejecución y reestructuró todas las funciones. Fue una oportunidad de oro para incluir en todo el proceso las implicaciones de la nueva manera de trabajar para la gestión de recursos humanos y adaptar las descripciones de los puestos y los perfiles de competencias para reflejar las competencias y los requisitos necesarios en el nuevo proceso empresarial. Si los nuevos procesos no se integran en esta gestión (contratación, selección, descripción de puestos, formación, evaluación de puestos), se verán obstaculizados o puede que no funcionen en absoluto. Asegúrese de que todo el mundo sabe quién es el responsable de la alineación, tanto en general como para cada flujo o grupo de trabajo. La solución más lógica es asignar esta responsabilidad al equipo de gestión de proyectos o programas.

8.5 La gestión de proyectos es todo un ecosistema

El papel de la gestión de proyectos y programas podría describirse mejor como un proceso o ecosistema.[181] La gestión de proyectos y programas no solo conecta y dirige los objetivos y contenidos duros de la ejecución de la estrategia, sino que también los vincula con los elementos blandos, orientados al cambio. La gestión de proyectos y programas debe adoptar un buen liderazgo para que este ecosistema prospere. Y este no es el único equilibrio que cuenta en este ecosistema. Es igualmente esencial que exista un equilibrio entre la estrategia inicial (acelerador 1 y la mayor parte del 2) y la ejecución real (aceleradores 2, 3 y 4).

Consejos útiles para un liderazgo de éxito

Cada capítulo concluye con varias ideas prácticas y probadas que han ayudado a líderes y profesionales a marcar la diferencia en situaciones del mundo real. También puede utilizarlas como mini casos prácticos y puntos de aprendizaje.

Para los aceleradores 1 y 2:

- **Mapa de las partes interesadas.** Una experimentada gestora de programas me dijo que una de sus actividades más importantes era trazar un mapa muy detallado de todas las partes interesadas, sus posiciones, intereses, puntos fuertes y débiles, es decir, las personas. A partir de este mapa, selecciona sus intervenciones. Los programas son empresas humanas. Por lo tanto, hay que entender qué es lo que mueve a las personas con las que se trabaja.

- **En sus zapatos.** La misma gestora de programas sostiene que no basta con trazar el mapa de su capital humano; hay que profundizar más. A veces, la dinámica puede ser tan complicada que puede ser necesaria una hora de debate con alguien del programa para comprender realmente a las personas y la dinámica. Hay que ponerse en su lugar. No se trata de psicología *new age,* sino de pura necesidad.

Para los aceleradores 3 y 4:

- **Informes de progreso y debates importantes.** Un directivo se sentía frustrado por la rutina vacía de sus informes de progreso mensuales. «Lleva horas elaborar esos informes, que luego apenas se leen antes de la reunión del grupo de dirección. Veo miradas vacías por todas partes». ¿Significa eso que es hora de tirar la toalla? No. Hay que informar de los progresos, pero de forma concisa. Este directivo simplificó el formato, equilibró con maestría los aspectos duros, blandos y relacionados con el proyecto y añadió la narración de historias como marcador de los avances blandos, preguntando: «¿Qué anécdota del mes anterior necesitamos escuchar porque impulsa la implementación?».

- **Mapa de asignación de recursos.** La idea de que el 80 % de los recursos deben dedicarse a la ejecución y no al análisis y el diseño está muy extendida, pero rara vez se cumple. Un directivo de un grupo editorial se centra deliberadamente en ello. Se asegura de que la fase de análisis y diseño no cueste más del 20 % del tiempo y del presupuesto disponibles, y lo controla.

- **Espíritu emprendedor.** Uno de los mejores directores de programa que conozco me contó el secreto de su éxito: «Asegúrese de que los directores de programa y sus jefes de proyecto vean el programa como su propio negocio». Cultive ese espíritu emprendedor desde el primer día. El hecho de que los programas se gestionen durante un tiempo separados de la organización de línea conlleva ciertos riesgos, pero también ciertas oportunidades. Aprovéchelas. Una de las ventajas, según mi fuente, es que puede cultivar una fuerte subcultura, en el mejor sentido de la palabra: una cultura de «hagamos las cosas», a contracorriente. Uno de sus consejos es organizar una reunión de empresarios en la que su gente discuta sobre temas como «¿qué necesito para tener éxito?» o «si este fuera mi negocio, ¿qué tendría que hacer?, ¿qué me lo impide?».

9

Fracaso

Granizado y nata agria / No hay nada más lamentable que el autoengaño / Sobrecarga conceptual / Chuches / Prejuicios egoístas

Este capítulo se centra en la ejecución fallida de la estrategia. Para entender por qué fracasa la puesta en práctica de una estrategia en el 60 % de las organizaciones, exploramos las razones del fracaso en mayor profundidad que otros análisis. Nuestra investigación ha revelado que el fracaso no se debe únicamente a los factores que todos conocemos, sino al menos con la misma frecuencia a factores menos conocidos. Por eso en este capítulo se distingue entre factores de fracaso conocidos y menos conocidos.

Estudiar el fracaso solo tiene sentido si también nos preguntamos cuál es el precio del fracaso y respondemos a la pregunta «¿y qué?». La respuesta es sencillamente que el costo es alto y sigue subiendo. Se ha convertido en una cuestión de vida o muerte.

9.1   Impacto creciente del fracaso: es cuestión de vida o muerte

Cuando hago presentaciones en empresas, siempre planteo la pregunta: «¿En qué medida se le da bien la ejecución de estrategias?». Invariablemente, la gente cree que es mejor en el análisis estratégico y el establecimiento del rumbo que en la ejecución. Y ahí empiezan los problemas. Todo el mundo se encoge de hombros ante el problema. Solo hay una cosa más importante que el establecimiento de la estrategia: la ejecución, y es lo más difícil de hacer. Los estudios han demostrado que no menos del 60 % de las estrategias fracasan en la ejecución.[182] Algunos investigadores citan incluso una tasa de fracaso del 90 %. Parte del problema se debe probablemente a que las personas son personas: siempre asumen más de lo que realmente pueden manejar. Sin embargo, eso no explica del todo una tasa de fracaso tan elevada. En otras palabras, hay un mundo que ganar comprendiendo la causa. Para sacar provecho de un fracaso, hay que saber qué falló, por qué y a qué precio.

9.1.1   Los costos del fracaso

En tiempos de creciente hipercompetitividad y recursos menguantes, el fracaso es un asunto de alto riesgo. Puede ser la diferencia entre la supervivencia o la quiebra. Los costos del fracaso son claramente identificables, pero tienden a dejarse sin especificar, tanto en términos cuantitativos como cualitativos. Especificar los costos del fracaso puede parecer superfluo, pero no lo es. Nuestra investigación ha identificado los siguientes tipos de costos de fracaso.

Retraso en la ejecución

Cuando la puesta en práctica de una estrategia se retrasa o es defectuosa, los objetivos estratégicos de su organización también se retrasan, o incluso se frustran por completo. Esto se aplica tanto a los objetivos pequeños e incrementales como a los grandes y urgentes avances. Desde el punto de vista operativo, los retrasos repercuten en sus objetivos en términos de satisfacción de clientes, partes interesadas y empleados. Los retrasos también tienen consecuencias negativas cuantificables para sus objetivos financieros, como los ingresos, el margen y los costos previstos.

Costos directos elevados

En cualquier programa o proyecto, los costos elevados pueden convertirse en un problema. Los motivos son muy variados: un alcance erróneo o excesivamente amplio, falta de seguimiento y control, esfuerzos de análisis y diseño excesivamente largos o mal orientados, personas inadecuadas, e implicar a los usuarios demasiado pronto, demasiado tarde o demasiado poco.

Costos indirectos elevados

La ejecución de una estrategia cuesta dinero, y no solo de bolsillo. Si una iniciativa fracasa, no suele quedar más remedio que asumir los costos, es decir, amortizarlos. Esto suele ser lo mejor, porque hay que saber cuándo cortar por lo sano. Sin embargo, el problema con la puesta en práctica de una estrategia es que los costos tienden a ser estructuralmente más altos, debido a las inversiones en tecnología, por ejemplo. Cuando esas inversiones resultan ser inútiles, el costo total de propiedad ha aumentado significativamente sin que se haya realizado un estudio de viabilidad. Como dijo una vez uno de mis clientes: «Así es como suelen ir las cosas: al principio del proyecto, me prometen un gran caso de negocio que contribuirá a los objetivos de mi organización a un costo menor. Pero suele acabar sin caso de negocio y con costos más altos». Los costos indirectos también incluyen un mayor índice de rotación de empleados debido a la frustración.

Empleados sobrecargados y frustrados

Los proyectos fallidos tienden a frustrar a los empleados implicados. Sienten que ya no se les toma en serio y su satisfacción laboral cae en picado. Una de las principales causas es que se sienten insuficientemente apoyados durante la ejecución.

Potencial desaprovechado

Los profesionales y otros empleados tienen los pies en la tierra; mucho más de lo que muchos directivos suponen. Suelen ser leales a su profesión y a su organización. A cambio, esperan que se les tome muy en serio. Un liderazgo deficiente, una conducta poco profesional y la falta de voluntad para aprender de errores anteriores en la puesta en práctica de una estrategia tienden a causar insatisfacción y pueden llevar a los profesionales a plantearse marcharse.

No saber fracasar, sobre todo en la innovación radical

El fracaso es más costoso cuando los participantes no han aprendido de tropiezos anteriores. El éxito no es un esfuerzo de una sola vez, sobre todo cuando se trata de innovación radical. Los participantes deben aprender del fracaso y fracasar rápido y a menudo para aumentar sus posibilidades de éxito. Si no lo hacen, aumentará el precio del fracaso.

Nuevas iniciativas

Cuando la puesta en práctica de una estrategia fracasa, habrá que poner en marcha nuevas iniciativas, con nuevos costos. Los beneficios previstos de la puesta en práctica de una estrategia no se materializarán hasta más tarde.

Creciente impacto social

El despilfarro y el fracaso ya no son una preocupación exclusiva de directivos y accionistas. Afectan a todos y a todo, sobre todo ahora que muchas organizaciones han asumido responsabilidades sociales o están en el punto de mira por sus actividades. Todos conocemos los titulares sobre implantaciones tecnológicas fallidas y gigantescos rebasamientos presupuestarios. Siempre que hay dinero público de por medio, resulta dolorosamente obvio cuál es el precio del fracaso. Y lo peor es que estos proyectos fallidos no hacen más que repetirse.

Podría considerarse una pesadilla. Pero también podría mirarlo y pensar «¡Qué gran potencial!». Tenemos que darle la vuelta a las cosas. Tenemos que hacerlo mejor. No solo es una cuestión de supervivencia, también es una oportunidad de aventajar a nuestros competidores en estos nuevos tiempos.

9.1.2   Una mirada crítica a las cifras de fracaso

Toda esta atención a los factores de fracaso en la puesta en práctica de una estrategia exige una nota crítica. Cada año, algún famoso instituto o agencia de investigación publica otro estudio sobre cuestiones de ejecución en general y sobre las razones por las que fracasan determinadas iniciativas de ejecución de estrategias.[183] Pero, ¿hasta qué punto están bien fundamentados estos estudios y hasta qué punto son realistas sus conclusiones?

La mayoría de las fuentes afirman que un porcentaje muy elevado de iniciativas de ejecución de estrategias fracasan. Sin embargo, algunos investigadores subrayan que se trata de estimaciones, basadas en información obsoleta o incompleta.[184]

En su artículo de *Harvard Business Review* titulado «The execution trap» («La trampa de la puesta en práctica»), Roger L. Martin explica que suele distinguirse entre estrategia y ejecución para encubrir el fracaso de una estrategia. El argumento es que la estrategia estaba bien, pero que la ejecución era errónea. Según Martin, suelen ser las consultorías las que tienden a separar ambas cosas. Esto permite anunciar a los clientes que no había nada malo en su estrategia, y que la ejecución es la culpable del fracaso.[185]

Además, conviene recordar que el análisis del fracaso puede convertirse en una profecía autocumplida. Cuanto más hablemos de que la puesta en práctica de una estrategia va a fracasar, mayores serán las probabilidades de que ocurra realmente y mayor será el porcentaje de fracasos.[186]

¿Es factible el 100 %? ¿Qué miden realmente estos estudios? Se basan invariablemente en los objetivos declarados de las iniciativas. Pero la cuestión es si es justo comparar los resultados con el 100 %. ¿Es siquiera factible una puntuación perfecta? Las organizaciones suelen prever un margen estratégico del 10 %, que debe restarse del objetivo antes de calcular el porcentaje de fracaso. El margen estratégico es una especie de control de la realidad. Las organizaciones tienden a apuntar alto, en parte debido a la competitividad del mercado. Por tanto, sus objetivos tienden a ser más ambiciosos de lo que pueden alcanzar. Esta discrepancia (o margen estratégico) sirve para algo. Pero si es demasiado alto, no funcionará. Sus objetivos no son creíbles y la gente no se lo creerá, independientemente de que les ofrezca un incentivo de remuneración personal variable. Y si el tramo es demasiado bajo, la gente no se pondrá en marcha.

Pero ¿se tiene en cuenta el tipo de cambio? Una tasa de fracaso del 90 % es bastante normal en las iniciativas de innovación radical. Sin embargo, para una iniciativa centrada en la mejora, como un proyecto Lean, esto sería escandalosamente malo. Y el fracaso a la hora de aumentar la cuota de mercado en un mercado de desplazamiento competitivo con tendencia a la baja (como la venta de anuncios en medios impresos) es más perdonable que el fracaso en un mercado en crecimiento con pocos competidores.

Incluso con una corrección generosa, hay mucho margen de mejora. Una investigación adicional, basada en una combinación de mediciones de entrada y salida, generaría cifras mucho más fiables. El hipotético tramo estratégico del 10 % no es la única corrección posible. No es impensable que algunas investigaciones tengan un sesgo negativo y midan principalmente lo que sale mal.

Aun así, nuestras experiencias y estudios de casos demuestran que, incluso después de la corrección, la tasa de fracaso es elevada. Un índice de fracaso del 50-60 % probablemente se acerque a la verdad.

9.2   Ejemplos de fracaso total o parcial

Uno de los requisitos de nuestra investigación era que debía generar ejemplos prácticos y reflexiones. Los encontrará en todo el libro y también en este capítulo. Pero aunque es importante hablar del fracaso, nombrarlo conlleva el riesgo de avergonzar. Por ello, me gustaría prologar estos ejemplos con unas palabras de advertencia.

En el norte de Europa, el fracaso en el sector (semi)público tiende a ser más conocido que en el privado. Estamos mucho mejor informados sobre el fracaso en el ámbito público que en la empresa privada. Sin embargo, eso dice muy poco de los fracasos en el sector privado.

El fracaso rara vez es absoluto. El fracaso parcial es prácticamente universal. ¿Quién puede afirmar que todas las operaciones de reestructuración se han llevado a cabo con un 100 % de éxito? En los últimos cuarenta años, Philips ha caído, en un momento u otro, en todas las categorías de posibles fracasos que se enumeran a continuación. Sin embargo, también ha registrado muchos más éxitos en ese periodo.

El fracaso es imprescindible en la innovación. La mayoría de las innovaciones fracasan. Y con razón. Cuando no es así, es que no se experimenta lo suficiente. No hay más que ver el número de *startups* innovadoras, o los primeros desarrolladores de relojes inteligentes. Solo un porcentaje muy pequeño ha sobrevivido. Las grandes empresas tienden a meterse en el agua más a menudo y a retirarse inmediatamente si sus posibilidades de éxito parecen escasas. Esas empresas pueden permitirse el fracaso. Más allá de eso, solo oímos sus historias de éxito, o lo que se conoce como el «efecto Steve Jobs».

Descargo de responsabilidad importante. Teniendo en cuenta los requisitos antes mencionados, todos los ejemplos que expongo a continuación fueron huesos duros de roer, fracasos parciales o incluso fracasos totales. En aras de la claridad, no he incluido esta información en todos los epígrafes. Estos ejemplos son casos que encontré durante mi investigación. Algunos son ejemplos de una sola empresa, otros son observaciones sobre todo un sector. Los he clasificado en fusiones, reestructuraciones, programas de cambio cultural, implantaciones de TI e innovaciones.

Fusiones y proyectos de integración

A la hora de hablar de fusiones y proyectos de integración, podría llenarse una biblioteca entera con los libros que se han escrito sobre fusiones fallidas. Pero esto da una imagen sesgada. Los gobiernos pueden permitirse menos fracasos bajo el escrutinio democrático. Por eso, los procesos de integración tras las fusiones llevan mucho más tiempo en el dominio público, con todos los pros y los contras obvios.

Empresas privadas
- *Imtech:* muchas de las adquisiciones de esta compañía proveedora de servicios técnicos nunca se integraron plenamente en el núcleo de la empresa. Esto dio lugar a fraudes en sus filiales alemana y polaca, que acabaron provocando su quiebra en 2015.
- *KPN:* la mayor empresa de telecomunicaciones de los Países Bajos (antes pública y privatizada en 1989) compró demasiados competidores pequeños y gastó demasiado en licencias UMTS en 2001. La empresa se metió en tal lío financiero que necesitó un rescate estatal para mantenerse solvente.
- *Microsoft:* da la impresión de que todo lo que toca se convierte en plomo. Las nuevas empresas prometedoras se convierten en patos cojos bajo su ala. La empresa paga precios inflados, pero se mantiene a flote gracias a sus vacas lecheras Windows y Office.

Sector público y semipúblico
- *Hospitales Tergooi:* las fusiones en el sector sanitario suelen producir resultados dudosos. Dos hospitales de los Países Bajos que se fusionaron en 2006 se encontraron con problemas de incompatibilidad de sistemas informáticos. En lugar de sinergias, esto condujo al caos y a la pérdida de puestos de trabajo.
- *ProRail:* a principios de la década de 1990, el Estado neerlandés decidió privatizar sus infraestructuras ferroviarias. La iniciativa se saldó con costosos fracasos en varios proyectos de construcción y enormes excesos presupuestarios.

Operaciones de reestructuración

Sector público y semipúblico
- *La Agencia Tributaria y de Aduanas neerlandesa:* el proceso de reestructuración que provocó miles de despidos. Se suponía que los nuevos siste-

mas informáticos se harían cargo del trabajo. Pero la tecnología tiene sus límites y la operación resultó muy costosa, en parte debido a un plan de indemnizaciones mal concebido para los empleados de más edad.

- *El servicio de ambulancias de Ámsterdam:* incluso en una empresa relativamente pequeña, como Amsterdam Ambulance Services –resultado de una adquisición y fusión en 2012–, las cosas pueden ir mal. El consejo de administración no vigiló suficientemente de cerca el proceso de cambio; los miembros del consejo de supervisión y del comité de empresa solo interactuaban superficialmente y los responsables de departamento no se llevaban bien. La reestructuración no dio los resultados prometidos e incluso perjudicó a la empresa en funcionamiento.

- *La reconfiguración de las 12 provincias neerlandesas en cinco clústeres:* todos los políticos neerlandeses a escala local, provincial y nacional tenían sus dudas al respecto. Todos temían que el remedio fuera peor que la enfermedad.

Programas de cambio de cultura empresarial

Sector público y semipúblico

- *UWV:* en 2009, la administración neerlandesa de la Seguridad Social (UWV) tuvo que dar marcha atrás en una operación de reestructuración parcialmente ejecutada. En lugar de servir mejor a la ciudadanía, su velocidad de concesión de prestaciones no haría sino disminuir, según demostraron los proyectos piloto. En lugar de mejorar su tasa de decisión puntual del 85 %, bajó al 35 %. La reestructuración se canceló y 1.200 de sus 20.000 empleados que habían obtenido nuevos empleos en la nueva organización tuvieron que volver a sus antiguos puestos.

- *Policía Nacional de los Países Bajos:* la consolidación de las fuerzas policiales locales y nacionales en un único Cuerpo Nacional de Policía fue un proyecto de prestigio defendido por el ministro de Justicia y el comandante de policía de más alto rango, pero las cosas salieron mal. En 2013, tres años después de su puesta en marcha, el objetivo aún no se había alcanzado y los costos superaban en 250 millones de euros el presupuesto original.

- *Agencia Central Neerlandesa de Acogida de Solicitantes de Asilo (COA):* en 2011, hubo mucho revuelo por la envenenada cultura corporativa de este organismo. Los empleados se sentían inseguros y sus quejas no se tomaban en serio. Por si fuera poco, los procesos de toma de decisiones eran lentos, lo que costó millones de euros del dinero de los contribuyentes.

Según mi experiencia, los programas de cambio cultural a la deriva, sin objetivos concretos, están condenados al fracaso. Afortunadamente, esta tendencia parece estar en vías de desaparición.

Implantación de tecnologías de la información (TI)
Sector privado
- *McDonald's:* en 2001, la cadena de comida rápida quería implantar una intranet mundial. El proyecto resultó demasiado ambicioso, en parte porque muchas regiones del mundo carecían de la infraestructura necesaria. El costo total ascendió a 170 millones de dólares.
- *Bancos:* el Van Lanschot Bank y el Friesland Bank tuvieron que asumir enormes pérdidas al implantar un nuevo *software* para automatizar su sistema de transferencia de dinero.

Sector público y semipúblico
- *Fuerzas Armadas neerlandesas:* durante décadas, han invertido enormes sumas de dinero en proyectos informáticos, con muy pocos resultados y enormes sobrecostos presupuestarios que aparecían de manera inesperada.
- *Policía neerlandesa:* sus sistemas informáticos han ocasionado numerosos contratiempos. La tecnología no era fácil de usar, dificultaba el intercambio de información y el costo fue decenas de millones de euros superior al previsto.
- *Hacienda neerlandesa:* desde 2005, el sistema informático de la Agencia Tributaria ha tenido graves problemas y ha ocasionado pérdidas que exceden los 200 millones de euros.
- *Sistema público de educación neerlandés:* el proceso de fusión dio lugar a centros de tamaño inmanejable.

Innovaciones
Sector privado
- *V&D:* la cadena neerlandesa de grandes almacenes, ya desaparecida, es un ejemplo típico de un actor importante del sector minorista que se quedó rezagado. A su fracaso debe sumarse una serie de programas de reestructuración fallidos.
- *Samsung Galaxy Note 7:* este *smartphone* se comercializó con unas baterías muy inestables que podían estallar. En un movimiento sin precedentes, el fabricante retiró todos los teléfonos de este modelo. A decir verdad,

en el caso de la telefonía móvil, cuesta mucho hablar de innovación; más bien se trata de mejoras.

- *bol.com:* Bertelsmann, su propietario original, vendió demasiado pronto esta importante empresa minorista neerlandesa. Su impaciencia les costó cientos de millones de euros.
- *WAP:* a principios de la década de 2000, WAP se presentaba como el próximo estándar técnico para el acceso móvil a internet. Pero resultó ser demasiado caro, complicado y difícil de aprender. Al final, se vio superado por la realidad de los dispositivos móviles compatibles con HTML, CSS, etc.

Sector público y semipúblico

- *Expedientes electrónicos de pacientes (EPD):* la preocupación por la privacidad y la falta de cooperación en el sector sanitario neerlandés hicieron que la introducción de los historiales electrónicos de los pacientes fuera un proceso lento y plagado de problemas. Finalmente, un proveedor estadounidense que invirtió mucho en la tecnología logró un gran avance, pero las instituciones sanitarias siguen luchando con su implantación.
- *Introducción de las autopistas de peaje en los Países Bajos:* en 2000 había planes para convertir las autopistas neerlandesas en autovías, pero se cancelaron en el último momento por falta de apoyo político. Debido a que el ministro había mentido sobre la viabilidad de un plan alternativo de pago por kilómetro, la Segunda Cámara votó en contra de las autopistas de peaje.

9.3   Factores de fracaso conocidos

El tópico de que la puesta en práctica de una estrategia está abocada al fracaso existe porque a menudo ha demostrado ser cierto. Pero si este conocimiento está tan extendido, ¿por qué el índice de fracaso sigue siendo alto? En parte porque el análisis de los factores de fracaso tiende a ser demasiado general y superficial. Y muchos fracasos se atribuyen a la cultura empresarial. Suele oírse: «la integración posterior a la fusión fracasó porque las dos culturas empresariales no eran compatibles». La excusa no sirve. Ampararse en ella impide un análisis exhaustivo de lo ocurrido. Es una hoja de parra utilizada para tapar las vergüenzas de todos.

9.3.1 Malas estrategias

Una estrategia vaga o equivocada

Ninguna estrategia se llevará a cabo con éxito si no hay una buena estrategia para empezar. Las malas estrategias vienen en todas las formas y tamaños. Para empezar, una mala estrategia es aquella que carece de una doctrina adecuada. Este es el caso cuando se evitan las decisiones difíciles y los líderes son incapaces o no están dispuestos a definir y explicar la naturaleza del reto al que se enfrentan.[187] Otros problemas frecuentes son los objetivos desviados, poco claros o sin prioridades, o una estrategia demasiado amplia y desenfocada. Un directivo me dijo una vez: «Una mala estrategia parece granizado y huele a nata montada agria. Te empantana y hace que todo el mundo levante la nariz con disgusto». Otro problema es el causado por una estrategia claramente definida que simplemente no se ajusta a las competencias básicas de la organización.

Una estrategia distante o poco inspiradora

Las estrategias que se han meditado en soledad, lejos del negocio, tienen poco o ningún valor de ejecución. Desgraciadamente, esto es más la regla que la excepción: operadores solitarios que están convencidos de que tienen razón, pero se demuestra que están equivocados. No hay nada malo en que un pequeño grupo de buenos redactores elabore un buen producto final (claro, conciso y fácil de leer), después de hablar extensamente con todas las partes interesadas. Entonces, el proceso de redacción dura solo un par de días. Pero eso es algo totalmente distinto a realizar todo el proceso de análisis y redacción de forma aislada. Muchas estrategias están hechas para parecer y sonar aburridas. Toda información escrita debe informar y seducir al mismo tiempo. A menudo no se reconoce que lo seductor es tan importante como lo informativo. Como consecuencia, su estrategia puede ser exactamente correcta, pero aburrida. Por supuesto, el documento estratégico no tiene que ganar un premio literario, pero las partes interesadas deben al menos estar dispuestas a leerlo.

Falta de apoyo en la coalición rectora

Pocas cosas son tan paralizantes como las peleas en toda regla al más alto nivel. Mieke Bello, una conocida consultora de gestión neerlandesa con décadas de experiencia asesorando a consejos de administración y consejos de supervisión, lo expresa así: «Cinco centímetros de desacuerdo en la cúpula sobre lo que es y no es importante se traduce en cinco metros en el nivel inmediatamente inferior. Por debajo de ese nivel, la claridad sobre la dirección estratégica de la organización es nula». En su obra de referencia sobre la gestión del cambio, John Kotter sitúa la falta de una coalición rectora suficientemente poderosa en el número dos de su lista de razones del fracaso.[188] Kotter afirma que el cambio organizativo solo puede implantarse correctamente cuando está guiado por una coalición poderosa. Obviamente, las personas de la coalición rectora tienen que confiar entre sí y ser capaces de cooperar.

9.3.2 Elegir a las personas equivocadas para los puestos clave
Fallos en la gestión de recursos: cualitativa y cuantitativamente
No cubrir bien los puestos clave en la puesta en práctica de una estrategia, tanto en términos cualitativos como cuantitativos, es una de las principales razones del fracaso.[189] A veces las personas son competentes, pero carecen de algunas habilidades o conocimientos especializados que son cruciales para una iniciativa concreta. Cuando la iniciativa fracasa, la excusa es que las personas más competentes ya estaban sobrecargadas y que el «rompecabezas de recursos» no se armó correctamente.

Este problema se produce no solo al comienzo de las nuevas iniciativas, sino también a lo largo del camino, porque el entorno de puesta en práctica de una estrategia nunca es totalmente estable. Las prioridades cambian constantemente y se inician nuevos proyectos y programas que dependen de los mismos recursos. Se requiere un seguimiento mensual para identificar lo que va mal o resulta no ser eficaz en la práctica. Demasiado a menudo, esto se ha convertido en una danza ritual en la que los directores de proyecto llaman la atención sobre su problema de recursos en un grupo de dirección, mientras que los directores de línea responsables asienten y escuchan y luego no hacen nada. Es el viejo efecto espectador.

Responsabilidades poco claras, o lo básico
Las funciones operativas de la plantilla suelen estar claramente definidas en una descripción de puesto o tarea. Estas descripciones describen claramente cada responsabilidad, detallada en funciones, autoridades, líneas de control e información en tablas RACI. Esto no suele ocurrir en los proyectos y programas de ejecución de estrategias, aunque es igual de importante definir claramente las funciones de las personas en ese ámbito.

9.3.3 Falta de convergencia
Al menos el 80 % del trabajo dedicado a la puesta en práctica de una estrategia debe llevarse a cabo en la estructura principal en la que se trabaja. No importa

si la iniciativa se delega en la organización de línea, el departamento o el equipo en el que trabajan las personas, o si se ha organizado en un proyecto. Si el 80 % no se lleva a cabo en la estructura principal a la que se asignó, probablemente fue una mala decisión elegir esa estructura principal. Además, las personas que ejecutan la estrategia también necesitan tiempo para coordinar y gestionar otras iniciativas y disciplinas, lo que supone entre un 10 y un 20 % del tiempo dedicado a la puesta en práctica de una estrategia. Además, necesitan tiempo para informar sobre los avances, gestionar las escaladas y mantener colaboraciones, ya sea en proyectos o programas o en su trabajo diario. Este tipo de alineación, o coordinación a la antigua usanza, no se produce con suficiente frecuencia y es una de las principales razones del fracaso. Y cuando se produce, suele ser *ad hoc* y depender totalmente de lo bien que se lleven las personas que trabajan en la iniciativa y fuera de ella. Sin embargo, lo que realmente se necesita es una alineación regular y periódica (véase el factor de éxito 6, apartado 2.6.2). En su estudio, el académico del MIT Donald Sull preguntó a 400 directores generales cuál creían que era la razón n.º 1 del fracaso en la ejecución. El 30 % de ellos respondió que era la falta de alineación, mientras que el 40 % culpó a la insuficiente coordinación entre unidades organizativas.

La misma diferencia.

9.3.4 Subestimar lo que se necesita realmente

En la alta dirección se tiende a pensar que cinco minutos de explicación, un breve correo electrónico, el carisma del directivo y dos líneas en una circular son suficientes para transmitir lo esencial de su decisión. También parecen pensar que su decisión se hará realidad por arte de magia, porque los mandos intermedios e inferiores dispersarán de algún modo la iniciativa a todos los niveles de la organización de línea y a través de todos los proyectos. Es una ilusión. Los mandos intermedios, que se llevan la peor parte de esta actitud, son especialmente propensos a considerar que esta es la principal razón del fracaso. Reciben escasa información de sus superiores, pero son muy conscientes de las altas expectativas de la alta dirección. Si las cosas van mal en el corazón de los procesos empresariales primarios, el personal de nivel inferior culpa con razón a los mandos intermedios por no proporcionar información suficiente. Al mismo tiempo, el consejo de administración y los departamentos administrativos señalan con el dedo a los mandos intermedios por las deficiencias en la ejecución. Se trata de una posición desagradable, que apunta a una mala alineación vertical, horizontal y diagonal.[190]

9.3.5 Demasiada o muy poca información
Escasez de información, sobrecarga de información y ruido por culpa de un protocolo demasiado complicado

Los departamentos de comunicación comunican cada vez con más glamour, de forma social y transversal, pero sobre todo comunican con más frecuencia. Lo que hace falta, sin embargo, es que comuniquen a fondo, sistemáticamente, en el momento adecuado, en la dosis justa y a través de los canales más apropiados. Lo que falta con más frecuencia es la comunicación a intervalos regulares, que es vital. Con demasiada frecuencia, la comunicación se detiene justo después de la presentación de año nuevo o de la puesta en marcha, lo que daña la credibilidad de una nueva iniciativa.

Simplificación excesiva en la comunicación

Los directivos y profesionales de la ejecución de estrategias trabajan duro para establecer objetivos bien definidos y crear mensajes claros y sencillos. Esto es crucial para el éxito de la puesta en práctica de una estrategia. Las personas solo pueden retener unas pocas ideas por momento de comunicación. Sin embargo, para evitar el riesgo de simplificación excesiva, es importante compensar los mensajes sencillos. Se puede hacer, por ejemplo, en las presentaciones orales. Esto no ocurre con suficiente frecuencia, por lo que el público subestima estructuralmente las implicaciones de una iniciativa. En nuestros esfuerzos por transmitir los mensajes de la manera más sencilla posible acabamos ocultando implicaciones esenciales que deben comunicarse tarde o temprano.

9.3.6 Falta de implicación
Escaso compromiso

Una de las principales razones por las que fracasa la puesta en práctica de una estrategia es la falta de implicación en todos los ámbitos importantes. Este problema empieza a nivel de quienes dirigen la iniciativa. Incluso a los directores de división se les puede endilgar una estrategia, lo que dificulta la creación de verdaderos defensores entre los actores clave de la división, unidad de negocio o departamento. Esto disminuye la disposición del personal de niveles inferiores a adoptar la estrategia. La apropiación es crucial para la puesta en práctica de una estrategia, y ninguna estrategia o iniciativa tiene sentido sin ella. Al fin y al cabo, lo que se necesita para ejecutar una estrategia son personas, y no solo palabras, procesos, sistemas o control.

9.4   Factores de fracaso menos conocidos

Algunas razones de fracaso se discuten con menos frecuencia, pero son tan paralizantes para la puesta en práctica de una estrategia como las causas familiares discutidas en los apartados anteriores. Entre los factores de fracaso menos conocidos figuran la falta de diferenciación, una cartera disparatada, un proceso de ejecución poco claro, una asignación imprudente de tiempo y dinero, una atención insuficiente al proceso de cambio suave, un desequilibrio entre el cambio descendente y el ascendente, un desequilibrio entre el liderazgo del cambio y la gestión del cambio, y el pensamiento único.

9.4.1   Todo en el mismo saco
Falta de diferencias entre el cambio y la gestión ejecutiva cotidiana
Cada organización traza su propio camino para alcanzar sus objetivos estratégicos. Estos objetivos pueden alcanzarse mediante la gestión ejecutiva diaria (el negocio en marcha) o mediante diversos tipos de proyectos o programas de cambio (cambiar el negocio). Las distintas formas de cambio están estrechamente interrelacionadas y puede resultar difícil diferenciarlas. Sin embargo, no distinguir entre los distintos tipos de gestión es una de las principales razones por las que fracasa la puesta en práctica de una estrategia. Muchos directivos creen que es demasiado complicado y lleva demasiado tiempo hacer explícita esa distinción. Prefieren centrarse en el trabajo. Pero la consecuencia de no diferenciar es que todo está conectado con todo lo demás y la puesta en práctica de una estrategia se convierte en un cajón de sastre. Es una receta para el fracaso, porque cada tipo de puesta en práctica de una estrategia precisa su propio método y gestión.

Falta de distinción entre mejora, renovación e innovación
Todo el mundo estaría de acuerdo en que un viaje a la Antártida requiere un tipo diferente de preparación que un crucero a las Bahamas. Sin embargo, cuando se trata de la puesta en práctica de una estrategia, parece existir esta extraña idea de que una talla sirve para todo. Aunque la organización distinga entre dirigir la empresa y cambiarla, rara vez diferencia con suficiente claridad entre la mejora incremental, la renovación del modelo de negocio existente y la innovación radical. Cada uno de estos tres «sabores» requiere su propio enfoque. Este es uno de los principales mensajes de este libro.

9.4.2 Una cartera disparatada
Una cartera de proyectos y programas demasiado pequeña
Suele ser señal de que la organización de línea está gestionando demasiadas iniciativas que deberían ser ejecutadas por equipos especiales de proyectos o programas. Recuerde que los cambios radicales suelen afectar a varias disciplinas y, por tanto, requieren ser abordados en un proyecto o programa.

Una cartera excesivamente sobrecargada
Lo contrario suele ocurrir con mucha más frecuencia: una cartera sobrecargada que sobrestima enormemente la capacidad de cambio o ejecución de la organización. Lo peor es que esto ocurre tanto a propósito como inadvertidamente, al añadir demasiadas iniciativas a la cartera, pero también al añadir iniciativas con mandatos y alcances que se solapan. Todos los altos ejecutivos y profesionales deben preguntarse cómo es posible que cada año se fijen más objetivos de los que pueden alcanzarse. Pero, ¡qué sorpresa!, todo el mundo puede verlo venir, incluso antes de que se hayan presentado los planes anuales. Los objetivos demasiado ambiciosos siempre conducen a planes anuales sobrecargados, tanto para la organización en su conjunto como para cada disciplina individual. Esto se debe en parte a la ambición positiva, o estiramiento, que los directivos quieren imprimir a su organización. Sus ambiciones se basan en parte en su fe en lo que la organización será capaz de manejar, por lo que se trata de un acto de fe. Pero también se debe a la creciente presión de la dirección en unos mercados cada vez más competitivos y en declive. Es la naturaleza humana, y especialmente la naturaleza de los humanos que mueven los hilos. Siempre sobrestiman la capacidad de ejecución y cambio de su organización. Esto prepara el terreno para un fracaso organizado que, casi con toda seguridad, erosionará la capacidad de ejecución de la organización. Es el comienzo de un círculo vicioso. Y lo que es peor, este proceso puede permanecer invisible porque no existe una gestión explícita de la cartera. Y seguramente estará de acuerdo en que el autoengaño es la forma más lamentable de engaño.

Confusión con los deberes de línea
Cuando las carteras no están bien pensadas, también suelen contener actividades que, si se examinan más de cerca, no son trabajo de proyecto o programa, sino simplemente responsabilidades de línea regulares. Esto suele suponer entre un 25 % y un 33 %. Además, los proyectos pueden ser en realidad programas y viceversa. Esto aumenta el nivel general de confusión, ruido blanco y esfuerzos

de coordinación, tanto en lo que respecta a los proyectos como a la política de la oficina, debido a lo que se juega la gente en la cartera.

Muchos entrevistados me dijeron que la ejecución se ve obstaculizada por la confusión sobre si un cambio concreto debe ser aplicado por la organización de línea, un proyecto o un programa. El consultor de gestión neerlandés Michiel van der Molen lo explica muy bien en su libro *Projectmanagement voor opdrachtgevers* (*Gestión de proyectos para patrocinadores*). «He aquí una regla empírica: si su organización de línea en su forma actual puede hacerlo, no lo convierta en un proyecto».[191] Otro destacado consultor de gestión de los Países Bajos, Freek Hermkens, explica que si los cambios no se asignan adecuadamente, tienden a no durar. En cuanto termina el proyecto, la gente vuelve a su comportamiento anterior porque «la propiedad de las mejoras residía en el cinturón negro y el equipo del proyecto en lugar de en la organización de línea», escribe.[192]

Al mismo tiempo, algunos cambios son tan complejos que un proyecto no puede abordarlos y un programa es la única solución adecuada. Para un resumen claro de las diferencias entre un programa y un proyecto, le remito a *The economist guide to project management,* de Paul Roberts.[193]

Enterrar a las personas en las iniciativas

Si el alcance de una iniciativa es demasiado amplio, es probable que las personas se vean sobrecargadas. Un alcance demasiado amplio tiende a ser la norma más que la excepción y reduce gravemente las posibilidades de éxito. Un grupo de trabajo puede identificar más cuestiones de mejora de las que la organización puede gestionar de forma realista. Sin embargo, un alcance demasiado limitado puede dar lugar a una visión restringida de los problemas en cuestión, a que no se tengan en cuenta las interdependencias con otros procesos y a que no se aproveche suficientemente el caso empresarial.

9.4.3 Sin un proceso de ejecución claro
Falta de selección de un método

El cambio es la única constante, o eso dice el refrán. Sin embargo, la mayoría de las organizaciones no eligen, desarrollan y reflexionan deliberadamente sobre un método, marco o herramientas de puesta en práctica de una estrategia. No utilizan metodologías como Agile, Scrum, Six Sigma o Lean, ni métodos de gestión de proyectos como MSP o Prince. La mayoría no cuenta con suficientes personas competentes y experimentadas para aplicar estas técnicas. Como consecuencia, la mayoría de las iniciativas de ejecución de estrategias carecen de una buena base sobre la que fundamentar las decisiones.

No «acondicionar» adecuadamente una iniciativa

El acondicionamiento denota hasta qué punto se ha preparado adecuadamente una iniciativa. Un acondicionamiento insuficiente de las iniciativas significa que existe un mal plan o que no existe plan alguno, que se han liberado recursos insuficientes, que los calendarios no se toman en serio y que no se toman decisiones oportunas y competentes. También cabe esperar problemas cuando los sistemas de seguimiento, control y gestión de la información no se han organizado adecuadamente y no existe un sistema profesional y regular de información sobre los progresos. Más problemas surgen cuando las instalaciones no están en orden, como las salas de reuniones, el *hardware,* el acceso a internet y el apoyo de secretaría. La investigación ha demostrado que los profesionales sitúan los problemas con «pequeñas cosas» como estas entre sus tres principales quejas. «Pequeñas cosas», ojo.

Falta de diferenciación de tamaño

Las iniciativas necesitan un condicionamiento diferenciado. Las investigaciones de Turner Consultancy demuestran que a menudo no existe una diferenciación suficiente entre el condicionamiento de los proyectos de cambio grandes, medianos y pequeños.[194] Si se presta demasiada atención a los grandes programas estratégicos o a los pequeños proyectos de cambio operativo, las iniciativas medianas se quedan en el camino. Este enfoque en forma de bumerán muestra dos extremos: o bien se hace demasiado hincapié en grandes programas iniciados desde arriba y fuertemente patrocinados por la junta directiva, o bien se pone todo el esfuerzo en cambios basados en la línea. Existe una tendencia a subsumir las iniciativas de tamaño medio en los procesos ordinarios y no concederles un estatus de proyecto independiente. En la práctica, esto significa que el 80 % de las iniciativas se descuidan. Los dos extremos no son necesariamente perfectos, pero tienen probabilidades de éxito relativamente altas. Es en el medio donde las cosas van mal: iniciativas demasiado pequeñas para condicionarlas como grandes programas estratégicos y demasiado grandes para condicionarlas como pequeños proyectos de cambio basados en líneas. El resultado es un condicionamiento a medias, enfoques menos profesionales y más centrados en una única disciplina y, por tanto, muchas más probabilidades de fracaso.

9.4.4 Uso imprudente del tiempo y del dinero
Quemar el 80 % de los recursos antes de la fase de ejecución

«Es importante adoptar una buena estrategia. Los consejos de administración de las grandes empresas pueden tardar hasta ocho meses en fijar la estrategia, y luego otras ocho semanas en discutirla con todos los directores de las unidades de negocio, que a su vez pueden tardar ocho días en concretar los detalles con sus equipos directivos. Me llamó la atención la sobrecarga de trabajo que esto supone cuando escuché a un empleado decir: «"¡Y luego me dicen en solo ocho minutos lo que se espera que realice el año que viene!"». Esta cita de Ben Verwaayen, antiguo director general de Alcatel-Lucent y British Telecom, describe perfectamente una de las principales razones por las que la puesta en práctica de una estrategia fracasa en la realidad empresarial cotidiana (véase la figura 42).[195]

Quizá sea esta la razón más importante y más frecuente de fracaso en cualquier tipo de organización. Suele ocurrir con mayor frecuencia en las grandes empresas, donde a los profesionales altamente formados les encanta desarrollar proyectos conceptuales y de estrategia *sexy*. Sin embargo, cuando llega el momento de la ejecución, empiezan a poner los ojos en blanco y a bostezar. La mayoría de ellos todavía están dispuestos a un nuevo debate conceptual, pero su capacidad de atención para la ejecución es extrañamente corta. Fueron selec-

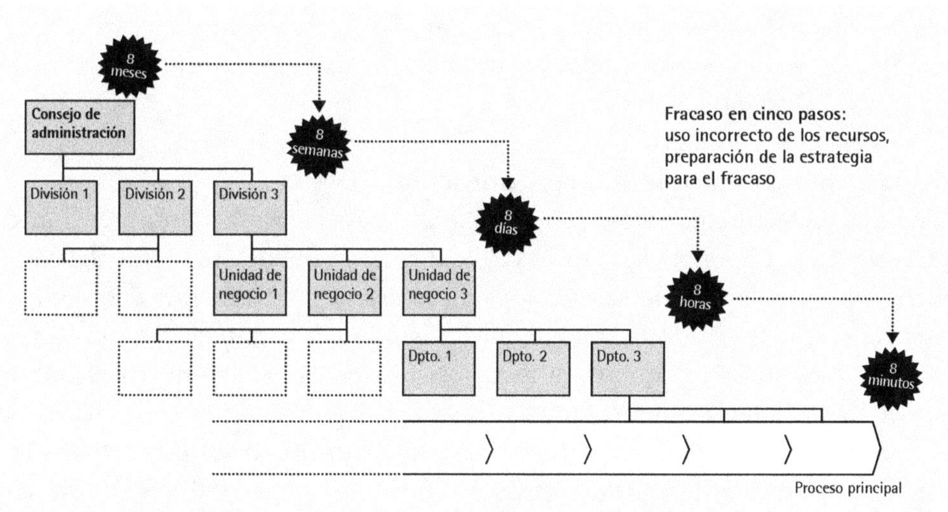

Figura 42. Por qué suele fracasar la puesta en práctica de una estrategia.

Fuente: Turner, 2016.

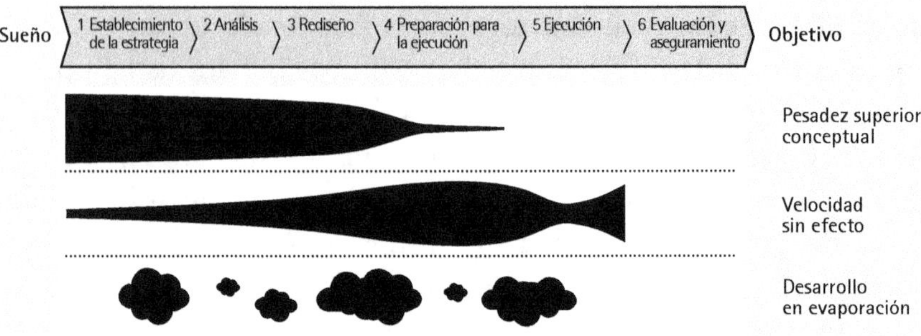

Figura 43. Los tres enfoques arquetípicos más comunes propensos al fracaso: la cúspide conceptual, la velocidad sin efecto y el desarrollo que se evapora.

Fuente: Turner, 2016.

cionados por sus competencias analíticas y conceptuales más que por sus habilidades orientadas a la acción. Este tipo de enfoque propenso al fracaso también se conoce como «sobrecarga conceptual» (véase la figura 43). El fracaso se debe a una gran infravaloración de lo que se necesita para hacer lo que realmente es la estrategia, es decir, la ejecución. A menudo existe un desequilibrio inconsciente en la asignación de energía y recursos –tiempo, dinero, personas– a las distintas fases. Se dedica demasiado tiempo a las fases conceptuales, estratégicas, analíticas y de diseño, de modo que no queda nada para cuando se supone que empieza la ejecución.

A la gente le cuesta aplazar la gratificación

Una asignación inadecuada de recursos apunta a una mala comprensión del esfuerzo de ejecución necesario. Los altos directivos pueden tener mucha pasión y energía, pero carecer de la resistencia necesaria para terminar la ejecución del 80 %. Incluso si se redondea el establecimiento de la estrategia y se termina en la fecha prevista, y aunque haya recursos suficientes para terminar el trabajo, puede seguir faltando perseverancia. Retrasar la gratificación es lo más difícil que existe. ¿Les suena el experimento de las *chuches?* En un laboratorio de la Universidad de Stanford, se dejó a unos niños solos en una habitación con unas golosinas delante. Se les dijo que, si se abstenían de comerlas, durante 15 minutos, les darían más. La capacidad de los niños para resistir la tentación resultó ser un predictor significativo de la capacidad de liderazgo.[196] Está claro que averiguar una de las principales razones del fracaso no requiere un profundo análisis psicológico. Ya conocemos la razón: somos malos a la hora de aplazar el placer, de disciplinarnos y de perseverar.

Para saber más: Véase el vídeo de la charla TED con Joachim de Posada: *¡No te comas el malvavisco!*

Ser demasiado rápido de reflejos, estar demasiado orientado a los resultados

Uno de los principales factores que determinan el éxito de la ejecución de una estrategia es la idea de dedicar el 80 % del tiempo y los recursos a la ejecución, en lugar de al análisis estratégico y la fijación del rumbo. Hacer supera a pensar. Sin embargo, hacer sin pensar no funciona. Empezar la ejecución demasiado pronto puede ser motivo de fracaso. Yo llamo a esto velocidad sin efecto. Lo que se considera un enfoque pragmático es, en realidad, un salto infructuoso y precipitado al abismo. Ser demasiado rápido y precipitarse en la ejecución –bajo la apariencia de pragmatismo y sin un análisis y rediseño estratégicos minuciosos– es condenarse al fracaso (véase también la figura 42).

Demasiado centrado en la cultura corporativa

Una de las principales escuelas de pensamiento en gestión del cambio es la que se centra en la cultura corporativa. Los consultores que se adhieren a esta visión siempre recomiendan utilizar la pasión y la motivación personal de los empleados para impulsar el cambio. Este enfoque puede ser profesional y realista, siempre que exista una conexión con metas y objetivos concretos. Dar prioridad a la cultura corporativa puede estar justificado cuando es el principal problema de una organización, pero definitivamente no lo está cuando el principal problema es tecnológico o de procesos. En mi opinión, la cultura corporativa se caracteriza con demasiada frecuencia como el principal o único problema y los programas de cambio cultural como el único remedio. En algunos casos, la cultura corporativa se malversa para crear un patio de recreo para «divertidos experimentos de gestión del cambio». Estos pueden resultar entretenidos e inspiradores durante un tiempo, pero si no hay conexión con objetivos concretos, ninguno de los cambios durará. Tres meses después, todo volverá a ser como antes del programa de cambio cultural (véase, en la figura 43, el arquetipo «Desarrollo en evaporación»).

Como consultor de gestión, me encuentro con muchas tonterías y despilfarros en las organizaciones.[197] La pasión y la inspiración son etiquetas utilizadas para convencer a cientos de empleados de que el trabajo debe ser divertido, pero las sesiones realizadas para difundir este mensaje rara vez hacen más que rozar la superficie. Sin duda, aprovechar la pasión libera el combustible que impulsa el éxito de las organizaciones. Sin embargo, partiendo de la idea errónea de que el trabajo debe ser siempre muy divertido, la pasión se ha convertido en uno de los términos más mal utilizados en las organizaciones. Yo lo llamo la tiranía de la diversión. Hay muchos ejemplos vergonzosos en la vida real: el *chief fun officer,* una especie de ingeniero de la felicidad, y los proyectos de *fungineering.*

Afortunadamente, la crisis financiera ha frenado algunos de los peores excesos. Al menos, se ven menos abrazadores de árboles en las sedes de las conferencias. Estoy totalmente de acuerdo con el artículo de Oliver Burkeman en *The New York Times* titulado «Who goes to work to have fun?» («¿Quién va a trabajar para divertirse?»).[198] En este refrescante artículo, Burkeman sostiene que «divertirse en el trabajo» se ha convertido en un mantra y que tenemos que ponerle fin. Las investigaciones demuestran que, aunque toda esta diversión obligatoria ralentiza la rotación de personal, su carácter forzado también provoca estrés a muchas personas y disminuye su productividad. El filósofo John Stuart Mill expresó sucintamente el problema cuando dijo: «Pregúntate si eres feliz y dejarás de serlo». Nada más lejos de mi intención que decir que los profesionales no pueden disfrutar de su trabajo. Al contrario, se ha demostrado una y otra vez que los empleados felices son empleados productivos. Los profesionales competentes en el lugar adecuado tienden a amar su trabajo y eso es algo que uno quiere fomentar. A lo que me opongo es a una cultura corporativa en la que la «diversión» se ha convertido en un objetivo por derecho propio, que debe experimentarse y expresarse a cada paso y sin conexión alguna con los objetivos corporativos.

9.4.5 Ignorar las habilidades blandas

Las habilidades duras se refieren a la estrategia, la estructura, la gestión, los sistemas y los procesos, mientras que las habilidades blandas se refieren a la cultura, el impulso, la motivación, las representaciones, las expectativas, el comportamiento y los estilos de liderazgo. Las capacidades duras también se conocen como la corriente superficial, y las blandas como la corriente subterránea,[199] ya que las duras tienden a ser explícitas y visibles, mientras que las blandas, como la motivación y el comportamiento inconsciente, son invisibles e implícitas.

Los elementos blandos son el factor decisivo

Al final, son los elementos blandos los que determinan si los programas de cambio tienen éxito. Como he comentado antes, las grandes multinacionales como Shell preparan minuciosamente sus nuevas empresas y adquisiciones y las evalúan después. Una y otra vez, resulta que la tasa de éxito de estas transacciones es inferior a la esperada, y que ello se debe a la falta de atención a estas variables denominadas «blandas». El problema radica en culturas corporativas incompatibles, incapacidad para formular y perseguir un objetivo común, incapacidad para hacer realidad la sinergia esbozada sobre el papel y choques en el liderazgo y el estilo de gestión. Las capacidades blandas hacen o deshacen sus objetivos duros.

Pero ¿qué son las habilidades blandas?

Esta falta de atención a las capacidades blandas tiene varias causas. En primer lugar, muchas organizaciones carecen de visión y conocimientos psicológicos. No sabemos lo suficiente sobre lo que motiva e impulsa a las personas. Es extraño, porque las organizaciones son obviamente lugares donde la gente colabora. Este estado de cosas se ve agravado por las visiones contradictorias del mundo y de la humanidad que tienen los profesionales y los líderes. Como dijo un investigador, «muchos fracasos se deben a nuestras suposiciones erróneas sobre lo que piensan y sienten las personas y sobre cómo trabajan».[200] Probablemente esto ocurra sin que la gente se dé cuenta. En cualquier caso, ya es hora de que busquemos formas de cambiar esto.

Otra causa es que las llamadas capacidades blandas pueden tener algunas aristas muy duras, como la arrogancia, la autocomplacencia, la testosterona y los choques de ego. Los altos directivos no son ajenos a la complacencia y la arrogancia. Le asombraría saber cuántas adquisiciones se han hecho por el ego de un líder y cuántas han fracasado por la misma razón. O cuántos problemas de ejecución se han subestimado gravemente, como si fueran un paseo por el parque.

Una tercera causa es la sobreestimación de la racionalidad de las personas. Hay limitaciones en la capacidad racional de todos los seres humanos, en lo que están dispuestos y son capaces de recordar y comprender.[201] Nuestra mente racional está limitada por la información disponible, nuestra capacidad cognitiva y nuestra capacidad y tiempo para la toma de decisiones y la ejecución.[202] Nuestro comportamiento está dictado en gran medida por motivos emocionales e irracionales.

9.4.6   Desequilibrio entre arriba-abajo y abajo-arriba
Muchos enfoques son demasiado ascendentes

Un enfoque ascendente tiene pocas posibilidades de éxito. Para crear carteras de ejecución de estrategias coherentes y sensatas es esencial disponer de marcos claros. Los empleados quieren un marco claro y, sin él, su energía queda desenfocada y las dependencias no se tienen suficientemente en cuenta. Sugerir algo nuevo es arriesgado y conduce –una vez más– al despilfarro y a la frustración planificada. Esto obstaculiza la ejecución eficaz de la estrategia y da lugar a innumerables reuniones inútiles sin un orden del día claro ni un análisis previo exhaustivo por parte de un equipo central.

Un número excesivo de enfoques impide una buena implicación

Ciertos enfoques, en particular los considerados novedosos o experimentales, o los que incluyen términos como *orgánico, intuitivo* o *incubadora,* se reciben mejor con cierto escepticismo. A menudo pretenden enmascarar una falta de pensamiento analítico. Su actitud dice: «Empecemos y ya veremos dónde acabamos». Esto suele conducir a un flagrante despilfarro de recursos. Por supuesto, a veces los experimentos son necesarios, sobre todo cuando se trabaja en innovaciones de productos o servicios. Pero, en general, los cambios necesitan un marco claro y un plan sólido.

La otra cara de la moneda: excesivamente verticalista

A pesar del actual espíritu de la época, la puesta en práctica de una estrategia de arriba abajo sigue siendo un fenómeno común. Las iniciativas en las que interviene la alta dirección obtienen la *pole position* y están muy bien designadas, incluso cuentan con su propia oficina de gestión de programas. La fuerte implicación de la alta dirección puede crear una situación en la que la puesta en práctica de una estrategia se convierta en el bebé que no pueden soltar. Esto tiene ventajas obvias. El patrocinio está bien anclado, de eso no hay duda. Pero también tiene algunos contras: un plan y una ejecución demasiado rígidos pueden ser mortales. Es cierto que los marcos claros son imprescindibles, pero un marco inflexible combinado con un enfoque regimentado seguramente anulará cualquier capacidad de ejecución en los niveles inferiores. El éxito forzado nunca es sostenible.

9.4.7   Desequilibrio entre liderazgo del cambio y gestión del cambio

En los foros de administración de empresas, estrategia y gestión del cambio, una de las preguntas más frecuentes es «¿cómo se pasa de la gestión al liderazgo?», seguida de cerca por «¿cuenta su organización con los líderes que necesita para superar esa fase de transición?». Esta polarización entre liderazgo del cambio y gestión del cambio, que viene de lejos, se ha convertido en una gran razón de fracaso.

En la puesta en práctica de una estrategia, el liderazgo del cambio se refiere simplemente a la visión y al desarrollo del liderazgo. El liderazgo consiste en articular y promover la visión de su organización, en crear una coalición fuerte e institucionalizar el cambio, en crear el espacio, la dirección y las condiciones para que se produzca el cambio. La gestión del cambio tiene que ver con las acciones instrumentales y operativas que crean el cambio. Se centra más en controlar las iniciativas de puesta en práctica de una estrategia.[203]

Un desequilibrio entre ambos supone un riesgo. Centrarse demasiado en el liderazgo del cambio no es inteligente. No hace justicia a la gestión del cambio, lo que significa que, por muy inspiradora que sea su visión, nunca tendrá pies ni cabeza. Por otra parte, centrarse demasiado en la gestión del cambio es igualmente arriesgado, porque una estrategia ejecutada sin visión, sin el gran porqué, nunca alcanzará todo su potencial. En resumen, tanto el liderazgo como la gestión del cambio son importantes y deben mantenerse en equilibrio.

9.4.8 Mentalidad única

Nuestra investigación también ha identificado razones para el fracaso que no están causadas por un desequilibrio, sino por el pensamiento único. En esencia, los enfoques unilaterales son tipos de puesta en práctica de una estrategia que se basan excesivamente en la estrategia, en el contenido, en el cambio o en el proyecto. El fracaso también puede deberse a otras deficiencias del enfoque adoptado, por ejemplo si es demasiado complejo, demasiado simplista o demasiado exagerado.

La puesta en práctica de una estrategia se enfoca a veces como una cuestión de inyectar la experiencia adecuada en el momento adecuado, preferiblemente en forma de buenas prácticas probadas y modelos de referencia de primera clase. En este tipo de estrategias, el fracaso se hace esperar. Un enfoque tecnocrático de este tipo no conduce a una nueva realidad ampliamente respaldada y asumida como propia.

Rehenes

Un ejemplo de lo que yo llamo «toma de rehenes» puede encontrarse en cuestiones de ejecución relacionadas con la nueva manera de trabajar o en las *startups*. Todas las empresas quieren ser como Google y crear oficinas ruidosas y diáfanas, llenas de pufs, toboganes e instalaciones para cuidar a los perros. Lo que deberían hacer al prepararse para la nueva manera de trabajar es asegurarse de que haya suficientes entornos de trabajo cerrados para que la gente pueda hacer algo de trabajo. Demasiadas organizaciones no reflexionan lo suficiente sobre los requisitos funcionales e inspiradores de un buen espacio de oficina. Asegurarse de que haya despachos privados no tiene nada que ver con coartar la libertad de las personas. Al contrario, la mayoría de los empleados están muy contentos con un entorno de trabajo que ofrezca un equilibrio saludable entre las distintas funciones. Conozco muchas empresas que aplicaron con celo la nueva manera de trabajar –cuanto más abierta, mejor– y que ahora tienen que deshacer todos esos cambios. Esto genera facturas que podrían haberse evitado si se hubieran considerado más detenidamente las consecuencias.

A bombo y platillo, o por afición

Otro tipo de enfoque que está abocado al fracaso es el que se basa en el bombo publicitario o en el gurú. Todo consultor, erudito o autoproclamado gurú que apueste por una única perspectiva o método y lo presente como la receta genérica para el éxito debe ser considerado con un sano escepticismo. Todos sabemos que hay que formular los conceptos empresariales y de gestión del cambio con un matiz y hacerlos pegajosos, aunque solo sea para venderlos y asegurarse de que se quedan. Pero la pura verdad es que la mayoría de las iniciativas de ejecución de estrategias se basan en múltiples problemas que requieren un análisis sofisticado y pluralista y una solución polifacética y multidisciplinaria. La gente puede entusiasmarse con los bombos y platillos y cegarse ante la complejidad de la vida real. A veces, un bombo publicitario puede incluso convertirse en el caballo de batalla de alguien y convertirse en un principio que todo el mundo debe suscribir. Cuando conceptos como océano azul, teoría U, Dragons' Den o BHAG *(big hairy audacious goals,* es decir, objetivos grandes, complicados y audaces) se han convertido en un fin más que en un medio, es una clara señal de que alguien nos ha tomado como rehenes.

9.5 El nuevo fracaso de la innovación radical

9.5.1 La innovación como pasatiempo

En la era digital, los nuevos modelos de negocio digitales obligan a todas las organizaciones a mejorar en innovación. Algunos gurús de la innovación se han subido al carro y han envuelto la innovación en un velo de misticismo. Por ejemplo, existe la idea de que la innovación radical no puede estructurarse ni gestionarse, sino que es cuestión de dejar que florezcan mil flores para poder elegir solo las mejores. Tales gurús sugieren que la creatividad y la brillantez que se necesitan para innovar con éxito quedan amortiguadas por la estructura y el control, y que las métricas son totalmente censurables. Pero este planteamiento conduce a la pulverización de perdigones sin objetivo, a un costo enorme.

9.5.2 Misticismo arriesgado e innecesario

Cuanto más radical es la innovación, mayores son los riesgos y las probabilidades de fracaso. La innovación radical no puede producirse sin fracaso, porque es la prueba y el error lo que lleva a la innovación que tiene éxito. Este es el proceso iterativo que forma parte integrante de las innovaciones radicales (véase el capítulo 2 sobre factores de éxito, apartado 2.1.2). Como este proceso es bastante complejo y requiere mucho tiempo y dinero, no hay que complicarlo negándose a estructurarlo. La clave es un proceso de innovación muy sistemático. Demasiadas personas pasan esto por alto o piensan que la innovación radical es una fuerza mística que cae del cielo. No es así. La innovación radical consiste en la selección sistemática y disciplinada de ideas para luego probarlas y ampliar lo que funciona.[204]

La farsa de *startup* tecnológica.

Quiero terminar con una nota positiva, así que la parodia que hay detrás de este código QR pretende hacerles sonreír. Espero que los factores de éxito, los componentes básicos y los estudios de casos de este libro le ayuden a ejecutar con éxito su estrategia en la nueva normalidad.

10

Epílogo: una cuestión personal

Algunos motivos adicionales para escribir este libro

10.1   La puesta en práctica de la estrategia moderna

Hay estanterías enteras llenas de libros sobre estrategia. Del mismo modo que se han publicado montones sobre el liderazgo del cambio, la gestión del cambio, el desarrollo de equipos, la motivación, la gestión de procesos, la gestión de proyectos y cualquier otro elemento que repercuta en la ejecución de la estrategia. Y, sin embargo, se sabe muy poco sobre cómo deben movilizarse colectivamente estas capacidades para facilitar la ejecución de la estrategia. Esa es la laguna que pretendía llenar escribiendo este libro. Así pues, mi objetivo ha sido conectar los diversos enfoques y escuelas de pensamiento duras y blandas. Se trata de un enfoque que contrasta claramente con las teorías existentes sobre la gestión del cambio, ya que separa el grano de la paja. Luchar por una excelente ejecución de la estrategia es tan inspirador como aleccionador, como me dijeron a menudo en las entrevistas que realicé para este estudio. Los miembros de los consejos de administración y los altos directivos rechazan con razón la idea generalizada de que todo debe ser divertido. Por eso muchos de los factores de éxito que describimos pueden parecer arduos o incluso francamente aburridos. Ya es hora de que lo aburrido se convierta en lo nuevo *sexy*.

Las organizaciones no están aprendiendo a ejecutar estrategias lo suficientemente rápido. Los retos son cada vez mayores y las exigencias más altas, y las organizaciones pierden terreno. A menudo se muestran incapaces de resolver los rompecabezas difíciles, las tareas perversas que hay que ganar. En su lugar, vemos el efecto de la Reina Roja de *Alicia en el país de las maravillas:* por mucho que corran, apenas pueden mantener el ritmo, y mucho menos salir adelante.[205]

Las organizaciones responden a este reto de diferentes maneras. Algunas permanecen pasivas, por elección o por defecto. Otras pasan a la acción. Pero incluso las organizaciones que reconocen que tienen que actuar suelen caer de cabeza en la trampa de la innovación. Experimentan hasta la saciedad. Las respuestas activas son proactivas o reactivas. Las primeras proceden de organizaciones ambiciosas que quieren convertirse o seguir siendo líderes en su campo. Las segundas proceden de organizaciones que se ven obligadas a cambiar por la creciente competencia o las nuevas normas y reglamentos, condiciones que suelen darse en los sectores público y semipúblico.

10.2   Inspirador y aleccionador

La ejecución de la estrategia es a la vez inspiradora y aleccionadora. La mitad de este libro alimenta sus ambiciones y sueños, mientras que la otra mitad le devuelve a la tierra. Lo que inspira es el sentido del propósito: la alegría de ver que el trabajo duro con los compañeros y los clientes da sus frutos. Al final, la recompensa es mucho más que económica. En cierto sentido, el viaje es el destino porque nuestros esfuerzos conjuntos para ejecutar una estrategia perfeccionan nuestras habilidades y nos nutren.

Dado que la palabra *inspiración* ha sido cooptada por los sóviets del cambio, por citar a Nassim Nicholas Taleb, habrá que dar algunas explicaciones. Para mí, la inspiración no es algo a lo que se tenga derecho como beneficio adicional del trabajo. Compete, ante todo, a la propia responsabilidad. Hay que esforzarse mucho para estar inspirado y seguir estándolo, aunque, como la mayoría de nosotros sabemos, no se puede desear.

Obviamente, hay momentos en los que la mente empieza a divagar y las ideas fluyen. Yo lo experimento corriendo, patinando, montando en bicicleta y, por supuesto, leyendo. Los artículos y libros bien escritos desencadenan tantos pensamientos que me obsesiono tomando notas, subrayando, marcando y resaltando pasajes, y doblando las esquinas de las páginas. Pero la inspiración también puede llegar cuando menos se espera. Pasas largos periodos anhelándola y, de repente, aparece.[206] Como he dicho antes, creo en la teoría de las 10.000 horas de Anders Ericsson, popularizada por Malcolm Gladwell. Hay que dedicar al menos 10.000 horas de trabajo y práctica a algo para llegar a ser bueno en ello, independientemente del talento que se tenga o de la inspiración que se sienta. Al final, se trata de hacer el trabajo, sobre todo en la ejecución de la estrategia. Y este es el lado aleccionador de la ecuación.

Lleva más tiempo deshacerse de las tonterías que idearlas. Esta es una parte más desordenada de la realidad a la que nos enfrentamos que esos otros motivos más elevados sobre los que he escrito. Mis consultores y yo hemos trabajado durante más de dos décadas con consejos de administración y de supervisión, equipos directivos, profesionales y trabajadores en una única misión: la ejecución de la estrategia. Esto nos ha dado una perspectiva única sobre lo que funciona y lo que no. Por eso fue tan catártico escribir el capítulo 9 sobre el fracaso, sus causas y sus costos. Se dicen muchas tonterías sobre el fracaso. Se necesita mucho más tiempo y esfuerzo para desmentir estas tonterías que para inventarlas. Ha habido momentos en los que me he querido tirar de los pelos de la frustración.

Me preguntan qué pienso de las sesiones de formación y de la consultoría de gestión del color. Las sesiones de formación forman parte del kit de herramientas de cualquier departamento de recursos humanos para ayudar a las personas a desarrollar sus capacidades. Me gustaría añadir que cuanto más específica sea la formación, mejor. En mi propio campo –la puesta en práctica de estrategias– me he vuelto escéptico con respecto a los cursos de formación general porque las habilidades que ofrecen suelen ser demasiado genéricas para aplicarlas a cualquier iniciativa específica. Los métodos dominados por la formación y el *coaching* son demasiado indirectos. Estos métodos poco comprometidos suelen dar malos resultados. La formación y el *coaching* solo funcionan cuando hay un compromiso a trabajar duro para alcanzar los objetivos, como sostiene David Maister en su excelente artículo «Why (most) training is useless» («Por qué la formación, en su mayoría, es inútil»).[207] Aunque imparto clases magistrales sobre puesta en práctica de estrategias, siempre las comienzo con una buena dosis de escepticismo y pido amablemente a quien no esté intrínsecamente motivado que se marche.

Permítanme decir esto sobre los métodos de gestión de color. Conceptos como *Insights Discovery*, cuadrantes centrales e impulsos de gestión son valiosos cuando se aplican a los fines para los que fueron diseñados. Proporcionan información sobre los rasgos dominantes del individuo y las consecuencias que tienen para su propio desarrollo y el equilibrio en su equipo. Así que no me malinterpreten; yo mismo utilizo estos métodos, pero no necesitamos un libro de colorear para todo. Estos métodos no son un sustituto adecuado de otros análisis claves. Proclamarse una organización azul no le exime de la necesidad de analizar a fondo su estrategia. Afortunadamente, las personas que idearon estos conceptos también lo saben y hacen hincapié en ello.

Mi visión de la humanidad es positiva y realista. Todos somos producto de nuestras creencias y experiencias. Creo que los miembros de los consejos de administración, los directivos y los profesionales son como todos los demás en el sentido de que su principal objetivo es hacer el bien, no solo el menor daño posible. Esa es mi visión de la humanidad en pocas palabras. La mayoría de nosotros intentamos utilizar nuestros talentos para hacer algo bueno. Al mismo tiempo, creo que todos tenemos carencias que hay que tener en cuenta si queremos llegar al punto de poder ejecutarlas. No voy a exponer un tratado teológico sobre el mundo roto en el que vivimos, pero en términos sencillos, los humanos somos falibles. Queremos pasarlo bien, pero eso no siempre es posible. A veces tenemos que perseverar y hacer cosas cuyos beneficios no están claros de inmediato, o que simplemente son aburridas y requieren más perseverancia, capacidad mental y creatividad.

En *Thinking, fast and slow*, Daniel Kahneman ha descrito nuestra disfuncionalidad en términos de pensamiento del sistema 1 y del sistema 2.[208] Estos sistemas determinan nuestra forma de pensar y actuar. El sistema 1 es rápido, instintivo y emocional. El sistema 2 es más lento, consciente y lógico. Kahneman estudió varios rasgos humanos característicos que son relevantes para la puesta en práctica de estrategias. Por ejemplo, observó nuestra tendencia a sacar conclusiones precipitadas y a sobrevalorar el juicio humano, que se caracteriza por el prejuicio. En otro apartado interesante, Kahneman analiza el encuadre. Si decimos que una iniciativa tiene un 40 % de probabilidades de éxito, es más probable que lo demos todo que si decimos que tiene un 60 % de probabilidades de fracasar. Ambas afirmaciones son ciertas, pero la que elijamos y nuestras razones para hacerlo influyen. También trata de la falacia del costo hundido y muestra que tendemos a querer tirar buen dinero en cosas que ya han salido mal. No queremos arrepentirnos, así que pensamos que un proyecto tendrá éxito en algún momento si seguimos invirtiendo en él. Todas estas tendencias pueden conducir a grandes errores en la toma de decisiones.

La ejecución de una estrategia requiere conocimientos de diversas disciplinas. La administración de empresas no es matemática ni física y es solo parcialmente una ciencia dura. En las ciencias duras, tratamos con relaciones puramente causales. Cada pregunta solo tiene una respuesta correcta. Pero como la ejecución de la estrategia tiene que ver principalmente con las personas, no se puede prescindir de algunas nociones de macroeconomía, filosofía, psicología, teología y ciencias sociales.

Es posible evitar el fracaso en la ejecución de la estrategia. Esta es la nota optimista con la que quiero terminar. Reconozcamos que la puesta en práctica de estrategias es una profesión fantástica, y es *su profesión.* Como ya se ha visto, existe una clara diferencia entre lo que funciona y lo que no, y en gran parte es universal. Habrá que echar mano de esos conocimientos todo el tiempo, porque la ejecución de la estrategia nunca termina. Todo el mundo sabe que el cambio es la única constante, pero también sabemos que cada vez es peor. Vivimos en tiempos de versiones beta permanentes, como dijo el pensador en gestión Martijn Aslander en *Nooit af* (*Nunca se hace*).[209] Cada producto y cada servicio se revisa y actualiza continuamente, y cada iteración e innovación deben basarse en información real sobre lo que satisface y lo que no las necesidades del cliente. Y para ello se necesita una ejecución moderna e iterativa de la estrategia. Este libro puede ayudarle a conseguirlo.

Agradecimientos

Durante los últimos tres años, mis colegas de Turner Consultancy y yo mismo, en calidad de propietario y director gerente, hemos trabajado en la elaboración de una visión global de las razones por las que triunfan o fracasan una estrategia y un proceso de innovación. Nunca lo habríamos hecho sin las valiosísimas aportaciones de numerosos miembros de alto rango de consejos de administración, directivos, miembros del personal, directores de programas, colegas y socios. Las personas entrevistadas representaban todas las disciplinas posibles, desde la estrategia hasta el *marketing*, las ventas, las operaciones, la informática y el control financiero. El nuestro fue un estudio cualitativo. En primer lugar, realizamos más de cincuenta entrevistas a personas tanto de empresas privadas como de organizaciones estatales. En segundo lugar, varias personas hicieron una contribución especialmente sustancial compartiendo sus ideas y puntos de vista como ponentes en los seminarios sobre ejecución de estrategias e innovación que Turner organiza con regularidad.

En particular, me gustaría expresar mi agradecimiento a los siguientes entrevistados y ponentes:

- Theo van Aalst, director de Estrategia y Desarrollo de PostNL.
- Annet Aris, profesora agregada de Estrategia, INSEAD; miembro de la junta de supervisión de ASR.
- Fred Arp, antiguo director financiero de Telegraaf Media Groep.
- Karin Bergstein, miembro de la junta directiva de ASR.
- Lydia Bestebreur, asesora principal sobre Competencia, Formación y Educación del Netherlands Forensic Institute (NFI).

- Arno van Bijnen, director ejecutivo y miembro de la junta directive de PostNL.
- Welmer Blom, vicepresidente primero para Oriente Próximo, el Golfo Pérsico e India de Air France-KLM.
- Lisette van Breugel, directora de operaciones de Arbo Unie.
- Hein Bronk, socio y confundador de The Review Group; fundador y antiguo gerente de MYbusinessmedia.
- Jacques van den Broek, director general de Randstad.
- Harry J.M. Brouwer, director general de Unilever Food Solutions.
- Ton Büchner, antiguo director general y miembro del comité ejecutivo de AkzoNobel.
- Yvonne Campfens, antigua vicepresidenta ejecutiva de B2B Netherlands y directora gerente de Springer Media; antigua directora de Publication Workflow Group, Springer Nature.
- Joke Cuperus, director general de PWN; antiguo ingeniero jefe del Ministerio neerlandés de Infraestructuras y Gestión del Agua (Región Oriental).
- Pauline Derkman-Oosterom, directora de Life Insurance, a.s.r.
- Rob Eijkelenkamp, director general de Studio Piet Boon, antiguo gerente de News and Print Media, Telegraaf Media Groep.
- Ronald Goedmakers, propietario y director general de Vebego International.
- Cees't Hart, director general y president del Grupo Carlsberg; antiguo director general de FrieslandCampina.
- Jan Hattink, antiguo director financiero de PostNL.
- Rienk Hoff, antiguo director de Ejecución y Vigilancia del área metropolitana de Ámsterdam.
- Mijke Horneman, antiguo estratega sénior de CRV Holding BV.
- Gert-Jan Huisman, socio y director general de Anders Invest; antiguo director general de Centrotec AG.
- Symen Jansma, cofundador y antiguo director general de TravelBird.
- Patrick Kerssemakers, antiguo director general de fonQ.
- Joop Kessels, rector de la Universidad de Utrecht.
- Agnes Keune, desarrolladora sénior de Bol.com.
- Hein Knaapen, director de Recursos Humanos en ING Group.
- Antoinette de Kroon, directora del equipo de Servicios Ejecutivos, Netherlands Forensic Institute.
- Jeroen de Munnik, jefe de Relaciones Institucionales de PGGM.

- Harry Paul, antiguo inspector general de la Netherlands Food and Consumer Product Safety Authority.
- Ton Ridder, antiguo gerente de KLM Cygnific.
- Audrey van Schaik, antiguo director de Tratamientos en el Departmento de Psiquiatría Geriátrica del GGZ inGeest.
- Thijs Stoop, director en Roland Berger Strategy Consultants; antiguo miembro del consejo de dirección de GGZ inGeest.
- Kees Stroomer, director general del ISS Facility Services Nederland; antiguo gerente de Tempo Team.
- Gerard van Tilburg, vicepresidente del comité ejecutivo de Royal Cosun; miembro del consejo de administración de Energiegilde.
- Tjark Tjin-A-Tsoi, director general de Statistics Netherlands (CBS); antiguo gerente del Netherlands Forensic Institute.
- Herna Verhagen, directora general y miembro del consejo de administración de PostNL.
- Paul Verheul, consejero y director de operaciones de Van Oord.
- Frank Vrancken Peeters, antiguo director regional para Europa Occidental de Wolters Kluwer.
- Menco van der Weerd, antiguo responsable de cambios en la división de Seguros Hipotecarios y Seguros de Vida de Aegon NL.
- John de Wit, antiguo director de programa de Tata Steel; director de compras globales de Danieli Corus.
- Leon van de Zande, antiguo director de programas de enseñanza e investigación de la Universidad de Utrecht.
- Marjoleine van der Zwan, gerente del PIV Insurers' Institute on Personal Injury; antigua jefa de operaciones de MediRisk.

También me gustaría expresar mi agradecimiento a las siguientes organizaciones por proporcionar estudios de caso:

- Aegon.
- Alcontrol Laboratories.
- Arbo Unie.
- a.s.r.
- Royal Cosun.
- FrieslandCampina.
- FonQ.

- Un banco internacional.
- Una universidad neerlandesa de ciencias aplicadas.
- Utrecht University of Applied Sciences.
- KRO-NCRV.
- NautaDutilh.
- Nederlandse Voedsel- en Warenautoriteit (NVWA).
- Unilever.
- Wolters Kluwer.
- Würth.

Asimismo, deseo que conste mi especial agradecimiento a los miembros de todos los consejos de administración y a los académicos que han respaldado este libro:

- Karin Bergstein, miembro de la junta de gobierno de a.s.r.
- Lisette van Breugel, directora de operaciones de Arbo Unie.
- Jacques van den Broek, director general de Randstad.
- Harry J.M. Brouwer, director general de Unilever Food Solutions.
- Maarten Edixhoven, director general de Aegon Netherlands.
- Prof. Dr. Meindert Flikkema, director académico del Amsterdam Centre for Management Consulting de la Vrije Universiteit Amsterdam.
- Ronald Goedmakers, propietario y director general de Vebego International.
- Henk Hagoort, presidente del comité ejecutivo de la Windesheim University of Applied Sciences; antiguo presidente del comité ejecutivo de NPO.
- Cees't Hart, director general y president del Grupo Carlsberg; antiguo director general de FrieslandCampina.
- Kees Hoving, director regional de Deutsche Bank para los Países Bajos.
- Symen Jansma, cofundador y antiguo director general de TravelBird.
- Patrick Kerssemakers, antiguo director general de fonQ.
- Manfred F.R. Kets de Vries, INSEAD y profesor honorario de desarrollo del liderazgo y cambio organizativo.
- Agnes Keune, desarrolladora sénior en Bol.com.
- Hein Knaapen, director de Recursos Humanos en ING Group.
- George Kohlrieser Ph.D., Profesor de Liderazgo y Políticas Organizativas en el IMD de Lausana, autor de *Hostage at the table* y *Care to dare*.

- Peter Meyers, director general de Stand & Deliver Group; conferenciante especializado en liderazgo, Universidad de Stanford e IMD de Lausanne.
- Heiko Schipper, antiguo videpresidente ejecutivo de Nestlé y antiguo director general de Nestlé Nutrition.
- Feike Sijbesma, presidente del consejo de administración y director general de DSM.
- Ben Tiggelaar, científico del comportamiento, autor, conferenciante y consultor.
- Tjark Tjin-A-Tsoi, director general de Statistics Netherlands (CBS); antiguo gerente de Netherlands Forensic Institute.
- Herna Verhagen, directora general y miembro del consejo de administración de PostNL.
- Paul Verheul, jefe de operaciones y miembro del consejo de administración de Van Oord.
- Ben Verwaayen, miembro del consejo de AkzoNobel, socio de Keen Venture Partners, antiguo director general de Alcatel-Lucent y British Telecom.
- Prof. Henk Volberda, profesor de Gestión Estratégica e Innovación y director del área de Transferencia de Conocimiento de la Rotterdam School of Management (Erasmus University Rotterdam).

También me gustaría expresar mi gratitud a los siguientes colegas y socios de Turner Consultancy. Los enumero por orden alfabético:

Marjolein van Abbe, Joël Aerts, Marjam el Ammari, Martijn Babeliowsky, Mieke Bello, Stefan Bolt, Eugenie Boon, Mariëtte Brouwer, Peter de Bruin, Alexander Bruinsma, Susanne Chamalaun, Mariëlle Companjen, Katinka Cornelése, Alex Crezee, Johannes Crol, Jeroen Dekkers, Eveline Dusseldorp, Bas van 't Eind (oprichter), Jasper Engelbert, Patrick Eppink, Wouter Evers, Wendelina Fieret, Jurgen Frumau, Jop Gerkes, Bas Hafkenscheid, Janwillem Hekman, Evelien Hellenthal, Tjalle Hoekstra, André Holwerda, Joris van Hulzen, Gerrit-Jan Jansen, Relinde de Koeijer, Roel Kok, Coco Korse, Adriaan Krans, Sander Livius, Otto van 't Loo, Dayashri Manohar, Max Meijers, Feike Oosterhof, Ties Rijkers, Bas van Rooij, Joachim Rullmann, Annelieke van Schie, Peter Schreuder, Marga Severs, Dirkjan Takke, Bob Tasche, Dodijn Velema, Lot Verburgh, Jeroen Visscher, Bouke Waltman, Martijn Walvis y Peter Weijland.

Asimismo, deseo mencionar a mis alumnos en Turner:

Astrid Bakker-Boumans, Erik Bakker, Ben van Berge Henegouwen, Arjan van den Born, Iris Borst, Juliëtte Bos, Jikkelien van Marle, Wido Bosch, Maria van Boxtel, Wouter Bruggers, Ithar da Costa, Martine Daniëls, Patrick Davidson, Juriaan Deumer, Erna Doedens, Andrea Doesburg, Karin van Duuren, Meindert Flikkema, Rutger Gassner, Han Haring, Marcel 't Hart, Jelmer Heida, Gerco Hennipman, Henry Hennipman, Tamara van der Horst, Robbert Jellinek, Salko Kapetanovic, Stefan Karnebeek, Barbara Kaufman, Maaikel Klein Klouwenberg (founder), Wouter Klinkhamer, Regine Kruijsdijk-Oolman, Rosalie Kuyvenhoven, Madiha Leuven-Mouchtak, Steven van de Looij, Alexander Loudon, Pieter Lugtigheid, Erwin Matthijssen, Jan-Willem Meiburg, Rik Meijering, Nicole Messer, Maaike Pol, Ron Müller, Barbara Nederkoorn, Leonique Niessen, Linda Nieuwenhuis, Corrie Nieuwenkamp, Femke van Nieuwkerk, Niels Penninx, Colette Pijl-Leeflang, Carolijn Ploem, Willem Pluym, Suzanne Raafs, Martine Reimerink, Herbert Rijken, Rob Schipper (antiguo commissioner), René Schreurs, Barbara Schrijver, Peter Slikker, Ralph Smeets, Sjors Stoffelsen, Rutger Strengers, Theo den Tex, Esther Timmer, Hugo Timmerman, Marcel van Tol, Joost Tolboom, Ineke Uijtenhaak, Arjan van Valkengoed, Eveline van Veelen, Rose van Velzen, Linda Visser, Enno Wiertsema, Ellen Wijnands, Mark de Wit y Feico de Zwaan.

Este libro es mejor gracias a sus contribuciones. En el transcurso de esta investigación, he vuelto a recordar que un equipo sabe mucho más que unos pocos individuos.

Glosario

Agilidad

La agilidad, o agilidad organizativa, es la capacidad de adaptarse continuamente sin cambiar, según Lee Dyer y Richard A. Shafer, de la Universidad de Cornell. Las organizaciones ágiles tienen una «capacidad innata para cambiar, adaptarse y ajustarse a medida que cambian las circunstancias».[221]

Alineación

La alineación, o alineación estratégica, es el proceso de sintonizar las acciones, divisiones y empleados de una organización con los objetivos de la misma. Esta alineación estratégica garantiza que las divisiones y los empleados colaboren bien y contribuyan así a los resultados de la organización.

Apropiación

Forma de implicación directa de los empleados en una organización o iniciativa. El término denota un arraigado sentido de la responsabilidad y el compromiso. Las nuevas iniciativas solo pueden tener éxito si las personas de la coalición de ejecución las hacen suyas. Existen dos tipos de apropiación: de la ejecución y de los beneficios. La apropiación de la ejecución se refiere a la responsabilidad que una persona siente por completar la ejecución de una iniciativa, mientras que la apropiación del beneficio se refiere a la responsabilidad sentida de utilizar lo que se ha implementado para generar los beneficios previstos. Los empleados pueden asumir uno o ambos tipos de propiedad.

Apropiación psicológica

Este libro distingue entre apropiación *psicológica* y apropiación *formal*. Esta última implica la responsabilidad formal de los empleados en una iniciativa o proceso. La primera se refiere a la contrapartida aparentemente blanda de la responsabilidad formal, es decir, la intención del propietario. El punto principal es si un empleado quiere asumir la responsabilidad en lugar de tener que asumirla. El *check-in* es el momento en que el empleado asume la responsabilidad y reclama la propiedad.

Arquitectura, arquitectura abierta

El término procede del campo de la programación de *software,* donde se utiliza para describir la estructura de un producto. La arquitectura abierta se refiere a productos cuyas especificaciones son públicas, lo que facilita que otros desarrolladores de software puedan añadirle componentes. Al igual que otros términos (como Agile y Scrum), esta noción se ha abierto camino en el ámbito no técnico y ya no se utiliza exclusivamente en el desarrollo de *software.* También se refiere a la estructura de productos, precios, procesos, organizaciones y conocimientos. En este libro, utilizamos el término en un sentido más amplio. En el sector de los servicios financieros, la arquitectura abierta tiene otro significado: las empresas de inversión con una arquitectura abierta dan a sus clientes la oportunidad de invertir también en productos de otras instituciones financieras.

Asegurar

En este libro significa *incrustar, integrar* e *institucionalizar:* afianzar y proteger para que algo no desaparezca.

Bloque de construcción

El modelo Estrategia = Ejecución consta de cuatro aceleradores. Cada acelerador consta de cuatro bloques, dos para las capacidades duras y dos para las capacidades blandas. Por lo tanto, el modelo consta de 16 bloques de construcción en total. Un bloque es una breve descripción de una cuestión importante en la ejecución de la estrategia y de lo que se necesita (qué acciones en un esfuerzo concertado son necesarias) para alcanzar el objetivo del bloque. El primer elemento constitutivo de un acelerador es duro y trata del *por qué:* los objetivos y los beneficios. El segundo componente de un acelerador también es duro y se ocupa del *qué:* el contenido de la estrategia y las iniciativas de la cartera. El tercero es uno de los dos pilares blandos y se ocupa del *cómo:* la ejecución y la estrategia de cambio. Y el cuarto es también blando y describe el *quién:* la propiedad de las iniciativas y sus beneficios previstos.

Cambiar en la empresa (excelencia en la ejecución)

El término equivale a la transformación o la gestión del cambio. Cambiar en la empresa no es lo mismo que gestionar la empresa, que se refiere a la gestión ejecutiva diaria de la organización existente. Cambiar la empresa consiste en alterar fundamentalmente la organización. Subdividimos esta categoría en tres tipos de cambio: mejora, renovación e innovación. Los dos primeros se refieren a la modificación dentro de los límites de los modelos de negocio e ingresos existentes, y el tercero, a la innovación radical de un modelo de negocio o de ingresos.

Capacidad de ejecución

Describe la madurez de una organización y su capacidad de cambio. Se compone de capacidades de cambio duras y blandas. Esta capacidad también se conoce como *capacidad de cambio.*

Capacidades

Habilidades para realizar determinadas acciones o lograr resultados relacionados con los objetivos de una organización. Cada componente del modelo empresarial es una capacidad. Distinguimos deliberadamente entre capacidades y competencias personales, como conocimientos, habilidades, motivación y ambición, cualidades personales e inteligencia.

Capacidades blandas

Se centran en las personas. Incluyen la cultura corporativa, el comportamiento y los estilos de liderazgo y colaboración. Al contrario de lo que mucha gente piensa, las capacidades blandas también son cuantificables. La herramienta de investigación en línea SECA.NU, desarrollada para evaluar la capacidad de ejecución de una organización, puede utilizarse para evaluar sistemáticamente las capacidades duras y blandas de una organización.

Capacidades duras

Incluyen los procesos empresariales, la estructura y la tecnología de la información (TI). La herramienta de investigación en línea SECA.NU, desarrollada para evaluar la capacidad de ejecución de una organización, puede utilizarse para evaluar sistemáticamente las capacidades duras y blandas de una organización.

Cartera

Todas las iniciativas de cambio estratégico de una organización: mejora, renovación e innovación. El bloque 2 (selección) se utiliza para crear una cartera equilibrada. Una cartera debe estar equilibrada en cuanto a los distintos tipos de iniciativas de cambio, pero también en otros aspectos, como el número total de iniciativas, los tipos de objetivo y el horizonte (véase la figura 14). En el mundo empresarial y financiero, cartera también denota una gama de productos o servicios. En su origen, una cartera era una selección de trabajos representativos que artistas, diseñadores gráficos y agencias de publicidad utilizaban para convencer de sus cualidades a clientes potenciales.

Coalición de ejecución

Se trata de un concepto acuñado en este libro. Consta de cinco funciones clave que son indispensables para cada acelerador: el patrocinador principal de la ejecución, el copatrocinador, el líder de la ejecución (director de programa o de proyecto), el miembro o miembros del equipo de ejecución y el director o directores de la realización de beneficios. Estas funciones son esenciales, interdependientes e indispensables para la ejecución y la apropiación de los beneficios. Abarcan todas las funciones clave de la organización, desde el nivel directivo hasta la planta de trabajo, tanto en los procesos primarios como en los secundarios. Una coalición de ejecución hace mucho más por aumentar las posibilidades de lograr la alineación necesaria de lo que jamás podrían hacer las entidades que operan por separado (como los grupos de dirección, los equipos centrales y los grupos de trabajo y seguimiento).

Competencia básica

Un campo o una tarea que una empresa realiza muy bien y que le proporciona su ventaja competitiva. El término fue acuñado en 1990 por Gary Hamel y C.K. Prahalad en un artículo publicado en *Harvard Business Review.*

Costos de fracaso

Costos derivados del fracaso en la ejecución de una estrategia. Distinguimos entre costos de fracaso directos e indirectos. A menudo no se explicitan, aunque es posible hacerlo, incluso en el caso de la frustración de los empleados y la percepción de un potencial no utilizado.

Desarrollo continuo
En este libro, se define como el rediseño y mejora cíclicos del producto mínimo viable (PMV).

Disrupción
Interrumpe o frustra literalmente un proceso. Las disrupciones son casi siempre el resultado de innovaciones, pero las innovaciones no son necesariamente disruptivas.

Ejecución de la estrategia
Conjunto de actividades que una organización despliega para gestionar, mejorar y renovar su modelo de negocio actual, y para innovar creando nuevos modelos de negocio. La gestión de la actividad cotidiana actual es lo que denominamos dirigir el negocio (también conocido como *negocio en marcha)*. Mejorar, renovar e innovar implica *cambiar en la empresa*. La ejecución de la estrategia permite a una organización aprovechar al mismo tiempo su modelo de negocio actual e innovar con nuevos modelos para garantizar su continuidad en el futuro.

Empleabilidad
Capacidad de las personas para desempeñar sus funciones de la mejor manera posible. Todo el mundo es responsable de desarrollar continuamente su empleabilidad y de permitir que los demás hagan lo mismo.

Enfoque de dos vías
En este libro utilizamos el término para dejar claro que las innovaciones radicales deben organizarse por separado y no pueden incorporarse a la estructura organizativa existente. Las verdaderas innovaciones se desarrollan a una velocidad diferente y son tan cruciales que deben gestionarse en un programa o proyecto específico.

Escalado
Nombre que recibe el bloque 11. Se refiere a la fase en la que deben seleccionarse, desarrollarse y ponerse en práctica los métodos de escalado y despliegue adecuados. La ampliación implica implicar a más personas de la organización en la iniciativa y poner el producto a disposición de grupos más amplios de clientes.

Excelencia en la ejecución

Describe lo bien que una organización es capaz de alcanzar sus objetivos utilizando tres tipos de ejecución de la estrategia: 1) mejora, 2) renovación y 3) innovación (digital) que convierte la organización existente en una nueva. La excelencia es esencial para lograr los mejores resultados posibles.

Excelencia en la gestión

Describe la gestión ejecutiva y el grado en que una organización es capaz de utilizar el modelo empresarial existente para alcanzar los objetivos del negocio actual. Una vez más, la excelencia es indispensable para lograr los mejores resultados posibles.

Factores de fracaso

Razones por las que una iniciativa finalmente no puede ejecutarse o no se ha ejecutado. Diferenciamos entre factores de fracaso conocidos y factores de fracaso menos conocidos. Estos se analizan en el capítulo 9, en el que se exponen las razones por las que a veces fracasa la ejecución de la estrategia.

Gestión de la empresa (excelencia organizativa)

La gestión ejecutiva ordinaria de la organización. Se refiere a actividades coherentes con el modelo empresarial existente.

Gestión de la obtención de beneficios

En la ejecución de estrategias, este término se refiere a la creación, puesta en funcionamiento y uso de un sistema de medición de beneficios. Los sinónimos de este término son: *gestión de casos empresariales, gestión del rendimiento y supervisión de objetivos.* Los beneficios son cambios mensurables y planificados que se derivan de una iniciativa estratégica y que las partes interesadas consideran beneficiosos.

Gestión del cambio

Organización de acciones instrumentales y operativas destinadas a implantar y supervisar las iniciativas para la puesta en práctica de la estrategia.

Gran avance

El sexto bloque del modelo presentado en este libro, conocido como *destrezas,* consiste en desarrollar un producto mínimo viable (PMV) con al menos un avance innovador. Consideramos que se trata de un cambio importante que realmente influye en el modelo de negocio existente o conduce a uno nuevo. La palabra *avance* sugiere dos cosas: 1) una innovación de un calibre poco común que 2) conduce a un rendimiento marcadamente mejorado.

Hábito

Término tomado de la sociología y la psicología. El comportamiento, o hábito, está influido por el entorno y los objetivos. Es más probable que se produzca un cambio de comportamiento cuando también cambian el contexto y los objetivos. Los intentos de cambiar los hábitos sin abordar el entorno o los objetivos están condenados al fracaso.

Hoja informativa

Cualquier plantilla de planificación práctica. Se trata de resúmenes de datos pertinentes para un componente concreto del modelo. Los apéndices incluyen varias hojas informativas sobre los cuatro aceleradores, la cartera, el PMV y la gestión de proyectos y programas.

Innovación

Un cambio radical —normalmente, hacia lo digital—, que requiere nuevos modelos de negocio y de ingresos.

Innovación digital

Véase *Innovación*.

Intervención

Bien dirigida, es la mejor manera de cambiar el comportamiento de las personas. Una intervención puede referirse a los medios de colaboración, la gestión, la propiedad, la división de responsabilidades, la comunicación y la llamada de atención mutua sobre comportamientos indeseables.

Intimidad con el cliente

Estrategia de *marketing* que permite a una organización acercarse a su clientela. La intimidad con el cliente conduce a una mayor capacidad de resolución de problemas en el contacto con este, una mejor capacidad para alinear los productos con sus necesidades conscientes e inconscientes y alcanzar una mayor fidelización.

Kit de herramientas de ejecución

Se utiliza para transferir el diseño total y el PMV a las distintas partes interesadas nuevas para que puedan asumirlo a partir de ahí. El kit de herramientas siempre contiene un decálogo claro como el cristal en el que se esbozan el por qué, el cómo, el qué y el dónde de la iniciativa, la carta de credibilidad del patrocinador principal de la ejecución y una ingeniosa selección de contenidos de diseño y los análisis subyacentes. En resumen, es una mezcla de elementos duros, relacionados con el contenido, y elementos blandos, relacionados con el cambio.

KPI

Indicador clave de rendimiento, una métrica utilizada para analizar el rendimiento de una empresa.

Lean

Lean Manufacturing, o simplemente Lean, es un procedimiento de gestión cuyo objetivo es obtener el máximo valor para el cliente eliminando los residuos y mejorando el flujo de los procesos empresariales. De este modo se mejora el rendimiento (por ejemplo, la eficiencia) y se reducen los costos operativos. Toyota, en Japón, contribuyó en gran medida al desarrollo de la fabricación ajustada en el siglo XX.

Lean Six Sigma

Un método de gestión orientado a mejorar la calidad y la eficiencia. Optimiza sistemáticamente los procesos empresariales para mejorar el valor para el cliente mediante un programa orientado a la mejora continua de los resultados. El método combina los principios de Lean Manufacturing y Six Sigma.

Liderazgo de producto

Término acuñado por Michael Treacy y Fred Wiersema para referirse a una de las tres disciplinas que una empresa debe dominar para liderar el mercado. Las otras dos son la intimidad con el cliente y la excelencia operativa. Según los pensadores de la gestión, una organización necesita sobresalir en al menos una de ellas para convertirse realmente en líder del mercado. En la nueva normalidad, las organizaciones necesitan puntuar alto en las tres.

Liderazgo del cambio

Medio para encabezar diversos tipos de transformación. Los líderes del cambio defienden la visión, construyen una coalición líder y crean el espacio, la dirección y las condiciones previas necesarias para institucionalizar los cambios.

Mapa de la trayectoria del cliente

Conocido en inglés como *customer journey mapping,* es un método utilizado para visualizar las fases por las que pasan los clientes al comprar un producto o servicio, desde su propia perspectiva. Las organizaciones suelen necesitar varias visualizaciones para trazar los distintos escenarios y canales.

Mejora

Tipo más básico de cambio, centrado en una optimización continua, la iteración de los ingresos existentes y los modelos de negocio y la excelencia operativa, en los procesos de negocio existentes.

Modelo de ingresos

Describe la forma en que la empresa genera dinero y se apropia del valor. La diferencia entre creación de valor y apropiación es importante. Una empresa puede ganar dinero de muchas maneras diferentes y, por lo tanto, existen muchos modelos de ingresos diferentes que pueden utilizarse para ello. Un modelo de ingresos forma parte de un modelo de negocio.

Modelo de negocio

Describe la forma en que una organización crea y se apropia del valor (es decir, gana dinero). Un modelo de negocio responde a las siguientes preguntas principales: qué propuesta ofrece la organización a sus clientes; cómo sirve a sus clientes; a qué grupo objetivo se dirige; cómo crea valor y cómo se establece la cadena de valor; cuál es la estructura de costos; cómo se posiciona la empresa y cómo quiere competir. La organización interna de un modelo de negocio se compone de capacidades: procesos, gobernanza y estructura, personas y cultura, tecnología y recursos, datos y conocimientos.

Multidisciplinario

Se dice de las actividades que implican a varias disciplinas. La mayoría de las iniciativas de ejecución de estrategias tienen que ver con cambios complejos y multidisciplinarios, lo que significa que también deben implicar a varias disciplinas dentro de la organización.

Nueva normalidad

Nombre que damos a los tiempos que vivimos. Los avances digitales y otros avances tecnológicos y sociales están poniendo bajo presión los modelos de negocio y de ingresos de muchas organizaciones. Estas organizaciones pueden hacer una de dos cosas: adaptarse o acabar fracasando. También es el título del libro de Jacques Pijl (*Het Nieuwe Normaal,* 2014) que describe 21 reglas para sobrevivir en los tiempos modernos.

Objetivos

Fines, metas y objetivos de un modelo de negocio que se derivan de la visión, la misión y la estrategia de una organización. Los objetivos se definen mejor según los criterios SMART: específicos, mensurables, alcanzables, realistas y limitados en el tiempo.

Obligaciones

El quinto bloque del modelo Estrategia = Ejecución. Representa los cimientos sobre los que debe construirse cada iniciativa: una asignación clara, voluntad y sentido de la necesidad, una respuesta al pequeño por qué que subyace a la iniciativa, un caso empresarial y un análisis orientado a hipótesis. Este término deja claro que, si no hay necesidad de una iniciativa, esta no tendrá éxito.

Porqué

Hay que distinguir dos tipos: el *gran porqué* y el *pequeño porqué.* Responder al primero constituye el punto de partida de cualquier análisis estratégico y trazado del rumbo. ¿Por qué existe esta organización? ¿Qué queremos conseguir? Simon Sinek, autor de *Empieza por el porqué,* ha vuelto a situar esta pregunta en lo más alto de la agenda. El segundo se deriva del primero y describe la razón subyacente de toda iniciativa de ejecución de la estrategia. ¿Por qué queremos ejecutar esta estrategia? ¿Cómo contribuye esta iniciativa a responder al gran porqué?

Procesos clave

Impulsan los objetivos. Son cruciales para lograr resultados. El bloque 6 (destrezas) identifica estos procesos clave para que puedan aprovecharse para alcanzar los objetivos.

Producto mínimo viable (PMV)
La primera versión comercializable de un producto en las primeras fases de desarrollo. *Mínimo* no significa *inferior*, sino *muy definido y manejable*. Su objetivo es ofrecer al cliente la experiencia, los objetivos y las funcionalidades mínimas necesarias. Permite a una empresa evaluar si el producto es económicamente viable. Es una versión muy básica del producto final, cuyo objetivo es aprender lo máximo posible de los primeros usuarios.

Programa de cambio cultural
Su único objetivo es modificar las normas, los valores y la conducta de los empleados. Los programas de cambio cultural que no están vinculados a objetivos y contenidos nunca dan resultado, porque la cultura corporativa es el resultado del trabajo que hacen las personas para alcanzar objetivos difíciles y realizar cambios relacionados con los contenidos y, por tanto, no es un asunto aparte.

Recursos de ejecución
Medios necesarios para llevar a cabo una iniciativa. Algunos ejemplos son una lista de comprobación digital fácil de usar para un nuevo proceso; una versión simplificada de los procesos en forma de miniprotocolo; una carta credencial en formato de vídeo; un formato de manifiesto personal, y una base de datos de preguntas y respuestas.

Rediseño de procesos empresariales
El rediseño de procesos empresariales o reingeniería de procesos empresariales (*business process redesign,* BPR) es una estrategia de gestión que definieron Michael Hammer y James Champy a principios de la década de 1990. El BPR analiza los procesos internos de las organizaciones con el fin de rediseñarlos fundamentalmente para introducir mejoras radicales en la estructura de costos y el servicio al cliente, por ejemplo.

Renovación
Tipo de cambio que afecta a los modelos de ingresos y de negocio existentes destinados a mantener un funcionamiento saludable. En ocasiones, la renovación puede subsumirse en los procesos empresariales habituales, pero a veces su ejecución debe asignarse a un proyecto o programa independiente.

Scrum

Término tomado del desarrollo de *software*. Es un método iterativo para desarrollar productos. Es una estrategia flexible y holística en la que los miembros de un equipo de desarrollo trabajan juntos para alcanzar un objetivo común.

SECA.NU

Turner Consultancy ha desarrollado un acelerador en línea de la ejecución de la estrategia y el cambio (SECA.NU/en). Esta herramienta de investigación (disponible en inglés y neerlandés) proporciona a los participantes información en línea y en tiempo real sobre la capacidad de ejecución actual de su organización en comparación con los puntos de referencia. Esto mejora y acelera la ejecución de la estrategia. SECA.NU consta de 25 preguntas que ofrecen un análisis muy preciso de la madurez de una organización en la ejecución de estrategias.

Six Sigma

Estrategia de gestión destinada a mejorar el rendimiento de los procesos empresariales eliminando las causas de los defectos y reduciendo así la variabilidad de los procesos. Consiste en un conjunto de métodos de gestión de la calidad, incluidos métodos estadísticos. Los elementos típicos incluyen la creación de una infraestructura de expertos en la organización que siguen aumentando sus capacidades (Green Welt, Black Welt, etc.); una secuencia predefinida de pasos que sigue cada proyecto Six Sigma, y objetivos cuantificables (por ejemplo, mejora de la calidad y reducción de costos). Motorola desarrolló el método en 1986 y se convirtió en un elemento central de la estrategia de General Electric a partir de 1995.

Storytelling

La narración de historias es la estrategia de comunicación interna y externa utilizada para transmitir a otras partes interesadas la historia de fondo de cualquier tipo de cambio en la organización. Contar historias es algo más que comunicar. Una narración eficaz crea un deseo de cambio y es una señal para que la gente reclame su propiedad.

Supuestos de salto de fe

Los supuestos que dirigen las innovaciones. Según Eric Ries, inventor del método *Lean Startup,* estos supuestos son la mejor manera de poner en marcha una innovación.

Tiempo bien empleado

Una de las mayores ambiciones del modelo presentado en este libro es reequilibrar radicalmente el tiempo y los recursos dedicados a la ejecución de la estrategia. En lugar de dedicar el 80 % del tiempo a formular la estrategia, abogamos por dedicar ese 80 % a la ejecución propiamente dicha. Estamos convirtiendo el uso del tiempo en un nuevo KPI.

Trayectoria del cliente

También conocido como *customer journey*, describe las fases por las que pasan los clientes al adquirir un producto o servicio, vistas desde su perspectiva. Véase también *Mapa de la trayectoria del cliente*.

VUCA

Acrónimo de volatilidad, incertidumbre (*uncertainty*, en inglés), complejidad y ambigüedad. El término procede del ámbito militar y describe las cuatro características que forman parte integrante de la nueva normalidad.

Notas

1. Carlos, J.F. Cândido & Sérgio P. Santos, «Strategy implementation: What is the failure rate?», *Journal of Management & Organization 21*(2), febrero de 2015, pp. 237-262. www.research-gate net/publication/264004530_Strategy_implementation_What_is_the_failure_rate

2. Jan Rotmans es catedrático de Transición hacia la Sostenibilidad en la Universidad Erasmus de Rotterdam y una autoridad en este campo.

3. Jacques Pijl, *Het nieuwe normaal: De 21 spelregels om te overleven in de nieuwe economie.* Haystack, 2014.

4. Adam Hayes, «20 Industries Threatened by Tech Disruption», *Investopedia,* 6 de febrero, 2015. http://www.investopedia.com/articles/investing/020615/20-industries-threatened-tech-disruption.asp.

5. Triple Helix Research Group (Universidad de Stanford), «The Triple Helix Concept». http://triplehelix.stanford.edu/3helix_concept

6. Maurits Kreijveld, *De kracht van platformen: Nieuwe strategieën voor innoveren in een digitaliserende wereld.* Vakmedianet, 2014.

7. Sander Duivestein, Aniel Kalicharan & Roland Wessel, investigación sobre la longevidad de las empresas para VINT/Sogeti, presentada en Design to Disrupt Symposium, 17 de junio, 2014. https://www.sogeti.nl/updates/nieuws/vint-onderzoek-voorspelt-beursnoteringen-van-5-jaar-vanaf-2033.

8. Richard N. Foster & Sarah Kaplan, *Creative destruction: why companies that are built to last underperform the market and how to successfully transform them.* Crown, 2001.

9. Driek Desmet, Ewan Duncan, Jay Scanlan & Marc Singe, «Six building blocks for creating a high-performing digital enterprise», McKinsey & Company, septiembre de 2015. http://www.mckinsey.com/business-functions/organization/our-insights/six-building-blocks-for-creating-a-high-performing-digital-enterprise

10. Marla Capozzi, Vanessa Chan, Marc de Jong & Erik A. Roth, «Meeting the innovation imperative: How large defenders can go on the attack», McKinsey & Company, julio de 2014. http://www.mckinseyonmarketingandsales.com/meeting-the-innovation-imperative-how-large-defenders-can-go-on-the-attack

11. James McQuivey, *Digital disruption: unleashing the next wave of innovation*. Amazon Publishing, 2013.
12. Clayton Christensen, *The innovator's dilemma: the revolutionary book that will change the way you do business*. Harvard Business Review Press, 1997.
13. James McQuivey, *Digital Disruption, op. cit.*
14. Marc Andreessen, «Why software is eating the world», *Wall Street Journal,* 20 de agosto de 2011.
15. Esta lista fue elaborada por Vala Afshar, Chief Digital Evangelist @Salesforce.
16. Menno Lanting, *Olietankers en speedboten: Wendbaar werken in de 21e eeuw*. Business Contact, 2014 [edición en inglés: *Oil tankers and speedboats: agility at work in the 21st century*. Business Contact, 2015].
17. Richard P. Rumelt, *Good strategy/Bad strategy: the difference and why it matters*. Crown Business, 2011; Martin Reeves, Knut Haanæs & Janmejaya Sinha, *Your strategy needs a strategy*. Harvard Business Review Press, 2015; Paul Leinwand & Cesare Mainardi, *Strategy that works*. Harvard Business Review Press, 2016.
18. Donald Sull, Rebecca Homkes & Charles Sull, «Why strategy execution unravels–and what to do about it», *Harvard Business Review,* marzo de 2015. https://hbr.org/2015/03/why-strategy-execution-unravelsand-what-to-do-about-it.
19. «Strategy setting and execution remains top board priority», *Consultancy.uk,* 23 de marzo, 2016, www.consultancy.uk/news/3431/strategy-setting-and-execution-remains-top-board-priority; «Executie en verandering belangrijkste uitdagingen van strategieproces», *Consultancy.nl,* 27 de junio de 2016, www.consultancy.nl/nieuws/12613/executie-en-verandering-belangrijkste-uitdagingen-van-strategieproces.
20. Este capítulo es una adaptación de un documento basado en una investigación preliminar, publicado anteriormente por Turner Consultancy.
21. Steve Blank, «Why Tim Cook is Steve Ballmer and why he still has his job at Apple», *Weblog,* 24 de octubre de 2016. https://steveblank.com/2016/10/24/why-tim-cook-is-steve-ballmer-and-why-he-still-has-his-job-at-apple/
22. Nassim Nicholas Taleb, *The black swan: the impact of the highly improbable*. Random House, 2007 [edición en español: *El cisne negro: el impacto de lo altamente improbable*. Random House-Booket, 2012]; Taleb, *Antifragile: things that gain from disorder*. Random House, 2012 [edición en español: *Antifrágil: las cosas que se benefician del desorden*. Random House-Booket, 2016].
23. Michael Moesgaard Andersen & Flemming Poulfelt, *Beyond strategy: the impact of next generation companies*. Routledge, 2014.
24. Wilco Dekker & Jonathan Witteman, «Toen vierde hoogmoed nog hoogtij», *de Volkskrant,* 24 de marzo 2014.
25. Brad Power, «How GE stays young», *Harvard Business Review,* 13 de mayo de 2014. http://blogs.hbr.org/2014/05/how-ge-stays-young.
26. Brad Power, «Make your organization anti-fragile», *Harvard Business Review,* 24 de junio de 2013. http://blogs.hbr.org/2013/06/make-your-organization-anti-fr.
27. Annet Aris, «Is strategie nog wel strategie?», *Het Financieele Dagblad,* 3 de marzo de 2016.
28. Pijl, *Het nieuwe normaal.*
29. Rumelt, *Good strategy/Bad strategy, op. cit.*

30. Pijl, *Het nieuwe normaal, op. cit.,* p. 64-67.

31. Véase Jim Collins & Jerry I. Porras, *Built to last: successful habits of visionary companies.* Random House Business Books, 2005; Hans van der Loo, *Energy boost: Voor jezelf, je team en je organisatie. Presteren omdat je er zin in hebt.* Van Duuren Management, 2013.

32. Collins & Porras, *Built to last, op. cit.*

33. Eelke Pol, «Wendbaarheid: Of hoe Darwin toch een beetje gelijk heeft», *Managementsite.nl,* 1 de noviembre de 2011. http://www.managementsite.nl/22485/strategie-bestuur/wendbaarheid-nieuw-organiseren.html.

34. Lee Dyer & Richard A. Shafer, «From human resource strategy to organizational effectiveness: Lessons from research on organizational agility», Cornell University, CAHRS Working Paper No. 98-12, 6 de febrero de 1998. http://digitalcommons.ilr.cornell.edu/cgi/viewcontent.cgi?article=1124&context=cahrswp.

35. Economist Intelligence Unit, «Organisational agility: how business can survive and thrive in turbulent times», marzo de 2009. http://www.emc.com/collateral/leadership/organisational-agility-230309.pdf.

36. Scott Keller & Colin Price, *Beyond performance: how great organizations build ultimate competitive advantage.* Wiley, 2011 [edición en español: *Más allá del desempeño: salud organizacional como máxima ventaja competitiva.* LID Editorial Empresarial, 2013].

37. Véase http://seca.nu/.

38. Jay W. Lorsch & Emily McTague, «Culture is not the culprit», *Harvard Business Review,* abril de 2016.

39. Pijl, *Het nieuwe normaal, op. cit.,* pp. 76-77.

40. Pijl, *Het nieuwe normaal, op. cit.,* p. 77.

41. Jacques Pijl, «Digitale Innovatie: Verstoor of wordt verstoord! Test het Innovatie & Digitale Quotiënt van uw organisatie». *Turner,* 9 de junio de 2016. http://www.turner.nl/wp-content/uploads/160705-Digitale-Innovatie-Turner-White-paper-juni-2016.pdf.

42. Desmet *et al.,* «Six building blocks…», *op. cit.*

43. Angela Maiers, «Making serendipity tactical: is randomness part of your leadership strategy?», *Switchandshift.com,* 29 de diciembre de 2013. http://switchandshift.com/making-serendipity-tactical-is-randomness-part-of-your-leadership-strategy.

44. Pijl, *Digitale innovatie, op. cit.*

45. McQuivey, *Digital disruption, op. cit.*

46. Pijl, *Digitale innovatie, op. cit.*

47. Lanting, *Olietankers en speedboten, op. cit.*

48. George Westerman, Didier Bonnet, & Andrew McAfee, *Leading digital: turning technology into business transformation.* Harvard Business Review Press, 2014.

49. Robert J. Gordon. *The rise and fall of American growth: the US standard of living since the Civil War.* Princeton University Press, 2016.

50. Jim Collins, *Good to great: why some companies make the leap… and others don't.* Random House Business Books, 2001 [edición en español: *Good to great. ¿Por qué algunas compañías dan el salto a la excelencia y otras no?* Reverté, 2021].

51. Tom Peters, *The little big things: 163 ways to pursue excellence.* Harper Collins, 2010 [edición en español: *Detalles importantes. 163 formas de alcanzar la excelencia.* Harper Collins, 2018].

52. Pijl, *Het nieuwe normaal, op. cit.*
53. Robbert de Ruijter, «#2ADVANCE: iedere AFAS-medewerker gaat voor een 9», *AFAS blogt,* http://blog.afas.nl/insite-afas/2advance.
54. Anneke Goudswaard, Ellen van Wijk & Sarike Verbiest, «De toekomst van flex: Een onderzoek van TNO naar flexstrategieën van Nederlandse bedrijven», *TNO,* 9 de mayo de 2014. https://www.tno.nl/downloads/de_toekomst_van_flex_tno_rapport.pdf.
55. Gallup, *State of the global workplace: employee engagement insights for business leaders worldwide,* 2013. http://www.gallup.com/services/178517/state-global-workplace.aspx.
56. Keller & Price, *Beyond performance, op. cit.*
57. Gallup, *State of the global workplace, op. cit.*
58. Allison Rimm, «Tips for energizing your exhausted employees», *Harvard Business Review,* 26 de noviembre de 2013. http://blogs.hbr.org/2013/11/tips-for-energizing-your-exhausted-employees.
59. Sean Graber, «The two sides of employee engagement», *Harvard Business Review,* 4 de diciembre de 2015. https://hbr.org/2015/12/the-two-sides-of-employee-engagement
60. Tom Peters, «Excellence: tuck in the shower curtain», YouTube, 16 de mayo de 2012. https://www.youtube.com/watch?v=2dQXDiicghQ.
61. Martin Sommer, «Deugdzaamheid en politiek», de *Volkskrant,* 22 de marzo de 2014.
62. Manfred F. R. Kets de Vries, *Leiderschap ontraadseld: een handleiding,* Nieuwezijds, 2003 [.
63. Véase también Sun Tzu, *El arte de la guerra.* «The ancient classic: when surrounding an enemy, allow him an outlet», Capstone, 2010.
64. Peter Killing, Thomas Malnight & Tracey Keys, *Must-win battles: creating the focus you need to achieve your key business goals.* Financial Times-Prentice Hall, 2005.
65. Scott Belsky, «Thinking: sometimes it's best to break through, not circumvent», https://www.facebook.com/scottbelsky/posts/10100981388805765, 16 de abril de 2013.
66. Hans Verbraeken, «De les van Imtech: overnemen klinkt zo makkelijk, maar is zo moeilijk», *Het Financieele Dagblad,* 27 de agosto de 2015.
67. Dan Rockwell, «The power and freedom of focus», *Leadership Freak weblog,* 15 de septiembre de 2014. https://leadershipfreak.wordpress.com/2014/09/15/the-power-and-freedom-of-focus.
68. Daniel Goleman, «Eight must-have competencies for future leaders», *DanielGoleman.info,* 1 de julio de 2014. http://www.danielgoleman.info/daniel-goleman-eight-must-have-competencies-for-future-leaders.
69. Chris Zook & James Allen, *The founder's mentality: how to overcome the predictable crises of growth.* Harvard Business Review Press, 2016 [edición en español: *La mentalidad del fundador. Cómo superar las crisis de crecimiento previsibles.* Temas Grupo Editorial, 2017].
70. George Kohlrieser, Susan Goldsworthy & Duncan Coombe, *Care to dare: unleashing astonishing potential through secure base leadership.* Jossey-Bass, 2012.
71. Kathy Caprino, «How much has our perception of great leadership shifted over the past decade and what has changed?», *Forbes,* 29 de agosto de 2015. http://www.forbes.com/sites/kathycaprino/2015/08/29/how-much-has-our-perception-of-great-leadership-shifted-over-the-past-decade-and-what-has-changed/2/#7f2a65067187.
72. Jessica Leitch, David Lancefield & Mark Dawson, «10 principles of strategic leadership», *Strategy + Business,* 18 de mayo de 2016. http://www.strategy-business.com/article/10-Principles-of-Strategic-Leadership?gko=25cec.

73. Véase Daniel Goleman & Richard E. Boyatzis, «Social intelligence and the biology of leadership», *Harvard Business Review*, septiembre de 2008, https://hbr.org/2008/09/social-intelligence-and-the-biology-of-leadership.

74. Radboud Universiteit Nijmegen, «Spiegelneuronen socialer dan gedacht», *Kennislink.nl*, 30 de mayo de 2007. http://www.kennislink.nl/publicaties/spiegelneuronen-socialer-dan-gedacht.

75. Kate Everson, «EQ: a study in manipulation», *Chief Learning Officer*, 17 de junio de 2014. http://www.clomedia.com/articles/5687-eq-a-study-in-manipulation. Véase también Pijl, *Het nieuwe normaal, op. cit.*, pp. 133. y 173-174.

76. Ron Ashkenas, «The problem with executive isolation», *Harvard Business Review*, 9 de julio de 2013. http://blogs.hbr.org/2013/07/why-we-isolate-senior-leaders.

77. Peters, *The little big things, op. cit.*

78. Ashkenas, «The problem with executive isolation».

79. W. Christian Buss (DeSales University) & Rosalie Kuyvenhoven (Turner Consultancy), «Perceptions of European middle managers of their role in strategic change», *Global Journal of Business Research*, 5(5), 2011.

80. Drucker Institute, «Time again for better time management», 14 de enero de 2013. www.druckerinstitute.com/2013/01/better-time-management/.

81. Jan Tromp, «John de Mol: In de Talpahut van Oom John is geen tegenspraak», *de Volkskrant*, 31 de enero de 2012.

82. Peter Bekkering, «Helena Ohlsson: Branding Ikea-FM grootste uitdaging», *FMM.nl*, 7 de octubre de 2012. www.fmm.nl/topics/facilitaire-organisatie/achtergrond/helena-ohlsson-branding-ikea-fm-grootste-uitdaging.

83. Jim Collins & Morten T. Hansen, *Great by choice: uncertainty, chaos, and luck. Why some thrive despite them all.* Harper Business, 2011.

84. Holly Green, «Slowing down to go fast», *Forbes*, 15 de enero de 2013. http://www.forbes.com/sites/work-in-progress/2013/01/15/slowing-down-to-go-fast.

85. Raphael Klees, «Verne Harnish: Speel niet om niet te verliezen, speel om te winnen», *MKB Servicedesk.nl*, 14 de noviembre de 2013. www.mkbservicedesk.nl/8242/verne-harnish-speel-niet-niet-verliezen.htm.

86. Jocelyn R. Davis, Henry M. Frechette Jr. & Edwin H. Boswell, *Strategic speed: mobilize people, accelerate execution.* Harvard Business Press, 2010, figuras 1-2 y 1-3.

87. Coert Visser, «5 progressiegerichte vragen: een krachtige sequentie», *progressie-gerichtwerken.nl*, 14 de julio de 2012. http://progressiegerichtwerken.nl/5-progressiegerichte-vragen-een-krachtige-sequentie.

88. «Van Gaal: We hebben nog niets», *NOS*, 13 de junio de 2014. http://nos.nl/artikel/660781-vangaal- we-hebben-nog-niets.html.

89. Henry Mintzberg, «The design school: reconsidering the basic premises of strategic management», *Strategic Management Journal*, marzo-abril de 1990.

90. John F. Kennedy, «John F. Kennedy speeches. President Kennedy's special message to the Congress on urgent national needs», 25 de mayo de 1961. http://www.jfklibrary.org/Research/Research-Aids/JFK-Speeches/United-States-Congress-Special-Message_19610525.aspx.

91. Jelle Brandsma, «We moeten op zoek naar een nieuwe vorm van kapitalisme», *Trouw*, October 18, 2011.

92. Jeroen Geelhoed, Salem Samhoud & Nur Hamurcu, *Creating lasting value: how to lead, manage and market your stakeholder value.* Kogan Page Publishers, 2014

93. Starbucks Corporation, «Starbucks Company timeline», http://www.starbucks.com/about-us/company-information/starbucks-company-timeline, 2016.

94. Jim Collins & Jerry Porras, *Successful habits of visionary companies.* Harper Business, 1994.

95. Salim Ismail & Yuri van Geest, *Exponentiële organisaties. Waarom nieuwe organisaties tien keer beter, sneller en goedkoper zijn - en hoe jij dat ook wordt.* Business Contact, 2015 [edición en español: *Organizaciones exponenciales.* Bubok Publishing, 2016].

96. Simon Sinek, *Start with why: how great leaders inspire everyone to take action.* Portfolio Penguin, 2009 [edición en español: *Empieza con el porqué. Cómo los grandes líderes motivan a actuar.* Empresa Activa, 2018].

97. Véase también Simon Sinek, «How great leaders inspire action», *TEDtalk,* septiembre de 2009. www.ted.com/talks/lang/nl/simon_sinek_how_great_leaders_inspire_action.html.

98. Robert S. Kaplan & David P. Norton. *The balanced scorecard: translating strategy into action.* Harvard Business Review Press, 1996 [edición en español: *Cómo utilizar el cuadro de mando integral para implementar y gestionar su estrategia.* Gestión 2000, 2016].

99. Michael Porter, *Competitive strategy: techniques for analyzing industries and competitors.* Free Press, 1980 [edición en español: *Estrategia competitiva. Técnicas para el análisis de empresa y sus competidores.* Pirámide, 2009].

100. Martin Reeves, Knut Haanæs & Janmejaya Sinha, *Your strategy needs a strategy, op. cit.*

101. Martin Reeves, Claire Love & Philipp Tillmanns, «Your strategy needs a strategy», *Harvard Business Review,* septiembre de 2012.

102. H. Igor Ansoff, «Strategies for diversification», *Harvard Business Review,* septiembre-octubre de 1957.

103. Michael Treacy & Fred Wiersema. «Customer intimacy and other value disciplines», *Harvard Business Review,* enero-febrero de 1993.

104. Véase Brad Power, «Operational excellence, meet customer intimacy», *Harvard Business Review,* 29 de marzo de 2013. https://hbr.rg/2013/03/operational-excellence-meet-cu; Steven Van Belleghem, «Niet meer kiezen tussen operational excellence en customer intimacy», *Marketingfacts.nl,* 26 de noviembre de 2014. http://www.marketingfacts.nl/berichten/niet-meer-kiezen-tussen-operational-excellence-en-customer-intimacy. Airbnb y Uber puntúan alto tanto en intimidad con el cliente como en excelencia operativa.

105. Mike Wade, «Forget strategy, embrace agility», *IMD.org.* http://www.imd.org/research/challenges/TC095-15-embrace-agility-wade.cfm.

106. Killing, Malnight & Keys, *Must-win battles, op. cit.,* p. 3.

107. Pijl, *Het nieuwe normaal, op. cit.,* pp. 68-69.

108. Rumelt, *Good strategy/Bad strategy, op. cit.*

109. Ken Favaro, «Defining strategy, implementation, and execution», *Harvard Business Review,* 31 de marzo de 2015. https://hbr.org/2015/03/defining-strategy-implementation-and-execution.

110. Elizabeth Harrin, «Z to A: Making the zombie project more agile», *BCS Books Blog,* 3 de febrero de 2014. http://www.bcs.org/content/conBlogPost/2284.

111. Lowell L. Bryan, «Just-in-time strategy for a turbulent world», *McKinsey Quarterly,* junio de 2002. http://www.mckinsey.com/insights/strategy/just-in-time_strategy_for_a_turbulent_world.

112. Lean Six Sigma.nl, «Wat is Lean Six Sigma», 2016. http://www.sixsigma.nl/wat-is-lean-six-sigma.

113. George Eckes, *The Six Sigma revolution: how General Electric and others turned process into profits,* John Wiley & Sons, 2002.

114. Peter Hines, Pauline Found, Gary Griffiths & Richard Harrison, *Staying Lean: thriving, not just surviving.* CRC Press, 2010.

115. Charles A. O'Reilly and Michael L. Tushman, «The ambidextrous organization», *Harvard Business Review,* abril de 2004. https://hbr.org/2004/04/the-ambidextrous-organization.

116. Eric Ries, *The Lean startup: how today's entrepreneurs use continuous innovation to create radically successful businesses.* Penguin Books Limited, 2011 [edición en español: *El método Lean Startup. Cómo crear empresas de éxito utilizando la innovación continua.* Deusto, 2013].

117. Marijn Mulders, «Uittreksel Lean Startup Eric Ries», *Tolo Branca,* septiembre de 2015. http://www.tolobranca.nl/wp-content/uploads/Uittreksel.pdf.

118. John Kotter, *Accelerate (XLR8): building strategic agility for a faster-moving world.* Harvard Business School Press, 2014.

119. Alexander Osterwalder & Yves Pigneur, *Business model generation: a handbook for visionaries, game changers, and challengers.* John Wiley & Sons, 2009 [edición en español: *Generación de modelos de negocio.* Deusto, 2011].

120. Alexander Osterwalder, «6 Roles that can position your company for the future», *Strategyzer,* 17 de agosto de 2015. https://blog.strategyzer.com/posts/2015/7/2/6-roles-position-your-company-for-future.

121. Keller & Price, *Beyond performance, op. cit.,* p. 94. El modelo iceberg se basa en la teoría de Freud sobre la mente humana. Existen muchas variedades diferentes del modelo iceberg, también en la gestión. Un ejemplo bien conocido es *Change Management Iceberg,* de Wilfried Krüger. Véase http://www.data-group.com.au/change-management-iceberg.

122. Verne Harnish, «Maximizing your return on luck: the key strategic insight», *Gazelles.com,* 30 de noviembre de 2012. https://www.gazelles.com/article/maximizing-yout-return-on-luck-the-key-strategic-insight.

123. Jim Collins, «Good to great», *JimCollins.com,* octubre de 2001. http://www.jimcollins.com/article_topics/articles/good-to-great.html.

124. Dan Rockwell, «15 ways to generate urgency now», *Leadership Freak weblog,* 20 de mayo de 2014. https://leadershipfreak.wordpress.com/2014/05/20/15-ways-to-generate-urgency-now.

125. Peter Meyers & Shann Nix, *As we speak: how to make your point and have it stick.* Atria, 2011.

126. Carolyn Aiken & Scott Keller, «The irrational side of change management», *McKinsey Quarterly,* abril de 2009. www.mckinsey.com/business-functions/organization/our-insights/the-irrational-side-of-change-management.

127. Timothy J. Kloppenborg & Debbie Tesch, «How executive sponsors influence project success», *MIT Sloan Magazine,* primavera de 2015. http://sloanreview.mit.edu/article/how-executive-sponsors-influence-project-success/.

128. John P. Kotter, *Leading change: why transformation efforts fail.* Harvard Business Review Press, 1996.

129. Una tabla RRA enumera todas las funciones *(roles)*, responsabilidades *(responsabilities)* y cargos *(authorities)* de una organización, un departamento o un proyecto. Puede elaborarse utilizando el modelo RACI. Una tabla RACI la función que desempeña cada persona implicada: Responsable, Contable *(Accountant)*, Asesor *(Consultant)* o Informado. El responsable ejecuta las tareas necesarias. El contable se responsabiliza de los resultados. El asesor responde a consultas y aportan información. Los informados reciben información, pero no contribuyen activamente al resultado final.
130. Keller & Price, *Beyond performance, op. cit.*
131. Kaplan & Norton, *The balanced scorecard, op. cit.*
132. Osterwalder & Peigneur, *Business model generation, op. cit.*
133. Marina Krakovsky, «Lean startup and design thinking: getting the best out of both, how to create a customer-centric venture», *Insights by Stanford Business,* 20 de septiembre de 2016. http://www.gsb.stanford.edu/insights/lean-startup-design-thinking-getting-best-out-both.
134. Louise Lee, «Managers are not always the best judge of creative ideas», *Stanford Business,* enero de 2016. http://www.gsb.stanford.edu/insights/managers-are-not-best-judge-creative-ideas.
135. Jane Perdue, «Three ways to harness the power of serendipity», *ToddNielsen.com.* http://www.toddnielsen.com/international-leadership-blogathon/3-ways-harness-power-serendipity.
136. Marty Neumeier, «Keep your ideas in a liquid state», *Medium,* 16 de abril de 2014. https://medium.com/rules-of-genius/keep-your-ideas-in-a-liquid-state-566ba7c81620#.nr314vo42.
137. Joao Dias, Oana Ionutiu, Xavier Lhuer & Jasper van Ouwerkerk, «The four pillars of distinctive customer journeys», *McKinsey Insights,* septiembre de 2016. http://www.mckinsey.com/business-functions/digital-mckinsey/our-insights/the-four-pillars-of-distinctive-customer-journeys
138. David Court, Dave Elzinga, Susan Mulder & Ole Jørgen Vetvik, «The consumer decision journey», *McKinsey Quarterly,* junio de 2009. http://www.mckinsey.com/business-functions/marketing-and-sales/our-insights/the-consumer-decision-journey.
139. Robert-Jan van Nouhuys, «Customer Journey Mapping: klantervaring als inspiratie voor strategie en ontwerp», *Frankwatching.nl,* 29 de marzo de 2011. https://www.frankwatching.com/archive/2011/03/29/customer-journey-mapping-klantervaring-als-inspiratie-voor-strategie-en-ontwerp/.
140. Harald Fanderl & Jesko Perrey, ««Best of both worlds: customer experience for more revenues and lower costs», *McKinsey & Company,* abril de 2014. http://www.mckinseyonmarketingandsales.com/best-of-both-worlds-customer-experience-for-more-revenues-and-lower-costs.
141. Michael Hammer & James Champy, *Reengineering the corporation: a manifesto for business revolution.* Harper Business, 1993.
142. Cita de Albert Einstein. Véase https://es.wikiquote.org/wiki/Albert_Einstein
143. Edgar H. Schein, *Sense and nonsense about culture and climate.* Sloan School of Management, MIT, 1999.
144. Mike Hoogveld, *Agile managen: Snel en wendbaar werken aan continue verbetering in organisaties.* Van Duuren Management, 2016. p. 84.

145. Ídem, p. 6.
146. Jeffrey Sutherland, Rini van Solingen & Eelco Rustenburg, *The power of Scrum*. Createspace, 2011.
147. Osterwalder & Pigneur, *Business model generation, op cit.*
148. Sutherland, Van Solingen & Rustenburg, *The power of Scrum, op. cit.*, p. 26: «El propietario del producto debe describir lo que debe producirse. En términos de Scrum, esto se denomina *product backlog*. [...] El *product backlog* [pila de producto] describe lo que debe hacerse sobre el producto ».
149. Nir Eyal, «The strange (but effective) way I stick to hard goals». *Nir & Far*. http://www.nirandfar.com/2016/01/habits-overhyped-heres-really-works.html.
150. Scott Keller, Mary Meaney & Caroline Pung, «What successful transformations share: McKinsey Global Survey results», marzo de 2010. http://www.mckinsey.com/business-functions/organization/our-insights/what-successful-transformations-share-mckinsey-global-survey-results.
151. Michael L. Bingham, «Six source model of influence», *A Magazine,* 2 de julio de 2014. http://blog.octanner.com/leadership/six-source-model-of-influence.
152. Christopher Smith, «Some fun change management exercises for improvement», *Change Management Newsletter,* noviembre de 2013. http://change.walkme.com/some-fun-change-management-exercises-for-improvement.
153. Para Managing Successful Programs (MSP), véase Axelos, https://www.axelos.com/best-practice-solutions/msp. Para OGSM, véase Marc van Eck & Ellen van Zanten, *Businessplan op 1. A4. Word succesvoller met OGSM.* Business Contact, 2013.
154. Eclesiastés, 1:2.
155. Jeff Jordan, Anu Hariharan, Frank Chen & Preethi Kasireddy, «16 startup metrics», *Andreessen Horowitz,* 21 de agosto de 2015. http://a16z.com/2015/08/21/16-metrics.
156. Mulders, *Uittreksel, op. cit.*
157. Ries, *The Lean startup model, op. cit.*
158. Mulders, *Uittreksel, op. cit.*
159. Hariharan, Chen & Jordan, «16 more startup metrics», *Andreessen Horowitz,* 23 de septiembre de 2015. http://a16z.com/2015/09/23/16-more-metrics.
160. Torben Rick, «Top 10+ performance management failures», *Meliorate,* 8 de septiembre de 2014. https://www.torbenrick.eu/blog/performance-management/sins-of-performance-management
161. Agile Alliance, *The Agile Manifesto,* https://www.agilealliance.org/agile101/the-agile-manifesto/
162. Jim Highsmith, *Agile project management: creating innovative products.* Addison-Wesley Professional, 2009; Kenneth S. Rubin, *Essential Scrum: a practical guide to the most popular agile process.* Addison-Wesley Signature Series (Cohn), 2012; Andrew Stellman, *Learning Agile: understanding Scrum, XP, Lean, and Kanban.* O'Reilly Media, 2013.
163. Bert Hedeman, Henny Portman & Ron Seegers, *Managen van agile projecten.* Van Haren Publishing, 2014, p. 5.
164. Véase Pijl, *Het nieuwe normaal, op. cit.*
165. Véase Hedeman, Portman & Seegers, *Managen van agile projecten;* Sander Hoogendoorn, *Dit is agile.* Pearson Education, 2012; Sutherland, Van Solingen & Rustenburg, *The power of Scrum.*

166. Michel Anteby & Rakesh Khurana, «A new vision», *Harvard Business School,* Baker Library, Historical Collections, 2007. http://www.library.hbs.edu/hc/hawthorne/anewvision.html.

167. ING, «The ING way of working». https://www.ing.jobs/Netherlands/Why-ING/What-we-offer/Agile-working.htm

168. Henrik Kniberg & Anders Ivarsson, «Scaling Agile @ Spotify with tribes, squads, chapters & guilds», *Spotify,* octubre de 2012. https://dl.dropboxusercontent.com/u/1018963/Articles/SpotifyScaling.pdf

169. Michelle A. Borkin, «Beyond memorability: visualization recognition and recall», *IEEE Transactions on Visualization and Computer Graphics, 22*(1), 31 de enero de 2016.

170. Jack Welch, «Why I love micromanaging and you should too», *LinkedIn blog,* enero de 2016. https://www.linkedin.com/pulse/why-i-love-micromanaging-you-should-too-jack-welch

171. Claudio Feser, Fernanda Mayol, & Ramesh Srinivasan, «Decoding leadership: what really matters», *McKinsey Quarterly,* enero de 2015. www.mckinsey.com/global-themes/leadership/decoding-leadership-what-really-matters.

172. Roger Sessions, «A comparison of the top four enterprise-architecture methodologies», *Microsoft,* mayo de 2007. https://msdn.microsoft.com/en-us/library/bb466232.aspx

173. David L. Cooperrider & Diana Whitney, *Appreciative inquiry: a positive revolution in change.* Berrett-Koehler Publishers, 2005 [edición en español: *Indagación apreciativa. Un enfoque innovador para la transformación personal y de las organizaciones.* Kairós, 2013].

174. Claus Benkert & Nick van Dam, «Experiental learning: what's missing in most change programs», McKinsey & Company, agosto de 2015. http://www.mckinsey.com/business-functions/operations/our-insights/experiential-learning-whats-missing-in-most-change-programs

175. Véase Keller & Price, *Beyond performance,* para un ejemplo de cómo pueden utilizarse los mecanismos de refuerzo a la hora de integrar nuevas formas de trabajar en los procesos y estructuras existentes.

176. British Office of Government Commerce, *Managing successful programmes.* TSO, 2007. Véase también Michiel Ruzius, *MSP compact: Handzaam overzicht van de methodiek van programmamanagement Managing Successful Programmes.* PTG Uitgevers, 2012.

177. Paul Hesselman & Ine Groen-Waterreus, *NCB Versie 3: Nederlandse Competence Baseline.* Van Haren Publishing, 2007.

178. Axelos, *Managing successful projects with PRINCE2.* TSO, 2009.

179. Rudy Kor, Jo Bos & Theo van der Tak, *Project Canvas: Samen naar de kern van je project.* Vakmedianet, 2016.

180. Fiona Czerniawska & Peter Smith, *Buying professional services: how to get value from consultants and other professional service providers.* Wiley, 2010.

181. Mike Saville, «Project Management–an ecosystem not a function», *ILX Group,* 15 de julio de 2015. https://www.ilxgroup.com/news/project-management-an-ecosystem-not-a-function.

182. Robert S. Kaplan & David P. Norton, *The execution premium: linking strategy to operations for competitive advantage.* Harvard Business Press, 2008 [edición en español: *The execution premium. Integrando la estrategia y las operaciones para lograr ventajas competitivas.* Deusto 2008]. Véase también The Economist Intelligence Unit, «Strategy execution: achieving

operational excellence. The benefits of management transparency», *EIU,* noviembre de 2004. http://graphics.eiu.com/files/ad_pdfs/Celeran_EIU_WP.pdf.

183. Véase Boris Ewenstein, Wesley Smith & Ashvin Sologar, «Changing change management», *McKinsey & Company,* julio de 2015. http://www.mckinsey.com/globalthemes/ leadership/changing-change-management; The Economist Intelligence Unit, «Why good strategies fail: lessons for the C-Suite», *EIU,* 2013. http://www.pmi.org/~/media/PDF/ Publications/WhyGoodStrategiesFail_Report_EIU_PMI.ashx; Michael C. Mankins & Richard Steele, «Turning great strategy into great performance», *Harvard Business Review,* 1 de julio 2005. https://hbr.org/2005/07. turning-great-strategy-into-greatperformance.

184. Carlos J.F. Cândido & Sérgio P. Santos, «Strategy implementation: what is the failure rate?», *Journal of Management & Organization,* 21(2), febrero de 2015. https://www.researchgate. net/publication/264004530_Strategy_implementation_What_is_the_failure_rate.

185. Roger L. Martin, «The execution trap», *Harvard Business Review,* julio y Agosto de 2010. https://hbr.org/2010/07/the-execution-trap.

186. Isaiah Hankel, «Why entrepreneurs who complain are setting themselves up to fail», *Entrepreneur,* 1 de junio de 2015. https://www.entrepreneur.com/article/246498.

187. Véase Rumelt, *Good strategy/Bad strategy, op. cit.*

188. Kotter, *Leading change, op. cit.,* pp. 51-66.

189. Turner Consultancy. Para más información, www.turner.nl.

190. Sull, Homkes & Sull, «Why strategy execution unravels and what to do about it». Sull, Homkes y Sull sostienen que la alineación horizontal suele funcionar relativamente bien, pero que las conexiones verticales y diagonales suelen estar ausentes. https://hbr. org/2015/03/why-strategy-execution-unravelsand-what-to-do-about-it.

191. Michiel van der Molen, *Projectmanagement voor opdrachtgevers: De vier principes van succesvol opdrachtgeverschap,* Van Haren Publishing, 2013, p. XIII.

192. Freek Hermkens, «Lean-projecten wel succesvol maken. Regie voeren op eigenaarschap in de lijn», *Managementsite.nl,* 9 de junio de 2010. https://www.managementsite.nl/lean-projecten-wel-succesvol-maken.

193. Paul Roberts, *The Economist guide to project management: getting it right and achieving lasting benefit.* Profile Books, 2012.

194. Estudio cualitativo de Turner.

195. Pijl, *Het nieuwe normaal, op. cit.,* pp. 71-72. A partir de una entrevista con Ben Verwaayen realizada durante el 2008. Turner Event, 5 de junio de 2008.

196. Ed Batista, «The marshmallow test for grownups», *Harvard Business Review,* 15 de septiembre de 2014. https://hbr.org/2014/09/the-marshmallow-test-for-grownups. «Los estudios de seguimiento realizados con aquellos niños durante la adolescencia mostraron una correlación entre la capacidad de esperar lo suficiente para obtener una segunda recompensa y varias formas de éxito en la vida, como una mayor puntuación en el SAT. Y un estudio de resonancia magnética realizado en 2011 con 59 participantes originales —que ahora tienen 40 años— por B.J. Casey, de Cornell, mostró mayores niveles de actividad cerebral en la corteza prefrontal entre los participantes que retrasaron la gratificación inmediata en favor de una recompensa mayor más adelante. Este hallazgo me parece especialmente importante por las investigaciones realizadas en las dos últimas décadas sobre el papel fundamental que desempeña el córtex prefrontal en la dirección de nuestra atención y la gestión de nuestras emociones.»

197. Este pasaje procede de Pijl, *Het nieuwe normaal, op. cit.*, pp. 123-127.
198. Oliver Burkeman, «Who goes to work to have fun?», *The New York Times*, 11 de diciembre de 2013.
199. Véase Rob van Es, *Diagnosing change: the organizational undercurrent*. Kluwer, 2010.
200. Paul van Schaik, *De prestatiedoorbraak: Haal het beste uit je team, begin bij jezelf.* Van Duuren Management, 2012.
201. Marguerite Rigoglioso, «Jeffrey Pfeffer: untested assumptions may have a big effect», *Insights by Stanford Business*, 1 de junio de 2005. https://www.gsb.stanford.edu/insights/ jeffrey-pfeffer-untested-assumptions-may-have-big-effect.
202. Tim Hindle, *The Economist guide to management ideas and gurus*. Profile Books, 2008.
203. Véase también P. Hernández, V. Martínez-Molés & J. Vila, «Understanding actual socio-economic behavior as a source of competitive advantage: the role of experimental-behavioral economics in innovation», en Luís M. Carmo Farinha *et al.*, *Handbook of research on global competitive advantage through innovation and entrepreneurship*. Information Science Reference, 2015.
204. Véase John Kotter, «Change management vs. change leadership: what's the difference?», *Forbes*, 12 de julio de 2011. http://www.forbes.com/sites/johnkotter/2011/07/12/ change-management-vs-change-leadership-whats-the-difference/#658c79ca18ec; Preston Bottger & Jean-Louis Barsoux, «Ending the debate on a dead-end distinction», *The Jakarta Post*, 22 de octubre de 2011. http://www.thejakartapost.com/news/2011/10/22/ ending-debate-a-dead-end-distinction.html.
205. Patrick Stähler, «Business model innovation and the Red Queen effect», *Business Model Innovation*, 17 de febrero de 2009. http://blog.business-model-innovation.com/2009/02/ business-model-innovation-and-the-red-queen-effect/; Valencia Higueira, «The Red Queen effect in business», *Small Business*, s.d. http://smallbusiness.chron.com/red-queen-effect-business-31988.html.
206. David Brooks, «What is inspiration?», *The New York Times*, 15 de abril de 2016.
207. David Maister, «Why (most) training is useless», *DavidMaister.com*, 2006. http:// davidmaister.com/articles/why-most-training-is-useless/.
208. Daniel Kahneman, *Thinking, fast and slow*. Farrar, Strauss and Giroux, 2011 [edición en español: *Pensar rápido, pensar despacio*. DeBolsillo, 2013].
209. Martijn Aslander & Erwin Witteveen, *Nooit af. Een nieuwe kijk op de fundamenten op ons leven: werk, school, zorg, overheid en management*. Business Contact, 2015.

Apéndice

Recursos

 El código QR adjunto da acceso a las descargas adicionales del libro. Tan solo debe registrarse gratuitamente en la web de Marge Books (www.margebooks.com) y acceder a Recursos Web.

En los recursos 1 a 14 encontrará información valiosa y actualizada sobre gestión de estrategias, modelos de negocio, indicadores de rentabilidad o KPI y otras métricas que se han abordado en los capítulos.

1. **Metodología del modelo *Estrategia = Ejecución***
2. **Las 12 competencias clave del liderazgo moderno**
3. **16 modelos atemporales de análisis de estrategias y fijación de estrategias**
4. **Los diez principios fundamentales de los cinco grandes problemas de ejecución de la estrategia**
5. **Innovación digital: identifique las necesidades ocultas de sus clientes**
6. **Desarrollo de un producto mínimo viable (PMV) mediante métodos modernos**
7. **Visión general de los modelos de negocio e ingresos innovadores**
8. **Modelos de procesos empresariales**

Lean Six Sigma. Sistema de gestión para liderar empresas

Luis Socconini, Carlo Reato

Lean Company. Más allá de la manufactura

Luis Socconini

Lean Six Sigma Green Belt, paso a paso

Luis Socconini, Eduardo Escobedo

Lean Energy 4.0. Guía de Implementación

Luis Socconini, Juan Pablo Martín

Lean Manufacturing. Paso a paso

Luis Socconini

Lean Six Sigma White Belt. Manual de certificación

Luis Socconini

Lean Six Sigma Yellow Belt. Manual de certificación

Luis Socconini

Lean Six Sigma Green Belt. Manual de certificación

Luis Socconini

Lean Six Sigma Black Belt. Manual de certificación

Luis Socconini

Plan de marketing. Diseño, implementación y control

Ricardo Hoyos Ballesteros

Tecnologías para liderar el futuro

Marc Busom

Economía circular. Un enfoque práctico para transformar los modelos empresariales

Rozanne Henzen, Ed Weenk

Manual práctico de las 5'S para ganar en calidad y productividad

Luis Socconini, Marco Barrantes

Cómo gestionar la cadena de suministo

Ed Weenk

¡Olvídate de lo urgente! Enfócate en lo importante

Matías Birrell Rodríguez, Javier Arévalo Jiménez

Sincronización y sinergia empresarial

Matías Birrell Rodríguez

Manual de estrategia de operaciones

Ángel Caja Corral

Productos y servicios inteligentes y sostenibles

Llorenç Guilera, Antoni Garrell

Brutau, 160 – 08203 Sabadell (Barcelona) – Tel. +34-931 429 486 – marge@margebooks.com – www.margebooks.com